반도의 총후진

조선군사후원연맹 편찬

김 인 호 역

半島の銃後陣

朝鮮軍事後援聯盟

국학자료원

서 문 『반도(半島)의 총후진(銃後陣)』번역 출간에 즈음하여[1]

그동안 쌀 공출이나 놋그릇 밥그릇 공출하면 일본 제국주의가 조선에서 저지른 가혹한 수탈의 대명사로 인식되었다. 실제로 중일전쟁, 태평양전쟁과 같은 침략전쟁 시기 조선총독부는 폐물수집, 금속회수, 시설공출이니 하여 일반 조선인의 생활도구나 중소기업가의 소규모 자산마저도 성전(聖戰) 수행을 명분으로 회수하였다. 이렇듯 회수나 공출은 그 자체로 강제성이 드러나기 때문에 일제 강점시기 가혹한 수탈 상황을 이해하는데 도움이 된 것도 사실이다. 빼앗기는 자와 뺏는 자의 대립관계가 극명하다.

하지만 '헌납(獻納)'은 전혀 다르게 읽힌다. 헌납이란 문자 그대로 자발적으로 회사하는 행위이다. 당시에는 헌납 이외에도 헌품, 헌금 등의 용어와 함께 사용되었으나 대체로 헌납이라는 말이 통칭이었다. 그리고 이 헌납에 대한 기왕의 이해는 일부 친일파들이 조직적으로 일제에 아부하기 위하여 자행한 국방헌금, 국방헌품, 국방헌신(근로봉사) 등 반민족(反民族)적 행각을 통칭하는 개념으로 사용하는 것이 일반적이다.

반면 회수나 공출은 피해를 받은 조선인의 고통의 대명사였고, '헌납은 친일파가 수행한 일'이며, '공출은 민중이 당한 재난'이라는 관점이 대부분이다. 친일매국 행위로서 헌납이라는 관념은 대체로 『매일신보』나 각종 언론매체에서 친일 인사들이 자행한 이른바 '애국기 헌납(愛國機獻納)'이 대표적인 사례로 떠오른다. 회수나 공출이 표시되면 피해자요, 헌납이라

1) 본 저작은 2012년도 정부재원(교육과학기술회연구역량강화사업비)으로 한국연구재단의 지원을 받아 연구되었음(NRF-2012-327-A00031)

표시되면 친일파라는 이미지는 과연 정당한가? 실제로 친일파 문제에 깊은 고민을 다한 임종국[2]이 밝힌 문명기 등 친일인사의 애국기 헌납은 오랫동안 '헌납=친일'이었으며 '공출=민중수탈'이라는 도식적 생각을 유지하는데 기여했다.

하지만 헌납은 거물 친일파들만의 행위가 아니었다. 조선군사후원연맹에서 발간한 『半島의 銃後陣』(1940)에는 전후편 합쳐서 약 634개에 달하는 기층 민중들의 헌납 미담 사례가 나온다. 떡판 돈을 헌납한 행상인, 소나 돼지를 헌납한 농부, 산채나 물고기 판 돈 헌납. 군용마 헌납사례, 행상으로 번 돈 헌납, 친아우 전사로 받은 보조금 헌납, 쌀 절약으로 저금한 것을 헌납, 담배 은박지 모아서 헌납, 10원씩 혹은 1전씩 모아서 헌납, 애국고구마 팔아 헌납, 누에고치 매각대금 헌납, 폐품 판 돈 헌납, 금제품 헌납, 군용건초 헌납, 쌀 헌납, 중기관포 등 병기 헌납, 군마용 건초 헌납, 볏짚 헌납 등 다양한 헌납사례가 나온다. 여기에는 농부, 아동, 상인 등 여항의 조선인들이 대거 참가하고 있었으며 애국기나 국방헌금보다 광범하며, 생존에 필요한 자재도구나 중소기업의 생산기구조차 헌납 대열에 끼었다.

왜 일부 친일 거물급 인사도 아닌 기층 조선인들이 이런 헌납운동에 참여한 것일까? 이들 미담은 진실로 당시 조선인 일반의 진실한 심경을 반영하며, 조선인의 자발적 의사를 대변한 것인가? 아니면 그저 총독부의 시책에 조응한 가공된 특별한 홍보극일 뿐인가? 여기에 나오는 미담 자체만으로 볼 때 각종 헌납 미담이 그냥 강제만이 아니라 조선인의 자발적 의사와 긴밀하게 연관된 것인 양 나타난다. 과연 그것이 사실일까? 혹시 그러한 미담 사례에 나타난 조선인 기층의 행동에는 그저 친일이라든가 매국이라든가 하는 반민족 의식으로 설명할 수 없는 현실적인 삶의 애환이 있었던

---

2) 임종국 등, 『실록 친일파』, 1991, 실천문학사; 『친일, 그 과거 와 현재』, 아세아문화사; 『빼앗긴 시절의 이야기』(1995), 아세아문화사 등 여러 저작을 통하여 문명기 등 친일거물의 헌품 헌납을 소개하였다.

가? 분명한 것은 자산계급의 애국기 헌납과 일반 조선인의 폐품헌납 사이에는 헌납이라는 공통점 이외에는 상당한 차이가 있었다는 점이다.

바로 이러한 면에서 조선군사후원연맹(朝鮮軍士後援聯盟)에서 간행한 『반도의 총후진』(1940)과 조선군사원호회가 간행한 『반도의 총후진 속편(續編)』(1941?)에서 우리는 당대 조선인이 침략전쟁에 임하면서 자신이 꿈꾸던 세상 혹은 반대급부로 받고 싶은 수많은 희망사항을 느끼게 된다. 물론 일본 사람이야기도 많고 군인가족의 이야기가 많지만 『반도의 총후진』은 당시 외형적으로 헌납이 그냥 강제가 아니라 조선인의 자발성을 가지고 있었으며, 그러한 행동에는 그저 친일 의식만으로 설명할 수 없는 현실적인 삶의 애환과 삶의 질 상승을 향한 소박한 조선인의 고민과 희망을 읽을 수 있다는 것이다.

그 희망은 너무나 간절했기에 총독부는 그 희망을 담보로 자발적 헌납을 흥정하였고, 길어지는 헌납 대열에 흡족해 하면서 기대감을 기약하는 조선인들을 침략전쟁을 이끌어 갔다. 총독부는 나아가 그런 조선인의 염원을 수단화하여 그들의 생활 및 생산물자 조차도 전쟁을 위해 극한적으로 동원하고자 하였다. 어쩌면 이러한 당대 조선인의 염원이 총독부에 이용당했듯이 나중에 다시 농민의 염원이 공산주의자들에 의해 이용되면서 피비린내 나는 남한 사회의 고통을 키웠다.

지난 어느 날 고향 영천에서 고단한 어린 시절을 보냈던 아버지와 나눈 대화 중에서 "누가 빨갱이가 되고 싶어서 되었나? 땅 준다고 하고 나랏돈으로 밥 먹게 된다고 하니 그냥 밀어줬지……"라는 회고담을 들은 적이 있다. 당대의 비극을 직접 목격했던 아버지의 회상이라서 색다른 느낌이었다. 그 절절히 가난했던 당대 농민들이 왜 빨갱이가 되어야 했는지 너무도 적나라한 추억담이다. 왜? 그렇게 많은 사람들이 이른바 빨갱이로 낙인되는 비극적인 역사 속에서 불나비처럼 빨려 들어갔을까?

이제 그 이유가 조금씩 몸으로 느껴진다. 우익 인사들의 거센 비난이 있을지 모르지만 역사학자로서 사람을 보는 관점은 이렇다. 사실 어떤 사람이라도 그리고 보통 사람이라면 삶의 희망이라도 보여야 변절도 하고, 아부도 하고, 친일파도 되고 빨갱이도 되는 법이다. 인간이란 그러한 희망으로 살며, 그러한 기대감에 마음이 동하는 것은 어쩔 수 없다. 그것이 비록 훗날 어떠한 폭압으로 자신에겐 재앙이 되어 닥칠지라도 인간이니깐 그렇다는 것이다.

가혹하기만 했던 한국근현대 징벌과 복수의 역사 속에서 이제는 그들의 마음 속을 좀 더 실증적으로 다가가는 태도가 필요한 것같다. 무지랭이 기층 조선인들이 빨갱이니 친일파니 하는 삶의 격랑에 휩쓸리게 했던 그 오직 하나의 이유는 희망과 기대감이었다. 그 희망이 있었기에 너나없이 '반도의 총후진'을 자처하면서 제국의 앞잡이가 되고, 너나없이 공산주의가 제일 나은 것으로 보고 의용군에 참여하기도 했다. 이제 그러한 20세기 폭력과 신념의 시대에 대한 잔잔한 회상을 더하고, 세상이 좀 변하여 복수와 단죄보다는 이해와 화해의 시점이 오고 있다는 사실이 위안이 된다.

우리가 헌납을 해야 했던 조선인들의 현실을 이해한다면 왜 수많은 사람들이 빨갱이가 되어서 저항했는지도 조심스럽게 이해될 날이 올 것이다. 역사는 시시비비의 학문이 아니라 이해와 합리적 추론의 학문이다. 당대 조선인들이 가졌던 진짜속내를 분석하고 이해할 때 당대의 역사는 좀 더 분명한 모습을 드러낼 것이다.

책 이야기를 해보자. 『반도의 총후진』이란 말 자체가 '조선인들이 나서는 후방 전선'이라는 뜻이다. 여러 가지의 번역서 제목이 떠올랐지만 초역을 담당했던 우리 동의대 근현대사 대학원생들이 대부분 원래 제목그대로 하는 것이 좋겠다는 의견이 있었고, 그래서 수용했다. 책은 3장과 부록으로 구성되는데 1부에서는 반도총후진을 읽기에 앞서 과연 일제하 헌납행위를 어떻게 볼 것인가 라는 문제를 다룬 역자의 해제를 달았다. 2부는 『반도의 총후진』 전편, 3부는 속편을 담았다. 아쉽게도 속편 중에서

160페이지 가량은 인멸되어 번역할 수 없었다. 훗날 발견되면 보충하리라 기약해본다.

또한 이 책의 번역에는 많은 사람들이 참가하였는데, 해제와 서문을 쓰고 최종적인 번역과 전체 교열을 책임진 필자를 비롯하여 각 초벌 역자들이 미담 각부 별로 번역을 수행하였다. 전편의 번역에서 선우성혜 선생은 원호 미담, 성강현 선생은 유가족 원호 미담, 하훈 선생은 유가족 원호 미담 그리고 조봉휘 교수는 출정응소군인위문 미담을, 이준영 교수는 기타 헌금 미담을 중심으로 번역하였다. 물론 속편 번역에선 모든 역자가 조금씩 분량을 나눠서 번역하였고, 대학원 새내기 김민재군과 양보미양이 본 사업에 적극적으로 참가하여 힘을 보탰다.

이 책을 내는데 특히 고려대학교 일본연구센터 최종길 교수의 도움으로 난해한 언어의 해득에 큰 도움을 받았기에 고마움은 말로 다할 수 없다. 개별적인 책임 번역 이후에는 전체적으로 모든 역자들이 언어의 통일이나 정교한 번역을 위해 노력하였으며, 이때 최종길 교수는 헌신적으로 번역의 오류를 짚어주었다. 따라서 모든 공로는 이들 번역과 교열에 참가한 모두에게 돌리고 싶다. 번역책임자로서 모두에게 이 자리를 빌어서 노고에 감사드린다.

바야흐로 몇 년간의 고생 끝에 완성된 역서가 나오려하니 흥분이 앞선다. 몇 년 전 한국연구재단에서 연구지원금을 타서 꼭 이루리라는 필자의 꿈이 바로 이 책을 번역하는 일이었다. 이제 그 꿈을 이루게 되니 학문하는 사람으로서 참으로 흐뭇하다. 이 모든 기쁨을 이 책의 번역에 참가한 우리 동의대 근현대사 대학원생들과 나누고 싶다. 마지막으로 이 책을 내는데 물심양면으로 도움을 주신 도서출판 국학자료원 임직원 여러분께 감사의 말씀을 드린다.

2015년 1월 12일 역자 김인호

차 례

제2장 출정응소군인 위문 미담(出征應召軍人慰問美談の部)

제3장 유가족원호 미담(遺家族援護美談の部)

제4장 헌금미담(獻金美談の部)

제5장 기타 미담(其他の部)

속편(續編)

〈지나사변 1주년에 즈음하여 육해군에 내리는 칙어〉 (1938. 7. 7.)

짐은 친애하는 육해군 군인에게 고하노라.

불행하게도 매년 이웃나라와 시비를 다투고 있는 바, 짐의 육해군 장병은 안으로 주획경리(籌劃經理)에 노력하고 밖으로 공전방비(攻戰防備)에 노력하여 거대한 위무를 중외에 선양함으로써 짐의 신뢰와 의지에 보답하고 있다.

짐은 그대들의 충성 용무를 기뻐하지만 실로 칼과 화살(鋒鏑)에 전사하거나 나쁜 병에 걸려서 죽거나 혹은 병자가 되는 일은 슬프니 생각건대 시국의 전도가 아직 요원한 상황에서 출정(出師)의 목적을 달성하는데 그들의 노력에 기대는 것이 참으로 많은 지금 상황에서 이들 군인들은 이러한 지극한 짐의 마음을 잘 헤아려서 우주의 대세와 시국의 본질을 잘 살피어 더욱 자강하고 담금질(自彊淬勵)함으로써 짐의 고굉(股肱)다운 본분에 최선을 다하기 기대하노라.

〈군인원호에 관한 칙어〉 (1938. 10. 3.)

짐의 육해군인이 보인 충성용무(忠誠勇武)는 메이지시대 이래로 여러 차례 국난을 극복하고 모면하도록 하였으며 이번 사변에 당해서도 군사들은 이웃나라에 가서 극히 충렬을 다함으로써 국위를 중외에 현양하였으며, 짐의 충실한 신민들은 총후에서 상솔솔공(相率率公)으로 봉사하여 출정 장병들에게 후고(後顧)의 걱정이 없도록 하였으니 이에 짐은 이를 가상히 여기고 있다. 생각건대 이제 전국(戰局)이 확대하면서 전투에서 부상을 입거나 혹은 역병에 걸려서 죽은 자들이 역시 적지 않게 되었으니 짐이 참으로 밤잠을 이루지 못하는 바, 마땅히 군인 원호하는 일에 힘을 보태어 유감없이 하고자 내폐(內帑)을 내려서 그 일에 충당하도록 하니 경들은 짐의 뜻을 잘 헤아려서 그것의 규획에 임하여 그 성적을 크게 높이기를 기대하노라.

〈황국신민의 서사〉

1. 우리들은 황국신민(皇國臣民)이다. 충성으로서 황국(皇國)에 보답한다.
2. 우리들 황국신민은 신애협력(信愛協力)하여 단결을 굳게 한다.
3. 우리들 황국신민은 인고단련(忍苦鍛鍊)하여 힘을 길러 황도(皇道)를 선양한다.

<금자회의 금비녀헌납>

<불타는 후방의 열성>

<군인가족 농촌봉사>

<불타는 후방의 열성>

共四　赤誠の後銃る沸

<불타는 후방의 열성>

共三　赤誠の後銃る沸

<불타는 후방의 열성>

해제

『半銃の 銃後陣』의 내용적 특성과 역사적 의미[1]

Ⅰ. 『半島の 銃後陣』의 구성과 출간

半島 の 銃後陣

朝鮮軍事後援聯盟

<그림 1> 조선군사후원연맹 간, 『반도의 총후진』(1940) 표지

본 『半島의 銃後陣』 원전의 출처는 전편은 국립중앙도서관 전자도서 그리고 속편은 『전시체제자료총서』(한국학술정보 주식회사, CD1과 CD3)에서 확보하였다. <그림 1>과 <그림 2>는 각각의 표지이다. 앞의 것은 朝鮮軍士後援聯盟에서 간행한 전편격인 『半島の 銃後陣』(1940. 4)과 은사재단 군인원호회 조선본부에서 간행한 『半島の 銃後陣 (續編)』(1941. ?)이다.

일단 『半島의 銃後陣』<본편>은 발행소 즉 발행주체가 조선총독부내 조선군사후원연맹이었다.[2] 인쇄는

---

1) 해제 부분은 김인호, 「『반도의 총후진』을 통해서 본 조선인의 국방헌납」, 『역사와 경계』 93(2014. 12)를 요약 정리하였음.

2) 조선군사후원연맹은 1937년 "황군의 후원이 되어 서로 협력하여 군인의 사기를 고취 격려하고 군인으로 後顧의 우려 없이 본분을 다하게 함"을 강령으로 삼았다. 그리고 실천사업으로 ① 군인원호사상의 보급, ② 상이 · 출전 군인의 가족 원호 ③ 이들 군인에 대한 직업 알선 ④ 출전 · 귀향 군인에 대한 송영 및 접대, ⑤ 출전장병 및 가족에 대한 위문 · 격려 ⑥ 군인 유가족의 조 · 위문 ⑦ 위 사업을 위한 모금 등이었다. 조직은 본부 중앙조직인 조선군사후원연맹과 대체로 府와 郡지역에 조직된 지부

1940년 4월 5일되었고, 4월 10일 발간되었다. 편집 및 발행자는 경성부 서소문정(西小門町) 120번지에 주소를 둔 조선인 임승수(林勝壽)[3] 인쇄자는 경성부 본정(本町) 4가 131번지 다니오카 데이지(谷岡貞治) 그리고 인쇄소는 같은 주소의 다니오카 상점인쇄부로 되어 있다.

본편의 편제는 (1) 상이군인 원호 미담(傷痍軍人援護美談) (2) 출정 응소 군인 위문 미담(出征應召軍人慰問美談) (3) 유가족 원호 미담(遺家族援護美談) (4) 헌금 미담(獻金美談) (5) 기타 미담(其他) 등 5개 부로 편재되었다.

(1)에는 실명(失明)한 군인에게 안마사가 헌금한 일이나 상이용사를 위문 방문한 소녀 이야기 등 총 16개의 사례가 있다. (2)에는 부인회의 위문 주머니 만들기를 비롯하여 떡을 판 돈 헌납한 행상인, 소나 돼지를 헌납한 농부, 산채 및 민물고기 판돈으로 위문금 헌납한 농부 등 91개 사례, (3)에는 유가족을 방문하고 이들의 삶을 도와 준 이야기 등 56개 사례, (4)에는 행상으로 번 돈 헌납, 친아우 전사로 받은 국방비 헌납, 절미로 저금한 것을 헌납한 부인회원, 담배 은박지 헌납, 십 원짜리 금화 헌납, 누에고치 매각대금 헌납, 시국좌담에 감격한 부인회원 헌납, 폐품 판돈 헌납, 270원의 금제품 헌납 등 총 146개 사례가 있다. 마지막으로 (5)에는 이상의 4가지 항목에 굳이 들어갈 수 없는 다채로운 사례를 모았다. 여기에는 아동이 군용건초 헌납, 현미 이만오천가마니 국방헌납, 학생들의 92식 고사중기관포 헌납, 군마용 청초(靑草) 헌납, 군인 숙박료로 고사기총 헌납, 볏짚 헌납, 고사기관총 헌납, 병기헌납 등 특별하고 기이한 헌납 등 93개 사례가 있다. 그러므로 전편(본편)에는 총 402개의 사례가 확인된다.

및 분회가 있었다. 중앙조직은 총독부 내무국 사회과 안에 조직을 두었고, 정무총감이 회장, 총독부 내무국장과 회장이 위촉한 평의원 중의 1명을 부회장으로 삼았다. 1941년 7월 31일 재단법인 군인원회회 조선지부에 통합되었다(한국정신문화연구원, ≪한국민족문화대백과사전≫, 1997).

3) 林勝壽는 2002년 민족정기를 세우는 국회의원 모임에서 친일파 708인(총독부 사무관 목록) 중의 한사람으로 선정되었고, 일정 당시 경기도 농상부장을 지냈다. http://ko.wikipedia.org/wiki/

그렇다면 왜 군사후원연맹에서 이런 미담집을 편찬했을까? 이 부분을 해명하려 할 때 가장 아쉬운 것은 미담집의 서문이 없다는 것이다. 책자의 앞부분에는 지나사변 1주년을 기념한 칙어나 황국신민서사와 같은 의례형 문구만 있고, 왜 이것을 제작했는지 조선군사후원연맹의 입장을 정리한 것이 없다. 물론 이를 둘러싼 당시 총독부 및 관변 기구의 내심은 본 미담의 분석을 통해서 유추할 수 있겠지만 일단 이 미담집을 제작한 조선군사후원연맹이 중일전쟁 시기 이래 이들 연맹이 원호사상 보급, 상이·출전 군인가족 원호, 출전·귀향 군인의 송영 및 접대, 출전장병 및 가족에 대한 위문·격려 그리고 군인 유가족의 조·위문 등을 실천사업으로 해왔다는 점에서 그들 사업과 관련된 미담을 수집하여 사업의 필요성을 널리 홍보하고 총독부의 총동원 시책에 조선인의 자발성을 고양하기 위하여 제작한 것으로 추정한다.

한편, 『반도의 총후진』(속편)은 (본편)에서 보이던 5개부 편재가 없고, 미담 내용만 배열하였다. (본편)의 간행주체는 조선총독부에 있던 조선군사후원연맹이었는데, (속편)은 1941년 7월 31일자로 재편된 은사재단 군인원호회 조선본부였다. 조선인의 후방 원호체계를 본토 원호회와 일원화하겠다는 일본본토의 정책 변화가 그 이유인 듯하다. 그런데 자세히 보면, (본편)의 내용이 두 번 올려 진 경우가 있고, 항목별로도 구분하지 않고 등재되어 있다. 특히 언제 (속편)을 만들었는지 날짜도 없다. 아마도 본편이 간행된 1940년 4월 이후의 자료를 모은 것 같으며, 대체로 군인원호회 조선지부가 설립된 1941년 7월 31일 이후에 완성된 것으로 추정한다.

이는 상부에서 지시한 뜨거운 조선인의 헌납 대열의 모습을 홍보하기에는 (본편)의 402개 사례만으로는 부족하다는 인식에서 온 듯하다. 물론 행정상의 이유가 있을 수도 있겠지만. 이미 인쇄하여 배포된 (본편)에 이어서 (속편)이라는 이름으로 별도의 책자를 낼 만큼 미담이 부족한 상황이거나

半島 の 銃 後 陣 續編

軍人援護會朝鮮本部

지방에서 제대로 보고가 되지 않은 상황을 반영하는 것이기도 하다. 아울러 항목별 구분이 없는 것도 본 책자가 특별한 보고용 이상의 의미는 없었다는 사실을 추정하게 한다.

현재 160쪽 이하와 320쪽 이후의 사례는 인멸된 듯하다. 그래서 161~320쪽까지 총 238개의 미담 사례만 수록되었다. 따라서 양적으로 본다면 (속편)이 (본편)보다 훨씬 많았던 것으로 보이지만 현재로는 확인되지 않는다.

II.『半島의 銃後陣』 제작 당시 조선의 국방헌납 상황

『半島의 銃後陣』이 발간될 시점 조선의 국방헌납 상황은 <표 1>에서 유추할 수 있다.

<표 1> 1941년 10월 말 현재 조선군 관계 헌납내역[4]

항목	세목	헌납 내역
국방헌금 (1941. 10월말 현재)	조선군 사령부급	9,447,375원 48전
	경성재근 해군무관부급	1,297,902원 43전
	소계	10,745,277원 91전

---

4)「지나사변에 관한 헌금 · 헌품에 관한 조사, 기타 봉공적 未擧」,『조선총독부 제79회 제국의회설명자료』(1941. 10)

	조선군 사령부급	1,245,075원 73전
	경성재근 해군무관부급	51,395원 20전
	소계	1,296,470원 93전
휼병위문금	은사재단 군인원호회조 선본부급	(사업자금)
(1941. 10월말 현재)	본부	1,490,378원 00전
	지부	3,148,766원 43전
	합계	4,639,144원 43전
	총계	16,680,893원 27전
위문대	조선군사령부급(경성나 남사단을 포함)	1,240,139개
(1941.10월말 현재)	경성재근해군무관부급	5,994개
	합계	1,246,133개
헌납병기 (1941. 10월말 현재)	조선군사령부급	비행기 56, 고사포 28, 98식기관포 3, 관측기 4, 전화기 46, 大廳音器 3, 小廳音器 50 탐조등 21, 정보송신기 1, 輕裝甲* 3, 고사중기 360, 輕機關機 110, 機關銃空砲 銃身 29, 患者自動車 4, 大型裝蹄自動車 1, ***기 1, 重擲彈筒 3, 무선전화기 30, 小型裝蹄自動車 1, 97식 방독면 5000, * 眼鏡 10, 銃帽 452점 계 6216점
	경성재근해군무관부	비행기 27 기타 23점 계 50점
헌납군용동물	말	17두
(1941. 10월말 현재)	개	45마리

즉, 1937년 7월 이후 1941년 10월까지 국방헌금으로는 총 10,745,277원 91전이 조선군 사령부와 경성재근 해군무관부에 전해졌다. 이 중에서 조선군에 헌납된 국방헌금은 9,447,375원 48전, 해군무관부에는 1,297,902원 43전으로 조선군 사령부 쪽이 훨씬 많았다. 휼병위문금의 경우 총 1,296,470원 93전이 답지했는데, 그 중 조선군에는 1,245,075원 73전, 해군무관부에는 51,395원 20전이었다. 휼병금도 압도적으로 조선군 사령부 쪽이 많았다. 이에 위문대(주머니) 1,240,139개, 헌납병기 6,216점는 조선군 그리고 해군무관부에는 위문대 5,994개, 헌납병기 50개가 전해졌다.

전쟁기간 동안 조선에서 비행기 1,089대, 국방헌금 1억 170만 원정도 헌납된 것으로 조사되지만 좀 더 구체적인 조사가 필요하다.

한편, 중일전쟁이 장기화하자 일본은 새롭게 북부와 남부 인도차이나를 점령하였는데, 여기서 중국시장의 상실을 우려한 미국의 제동으로 일본은 심각한 외교적인 마찰을 겪게 되었다. 미국의 연이은 압박에 1941년 9월 6일 日本은 <제국국책수행요령>을 통하여 "제국은 현재 급박한 정세 특히 미·영·화란 등의 집요한 대일 공세, 소련의 정세 및 제국 국력의 탄력성 등을 감안하여 <정세 추이에 따른 국책요강>을 공포하고, 제1항에서 "제국은 자존자위를 완수하기 위하여 대미(영·네) 戰爭을 不辭한다는 결의 아래 10월 하순을 목표로 戰爭 준비를 완벽하게 갖춘다"[5]고 하는 등 전쟁 준비에 박차를 가했다.

전쟁불가피론이 힘을 얻어가는 상황 아래서 어쩌면 『半島의 銃後陣』도 그러한 국가적 목표에 가장 능동적으로 협조할 수 있는 조선인의 태세를 고양하려는 의도에서 비롯된 것이라 할 수 있다. 즉, 1941년 4월에 발간된 『반도의 총후진』은 태평양전쟁을 목전에 둔 시기였다. 따라서 중국을 넘어 미국, 영국, 네델란드와 힘겨운 전쟁을 해야 하는 상황에서 보다 강력하게 조선인의 헌납과 자발적 동원을 추동해야 할 사정에 있었던 것이다. 그것을 위해선 이러한 미담집이 홍보에 필수불가결한 조치로 대두된 것이다.

태평양전쟁 이후 엄청난 헌금 헌품의 대열이 이어졌다. 태평양전쟁 기간 조선에서 이뤄진 헌금, 헌품의 종합적인 데이터는 일단 ≪제86회 제국의회 설명 자료≫(1944. 12) 중 관방 정보과 자료에 나오는 "국방헌금, 헌품의 최근동향"이라는 자료에 비교적 자세하게 나오는데 무척 판독이 힘든 상태지만 정리하면 <표 2>와 같다.

---

5) 도고 시계노리, 『격동의 세계사를 말한다』(2000, 학고재), 210쪽.

<표 2> 침략전쟁시 조선의 육해군에 대한 헌납 헌품 현황[6] (단위 : 원)

연도	육군	해군	필자 합계	원문 합계
1937년7월부터	3,194,518	449,027	3,643,545	3,643,555
1938년	2,005,644	138,499	2,144,143	2,114,143
1939년	1,024,094	142,658	1,166,752	1,462,712
1940년	1,478,490	204,596	1,683,086	1,680,846
1941년12월 7일	2,998,532	600,332	3,598,864	3,198,673
계	10,701,278 (10,654,998)	1,535,112 (1,111,932)	12,236,390	12,089,934
1941년 12월 8일	1,176,362	827,534 (9,275,34)	2,003,896	2,003,896
1942년	21,053,652	13,063,207	34,116,859	33,916,859
1943년	3,621,626	4,928,156	8,549,782	20,098212
1944년 10월말	28,857,112	29,962,069 (28779591)	58,819,181	58,386,198
계	54,708,752 (56,889,163)	48,780,966 (48,779,291)	103,489,718	104,968,454
누계	65,410,030 (67,544,161)	48,914,225 (49,914,123)	114,324,255	117,098,161

비고: 계에서 ( )에는 원문에 나와 있는 액수 ( )밖은 필자 계산 액수.

여기서는 필자 합계(괄호 밖)와 원문합계(괄호 안)를 별도로 작성했는데, 이는 양자가 실제 계산에서 차이가 크기 때문이다. 그 이유는 역시 자료의 판독상의 문제도 있지만 원래 작성자가 계산할 때 실수하거나 육해군 이외의 통계는 빼고 계산했기 때문에 부분과 총합이 차이가 나는 것이라 추정한다. 중일전쟁(1937년 7월부터 1941년 12월 7일까지)시기 조선에서 육군에 대한 헌납은 원문합계 기준으로 10,654,998원, 해군에 대한 헌납은 1,111,932원으로 총 1천 2,089,934원이 헌납되었다. 이어서 태평양전쟁(1941. 12. 7~1944. 10월 말)동안은 육군 5천 6,889,163원, 해군 4천 8,779,291원해서 총 1억 4,968,195원이 헌납되었다. 태평양전쟁시기가

6) 朝鮮總督府 情報課,「國防獻金獻品最近狀況」(1944),『朝鮮總督府帝國議會說明資料』 (影印本 제 10권) 不二出版, 日本, 1994, 22~24面.

이전보다 12배 이상 증가한 수치이다. 그만큼 헌납은 태평양전쟁시기 집중되고 있었다.

요컨대, 이처럼 침략전쟁의 확대로 미국, 영국 등 서구와 본격적으로 싸워야 할 일제는 무엇보다도 자발적으로 가진 것을 헌납할 수 있는 태세를 식민지에 강요할 필요가 있었고, 이에『半島의 銃後陣』가 제작되어 널리 유포된 것이 아닐까 한다.

Ⅲ.『半島의 銃後陣』의 역사적 의미 : 자율을 위장한 강제, 헌납에 숨은 욕망

『半島의 銃後陣』(본편)에 나오는 402개의 헌납 사례는 김인호,「『반도의 총후진』을 통해서 본 조선인의 국방헌납」,『역사와 경계』93(2014. 12)에 자세히 분석되었기에 구체적인 저작의 내용적 특성은 생략하고 전체적인 민족별, 계층별, 구성별, 내용별, 지역별 특성을 도출하면 다음과 같다.

먼저, 제작 동기와 관련하여, 연구에 사용된 미담집은 태평양전쟁을 앞두고 전면적인 물자동원을 꾀해야 할 상황에서 조선군사후원연맹이 추진하던 원호사상의 보급, 상이 · 출전 군인가족 원호, 출전 · 귀향 군인의 송영, 접대, 출전장병 및 가족에 대한 위문 · 격려 및 군인 유가족의 조 · 위문 등의 사업을 위해 제작되었지만 미담집 어디에도 그런 의도를 보이지 않고 있다.

둘째, 미담집 제작과 관련하여, 수집과정은 물론 제작과정도 무척 긴급하고 졸속으로 이뤄졌던 것으로 보인다. 예를 들어 사례별 날짜기입이 무성의하거나 부정확한데 이어 중복 게재나 분할 게재 등이 그것이다. 특히 날짜의 경우 제대로 날짜를 기록한 것은 16%에 불과하고, 특히 '기타 미담' 부분은 태반이 미담집을 만들기 직전 급히 모은 사례들이었다. 감동적인 미담 사례가 많은 듯 보이려고 유사한 사례를 각각 번호를 매기면서 늘이거나, 별 무의미한 사례조차 대단한 일인 양 부풀린 흔적이 있다.

셋째, 집단미담이 압도적으로 많았다. 정동운동 조직인 부락, 구, 애국반은 물론 조선인 감시 통제 조직인 경찰서, 읍면동사무소 등 총동원 조직이 주도하거나 영향을 미친 집단적인 학교 아동, 부인회 등이 헌납 미담이 대부분이었다. 이들 미담을 제외하면 사실상『半島의 銃後陣』을 이룰 자발적 조선인의 사례는 절반가까이 줄어들 수밖에 없다. 따라서 대부분의 사례는 자발에 기초한 것이라기보다는 집단의식에 기초한 사실상의 강제적인 헌납이었으며, 그나마 고분고분한 조선인 여성이나 아이들을 중심으로 이뤄진 것이었다.

넷째, 조선서부 지역의 사례가 많았다. 특히 경기를 제외한 평남, 황해, 충남 등지가 많았다. 당시 중일전쟁이라는 시점을 고려할 때 이들 지역의 미담이 많다는 것과 전쟁과의 관련성 특히 조선서부에서 진행된 급속한 공업화 시점의 사례라는 점을 함께 고려할 필요가 있다. 또한 민족적으로 조선인이 많은 지역에서 사례가 많고, 일본인이 많은 지역은 오히려 적었다. 일본인 비중이 가장 높은 지역에서 일본인 미담은 한 건도 없는 경우조차 있었다. 이것은 당시 미담수집 작업이 주로 조선인 밀집 지역에서 주로 진행된 흔적을 느낄 수 있다.

다섯째,『半島의 銃後陣』(속편)은 1941년 경에 발간된 것으로 보이는데, 종래 주로 경찰서나 국민총력운동 기구 중심의 헌납행위가 중심이었으나 이제는『경성일보』,『조선일보』등 언론기관을 통한 헌납이 증가하고, 창씨개명한 조선인들의 헌납이 보다 증가하는 모습이 나타난다.

요컨대,『반도의 총후진』은 이른바 자발성을 위장한 타율적 헌납 사례집이었다. 그럼에도 하나 주의할 것은 그 안에는 간간히 우리가 무시하고 넘어갈 수없는 조선인의 심연이 있다는 점이다. 역사의 행간에서 움직이는

'당대 기층 조선인의 기대감이나 희망사항'이 바로 그것이다. 생활수준의 상승과 같은 일상을 넘어 무언가 차별의 늪에서 벗어나 조선인도 '사회적 역할'을 하고 싶다는 간절한 표현도 들어있다. 그런 기층 조선인의 사회적 여망이 너무나 간절한 현실에서 총독부는 조선인의 소박한 그런 희망을 담보로 자발적 헌납을 흥정하였다. 그들은 길어지는 헌납 대열에 흡족해 하면서 기대감을 기약하는 조선인들을 침략전쟁을 이끌어 갔다. 그들은 나아가 그런 조선인의 염원을 수단화하여 그들의 생활 및 생산용 물자조차 전쟁을 위해 극한적으로 동원하고자 하였다.

제1장

상이군인원호 미담

제1장 상이군인원호 미담(傷痍軍人援護 美談の部)

1. 실명한 군인을 위하여 안마사가 헌금

두 손으로 안마해서 어렵게 번 돈을 실명군인의 위문금으로서 헌납한 후방(銃後)의 애국미담이 이어졌다. 서울 제생원 맹아부(京城府 濟生院 盲啞部) 동창회 회원 일동은 태어나면서부터 장님이었다는 괴로움을 절실하게 통감하고 있는 장부들이다. 그러면서 "'나라를 위하여 전쟁하다 부상을 당하여 광명을 잃은 군인들은 얼마나 불편할까?'라고 하면서 안마로 번 땀의 결정체인 6원을 실명(失明)한 군인을 위한 위문금으로 헌납하기로 하여, 대표자 김기환(金箕煥) 외 1명이 경성부 사회과를 방문하였다. 이처럼 특별하고 기특한(奇篤) 행위에 대하여 관계 공무원 일동은 매우 감격하였다.

2. 여러 가지 기특한 행위

평북 용천(龍川)군 양서(楊西)면 북평(北坪)동 최관식(崔觀寔)

그는 올해 73세 노인으로 다이쇼(大正) 말엽 정도(대략 1920년대 초반)까지는 연간 거두이들이는 벼가 2천 섬이나 되는 부농이었다. 하지만 그 후 가세(家運)가 기울어 지금은 연 수확 150여 석 정도에 그쳐서 호화로운 옛 모습은 전혀 찾아 볼 수 없다. 그러나 그는 일찍부터 친일가(親日家)

로 총독정치를 늘 찬양했는데, 각종 공익사업에는 솔선하여 정재(淨財)를 보내는 등 기특한 행위를 열거할 수 없을 정도로 많이 하였던 마을에서 참으로 덕망이 두터운 사람이었다.

지난 1914년 일독전쟁(제1차 세계대전) 당시에도 황군의 분투에 감격해서 1천 원을 황군 위문금으로 헌납한 일이 있었다. 또 만주국의 건설 후에 "만주국 건국 이래 제국은 많은 희생을 치르면서도 비적토벌과 그 외 치안 공작으로 평온한 날이 없었으며 또 재만 조선인의 보호에 힘을 다하고 있는 노고가 많은데 여생이 얼마 남지 않은 자신도 이 때 국가의 은혜를 갚지 않으면 안 된다"라고 말하며 당시에 수확한 쌀 150섬을 몽땅 판 1천원을 위문금으로서 헌납했다.

또 이번 전쟁이 발발했을 무렵에는 농촌 경제가 여의치 않았으나 힘써 100원을 모아서 7월 31일 국방의연금으로 기증하였다. 올해 2월 25일에도 관할 경찰서를 방문해서 50원을 기탁했다. 그러면서 이렇게 말했다.

> "나이가 이미 고희(古稀, 70세)를 넘었음에도 지금처럼 안온한 여생을 보낼 수 있는 것은 한편으로 조국 일본의 덕택입니다. 동양의 평화를 위해 악전고투를 계속하고 있는 황군 장병에게 보내는 선물로 지금 가지고 온 이 50원은 약소해서 부끄럽지만 우리 부상 장병을 위한 위안비로 사용해주세요."

7월 12일에는 처음으로 단발(斷髮)을 하였는데, 금으로 만든 머리핀과 반지 등 9점 총 130원 정도의 물품을 관할 경찰서에 와서 국방비로서 헌납 신청했는데 그동안 그는 이런 방식으로 수차례 헌금해왔다. 그러면서 항상 후진 지도에 힘쓰고 있으며 천황의 높은 은덕을 이야기 하면서도 계몽 지도에 헌신적 노력을 다하고 있다.

3. 백의의 용사, 애국근로대[1]

모두 조선의 학생으로 조직된 애국근로대는 각지에서 결성되어 소기의 목적을 위해서 최선을 다하고 있다. 경기도 신촌의 이화여자전문학교 생도 3백 명은 1939년 7월부터 용산육군병원에 교대로 방문하여 백의(白衣) 용사의 세탁물을 모아 학교에서 세탁해서 돌려보내는 위문활동을 한 사실이 알려져서 각계를 감격시켰다.

4. 7일의 단식으로 용사에게 위문금

강원도 홍천의 홍천 농민훈련소의 훈련생 홍병태 외 7명은, 규정에 따라 훈련하면서, 매일 황국신민임을 깊이 감사하고 있다. "황군이 활약하는 전쟁터에서 장병들의 고통을 몸소 체험하기 위하여" 홍군 외 7명은 선생님의 허가를 얻어 7일간 단식하였고, 쌀·잡곡 3말 9되 2홉을 팔아서 10원 60전을 벌었다. "이것을 성전(聖戰)에서 다치거나 불행하게 병을 얻은 백의 용사에게 보내고 싶습니다"라는 진심의 편지와 함께 군 애국부에 보내왔기 때문에 관계 공무원들이 그 마음에 깊이 감동했다.

5. 용사 가족의 세금대납

중일전쟁 1주년 기념일을 맞이하여 아주 밝은 후방 국민의 미담이 있어 큰 화제가 되고 있다. 주인공은 청주읍 본정 2가 마에타(前田) 양품점의 주인

---

1) 각종 애국근로대는 1941년 '국민근로보국령'에 의해 근로보국대로 편성되었다. 이들은 철도·도로·비행장 및 신사(神社)의 건립·확장 공사에 동원되었다. 각종 직장보국대를 비롯하여 초등학교, 전문학교, 중등학교 고학년에 이르는 학도보국대, 형무소 재소자들로 구성된 남방파견보국대 및 농민들로 조직된 강제노역보국대 등이 있었다. 농민보국대의 경우 징용·징발·징병에서 제외된 사람들이 주로 연행되었다. 근로보국대 형식으로 강제 연행된 조선인의 숫자는 1938~44년까지 약 762만 명 정도였다(브리테니커).

마에타 벤지(前田辨治). 그는 예전부터 학교조합 의원을 맡고 있는 동네 유지(有志)였다. 그런데 같은 동네인 본정 2가에 사는 목수 신포헤이타로(新保平太郎)의 장남 신포 시치노스케(七之助)가 북중국으로 출정하였고, 차남인 신포 키요시(淸)도 중국 상하이 부근의 전투에서 부상을 입는 등 이번 전쟁에서 아들 둘이 혁혁한 무훈을 세웠다. 그런데 이런 두 아들을 전쟁터에 보낸 아버지 신포 헤이타로는 중풍을 앓아서 마음대로 움직일 수 없는 처지였다. 그래서 마에타는 "최소한의 후방 국민다운 임무를 위하여 출정 장병 가족에게 힘이라도 되고 싶다"면서 지난 5일 학교조합에 그 아버지의 조합비, 1년 치를 대신 납부하여 관민을 감동시켰다.

6. 백의용사에게 매달려 감정이 북받쳐서 울부짖다

상이용사의 열차가 경의선 일산(一山)역에 정차하고 있을 때, 창밖으로 돌연 울부짖는 소리가 들렸다. 무슨 일이 일어난 것 같아 돌아보니, 한 조선인 신사가 백의용사 한명을 잡고서 "참으로 잘 해주셨습니다"라면서 감정이 북받쳐서 울자 주변에 있던 사람들도 깊은 감동을 받았다. 이러 사례는 일본 본토에서 종종 볼 수 있는 일인데 그 신사의 흘러넘치는 순정을 본 사람들은 사무치는 기쁨을 금할 수 없었다.

7. 개선하고 돌아오는 길에 익명으로 위문금

충남 서산군 서산면 읍내(邑內)리 이발업 상등병
키무라 타카유키(木村高行)

12월 12일 오후 1시 24분, 온양온천 역에서 소집해제된 귀환군인을 실은 열차가 정차하였다. 그런데 타고 있던 어떤 사람이 이름도 쓰지 않은 봉투를 그동안 온양온천에서 요양 중이었던 상이병사에게 전달하였다.

봉투에는 위문금 ○원이 들어 있었다. 그래서 다음 역인 신창역에서 그 사람이 누군지 주소나 씨명을 조사했지만, 끝까지 익명이라고 하면서 밝히지 않았다.

다시 서산 경찰서에 조회해 조사한 바, 키무라 타카유키(木村)로 밝혀졌다. 그는 지난 해 중일전쟁 직후 소집되어 중국 하남성, 산서성 등에서 고전고투하면서 혁혁한 무훈을 북중국 전선에서 남기고, 이번에 명예롭게 귀환하던 참이었다. 목숨바쳐 나라를 위해 일하는 사람으로 대임(大任)을 다한 후에 이렇게 아름다운 행동을 하는 것을 보고 일반 사람들의 칭송이 그치지 않고 있으며, 상이군인에게도 대단히 감사한 일일 것이다.

8. 상이용사를 방문한 두 소녀

명예롭게 전장을 지키던 몸을 백의(환자복)로 싸고서 용산 위수병원에서 간호를 받고 있는 수많은 용사들. 이들을 매주 일요일마다 방문해 상냥한 위로의 말과 귀여운 일본 무용으로 위문하는 천사같은 두 소녀가 있어서 백의의 상이용사들로부터 호평을 받고 있다. 이 천사는 서울 후루이치쵸(古市町; 오늘날의 동자동)[2] 14번지 포목업자 무라마츠 신타로(村松信太郎)의 딸인 아야코(良子)와 소노코(園子) 두 명으로 모두 삼판(三阪) 소학교에 다니고 있는데, 어머니에 따르면 "무용은 본래 취미로 배운 것인데, 아이들이 상상이 용사들을 위문하면 좋겠다고 해서 남편과도 상의한 다음, 아이들의 뜻대로 약 2개월 전부터 일요일마다 병원을 방문하고 있습니다. 여러분들이 모두들 기쁘다고 하니 참으로 기쁘게 생각합니다"라고 하였다.

---

2) 당시 서울의 주요 지명을 보면, 을지로(黃金町), 충무로(本町), 충정로(竹添町), 동자동(古市町), 명동(明治町), 원효로(元町), 퇴계로(昭和町), 청과동(靑葉町), 효창동(錦町), 장충동(東西軒町), 소공동(長谷川町), 인현동(櫻井町) 등이었다.

9. 상이병위문금으로

청진의 애국부인회에서는 지난번 아마추어(素人)연예대회를 개최해서 성전(聖戰)에 참가한 용사 중 전상(戰傷)병자의 위문 자금을 모았는데, 순이익이 1,290원 50전이었다. 애국부인회 함북지부를 통해 헌납 절차를 밟았다.

10. 가난한 사람들이 보이는 뜨거운 마음

이번 사변의 그늘에서 피어난 미담 가운데 "가난하지만 마음은 따뜻한" 사람들을 보는 일은 무척 감격스럽다. 가난한 사람의 헌금은 비록 작은 정성일지라도 그 뜨거운 정성(赤誠)과 국민다운 자각이야말로 헌금 액수보다 훨씬 높이 평가되어야 한다.

강원도 강릉군 주문진면 주문리 용연(龍沿)동

이 부락은 최근 10년 사이에 조선 각지로부터 걸식, 부랑빈민 등이 모여 만들었다 해도 과언이 아닌 작은 마을이다. 주민들은 대부분 짚으로 만든 허름한 집에 살면서 겨우겨우 감자 및 채소로 끼니를 잇고 있었다. 어떤 사람이 '빈민굴이 어디냐?'라고 물으면 "아, 저 마을이다"라고 말하는 면민이 많았다.

그런 마을이기에 시국(時局)이 어떻게 되든지 나라가 어떠한 처지에 있던지 생각해 보려고도 않을 것 같았다. 그러나 시국의 물결과 바람은 이 부락에도 불어왔다. 누가 먼저라고 할 것도 없이 부락 사람 가운데 시국에 대한 자각을 불러일으키려고 노력하는 사람도 생겼다. 이따금 유관 면(面)이나 주재소 직원들이 시국강연회를 열면 의아한 표정을 지으면서 하나 둘 모여들었다. 좌담회가 가져다준 영향도 가볍게 볼 수 없었다. 그렇다! 너도나도 모두 후방의 국민이다.

어느 날 아침 주문진 면사무소에 노동자 모습의 대여섯 남자가 면장에게 면회를 신청했다. "무슨 일로 왔는가?"라고 묻자. 대표자는 "우리들은 용연동 사람들입니다. 이 돈은 마을 사람들이 협력하여 어제 철도공사판에 나가서 벌은 것입니다. 아무쪼록 일본 군대에게 헌납해주세요."라고 하고 5원을 전하고는 다시 작업장으로 갔다. 어찌 귀중한 모습이 아닌가? 다시 이야기하지만, 돈의 많고 적음이 아니라, 그들에게 싹터오는 국민적 자각이 참으로 존경스러운 것이다.

11. 출정군인과 상이군인에게 진심의 위문

평남 영원군 영원면 영령리 유재화

그녀는 13세 때 백(白)아무개에게 시집와서 37세에 사별하고 슬하에 8명의 자녀가 있었어도, 현재 살아 있는 것은 딸 하나뿐이며, 남의 집에 더부살이하면서 겨우 생계를 영위하고 있다. 현재 의지할 곳 하나 없이 혼자 사는데, 가난한 집에서 태어나 오늘날까지 생활고와 싸워온 것이 60성상이다. 오늘날에도 나물을 캐거나 베 짜고 바느질 하는 일로 겨우 입에 풀칠을 하는 데 현재 약 600원의 재산을 모았다고 하는데 엄청난 노력과 분투의 결정체라고 할 수 있다. 유년 시절부터 여자이면서도 나라를 위하여 진력해야 된다고 생각해 왔다. 그래서 1937년 7월 전쟁이 발발했고, 영원군 영림서 직원이 전쟁터로 나가는 즈음, 이들을 송별하고자 읍내 사람들로 무리는 인산인해였던 일이 있었다.

유재화는 처음에는 영문을 알지 못했다. 이윽고 이웃 내지인(일본인)에게서 출정식임을 알게 되었다. 그러자 그녀는 황국을 위해 제1선으로 출동한 사람들에게 보답하는 일은 자신이 염원하던 것이라면서 이후 출정자가 있을 때 마다 전별금을 주었고, 또한 축하회, 위령제, 기타 의식 때나

신사참배에도 빠지지 않았다. 다시 수차례에 걸쳐서 위문이나 국방헌금을 실천했고, 금액도 수십 원에 달했다. 올해[3] 8월에는 상이군인이 귀환한다는 소식을 듣고서 신선한 생선 5원 어치와 현금 3원을 가지고 난생 처음 평양 육군병원을 방문하여 상이병사를 위문했다. 더욱이 자신의 수명이 길지 않다는 것을 알고 재산의 2/3는 휼병금과 국방헌금으로 나머지는 면사무소에다 기부하기로 생각했다. 이에 이것을 이 세상 최후의 봉사라고 생각하면서 군청 또는 경찰서 직원의 입회를 요청하고 유언하는 등 진실로 나라 사랑의 참된 결정체로서 독실한 후방의 모범을 보여주었다.

12. 폐품회수로 상이병위문헌납

평남 양덕군 애국부인회원 21명

1939년 3월 10일 흥아(興亞)의 광명(光明)을 휘날리는 장기건설전(長期建設戰) 아래 의기 깊은 제34회 육군기념일[4]을 맞이하였다. 황국의 흥망을 양 어깨에 짊어지고서 악전고투하고 있는 우리 용사의 위업과 고난을 생각하면서 더더욱 후방의 방비를 강화해야 할 때이다. 이에 우리 양덕군 국방부인회 및 양덕군 애국부인회 분회가 주관이 되어 3월 10일 오전 10시부터 오후 2시까지 각 부인회 임원 21명을 세 그룹으로 나누어 양덕 읍내 각 가정을 방문해서 폐품을 모집함으로써 전시하 자원애호를 위해 크게 활약하였다. 거기서 수집한 폐품을 매각하여 11원 92전을 얻었는데, 모두 상이병의 위문금으로 내기로 하고 양덕군 군사후원연맹을 통하여 헌금 수속을 하였다. 지금도 기회가 있을 때 마다 폐품회수에 노력하여 후방 부인의 굳건한 결의를 보여주고 있다.

---

3) 여기에 나오는 올해는 반도의 총후진이 나온 1940년이 아니다. 왜냐하면 이 미담집은 4월에 나왔기 때문에 1938년이나 1939년 둘 중 하나일 것이다. 편찬자가 미담집을 만들 때 날짜를 대단히 등한시 했다는 사실을 보여준다.
4) 러일전쟁 승리를 기념하여 매년 3월 10일을 육군기념일로 정했다.

13. 전투 승리에 감격해서

경기도 시흥군 서(西) 2면 안양리(安養里)) 국방부인회 회원 53명은 1937년 12월 12일 남경함락 축하의식에 참석할 때, 전쟁에 승리한 황군이 떨친 용감한 희생과 노력을 추억하며 깊은 감격에 젖어서 즉석에서 가지고 있던 돈을 모아보니 30원이었다. 부인회장 송본(宋本)시즈에 이외 10명은 12월 16일자로 위문품으로 밀감 4상자와 사과 6상자를 사서 용산 육군병원을 방문하여 백의용사를 위문했다.

14. 1,000명 헌금 및 진면(眞綿)노임을 헌금

경북 김천군 김천읍 남산정 21 김천 부인회장 신경자(申景子)

김천(金泉)부인회는 1936년 7월 신경자가 생활 개선과 미신 타파를 신조로 해서, 반도 부인을 각성시키기 위해 창립하였다. 처음 회원은 20명이었지만 점차 증가해서 현재 회원 150여 명으로 기금이 천 수백 원에 달하는 훌륭한 부인회로 성장하였다. 전쟁이 발발한 이후, 회원이 모두 동원되어 출정군인을 환송이나 황군 위문에 헌신적인 노력을 계속해왔다. 그 중에서도 천인침을 이용한 '천인(1000인) 헌금'을 기획한 적이 있는데 전 회원을 총동원해서 1,000명을 목표로 한 사람당 1전 혹은 10전씩을 모금하였다. 그리하여 50원을 모았고 국방헌금으로 내었다. 군용 진면(眞綿)을 만들면서 보수로 받은 10원도 김천읍사무소를 통해 국방헌납하였다. 자비를 들여서 대구육군병원으로 세 번씩이나 상이병을 위문하러 갔었는데, 이 이야기는 신문에도 보도된 적도 있었다.

이 같은 후방(銃後)에서의 기특한 행위(篤行)로 육군대신 및 조선군사령부로부터 감사장을 16회나 받았고, 김천군수로부터도 표창을 받았다. 중일전쟁 촉발 후, 크고 작은 헌금이 310원에 달해 신경자는 내선(일본인과 조선인)의 읍민으로부터 두루 신뢰하고 감사를 받는 대상이 되었다. 신경자의 집은 약을 팔고 있는데, 조선의 부인을 위해 힘쓰는 바도 적지 않았다.

15. 훌륭한 군인(武人)의 아내

황해도 안악군 대행면에 사는 타카오(高尾) 토미코는 남편 타카오 에이이치(高尾榮一)가 제1차 동원으로 응소 출정하였다. 그러다 북중국 제1선에서 활약 중 그 유명한 낭자관(娘子關) 대격전에서 오른쪽 어깨 관통상을 입어 후송되어, 봉천(오늘날 심양)의 어느 병원에 입원해서 치료 중이었다. 그러자 이웃 사람들은 토미코를 위문하고, 어떻게 하든 남편이 있는 병원에 면회해보라고 하면서 필요한 편의를 제공하겠다고 하였다.

그러자 토미코는 이렇게 말하면서 제의를 거절하였다.

"하루아침 몸과 목숨을 군국에 바치고자 출정하였던 남편입니다. 전쟁 중인데 처자식이 면회한다면 혹시라도 남편의 결의가 무디어지거나 저해될 수 있으니 송구스럽지만 후의는 감사드리지만 면회는 하지 않을 생각입니다."

이 말을 들은 이웃은 크게 감격하였다.

16. 용사에게 국화와 계란을 보내 위문

이번 전쟁 발발 후 경기도 연천 중앙소학교 어린이들이 보여준 순수한 애국의 진심(赤誠)으로 군부는 물론 항간의 일반 주민들이 널리 감격하였는데, 이번에도 전교 아동대표 4명이 직원을 따라서 용산육군병원을 방문하여 정성으로 얻은 생산한 계란 두 바구니(籠)와 한창 피어나고 있는 국화 7단(束)에다 마음을 담은 위문편지를 더하여 헌납하였다. 계속되는 어린이들의 위문에, 백의용사들은 크게 감격하였다. 위문 편지는 다음과 같다.

위문의 글

경기도 연천중앙공립심상소학교 아동 일동

우리들은 여기서 80km 정도 북쪽으로 떨어진 경기도 연천중앙공립심상소학교에 다니는 어린이들입니다. 지금 선생님의 지도를 받아 900여 명의 친구들을 대표해서 위문하러 왔습니다. 이전부터 우리들은 감사와 노력이라는 말을 교훈(校訓)으로 삼고서 열심히 해왔습니다. 그렇지만 지난해 봄 원래 보통학교라 불리던 우리 조선(朝鮮)의 학교도 내지(內地, 일본본토; 역자)와 같이 소학교라고 불리게 되었고, 우리 형제들도 군인이 될 수 있도록 하는 새로운 법이 만들어지게 되었습니다. 아울러 이번에는 또한 우리들도 일본본토 사람들과 같은 이름을 가질 수 있게 되었습니다.

이처럼 안으로는 일본본토로부터 하나씩 둘씩 감사할만한 은혜를 입었고, 밖으로는 전쟁 이후 충의한 황군 여러 장병들의 용감한 움직임을 매일 아침 훈화라든가 라디오 등을 통하여 듣고 있으니, 오로지 오직 천황폐하의 은혜를 우러르고 황군 여러분들의 은혜를 깊이 감사함으로써 황국신민(皇國臣民)다운 자부심과 후방의 작은 국민으로서의 각오를 불태우고 있습니다. 황군 용사 여러분 대단히 감사합니다. 여러분의 충성으로 북중국, 중중국, 남중국 등 중국의 그 어느 곳에서도 계속해서 일장기가 휘날리고 장개석(蔣介石)도 점점 최후가 다가온다는 이야기도 듣고 있습니다. 오랜 시간 정말로 고생 많이 하셨습니다.

철모(鐵兜)도 달아오르는 더위에 얼마나 노고가 많으십니까? 뼈도 얼듯 북풍이 몰아치는 겨울밤에 얼마나 노고가 많으십니까? 일주일 열흘씩 한 톨의 쌀도 먹지 못하면서 진군했을 때 얼마나 힘드셨습니까?

작은 수통에 남아있는 물 한 모금 담배 한 대도 나눠서 피우며 함께 하던 전우들이 더러운 중국 병사의 총알을 맞아 천황폐하 만세를 외치면서 죽어가던 시간에는 얼마나 힘드셨습니까?

이러한 어려움에도 비처럼 쏟아지는 총탄 속을 용감하게 진군하는 황군 여러분! 그리고 여러 가지 공훈을 세웠지만 명예로운 부상을 입은 용사 여러분! 진실로 거리가 깊은 위로의 말씀을 드리고자 합니다. 마음은 아직 충의에 불타 전장을 마구 뛰어다니고 싶지만 몸은 부상을 입거나 병이 들어서 만족할 만큼 하지 못한 채 돌아오게 되었을 때 얼마나 마음 아프셨습니까?

나쁜 중국 병사들이 한 것을 생각하며 참으로 밉살스럽습니다. 지금 이처럼 나라를 위해 명예로운 전상을 당하게 된 백의의 존귀한 자태를 접하는 순간 자연스럽게 머리가 숙여지고 감사의 눈물이 용솟음칩니다.

그러나 모든 신들은 항상 올바른 자의 편이라고 말씀드리고 싶습니다. 올바른 전쟁에서 천황을 위하고 나라를 위해 정의로운 전쟁을 해주셨습니다. 신이시여! 이 분들이 겪은 모든 상처와 병을 곧바로 고쳐 주십시오. 아무쪼록 건강한 신체로 전장에 설수 있게 되는 날이 머지 않아 오게 될 것이라고 믿습니다.

추위가 심해도 이겨내셨습니다. 큰 일을 하셨고, 또 앞으로 오는 날의 즐거움을 보며, 평화롭게 생활할 수 있게 되는 날을, 그리하여 다시 용기 있게 출정하게 되는 날을 진심으로 기원합니다. 그리하여 우리들 후방에 있는 황국의 소시민들을 잘 보호할 수 있도록 해주세요.

위문은 했습니다만 아직 말씀 못 드린 걱정거리가 아직 남아 있습니다.

가지고 온 계란은 턱없이 부족한 양입니다. 하지만 그것은 국민정신작흥주간(國民精神作興週間)의 황군감사일에 우리들 아동들이 하나씩 가져온 것이라서 부디 도움이 되면 기쁠 것입니다. 국화는 학교와 마을에서 키우고 있습니다. 그 꽃처럼 우아한 가운데서도 늠름하고 높은 기품을 저희들에게 보여주세요. 황군용사 여러분! 우리들은 조선신궁에 참배하고, 숙부님들의 무운장구(武運長久)를 기원하고 돌아왔습니다. 학교로 돌아가서는 친구들에게 알리고 이렇게 고귀한 백의의 자태를 생각하게끔 하여 영원토록 이 마음을 지켜갈 수 있도록 하겠습니다.

출정응소군인 위문미담

제2장 출정응소군인 위문미담(出征應召軍人慰問美談の部)

1. 시국에 대한 국방의회의 독행(篤行)

황해도 신막(新幕) 국방의회(國防議會)[1]는 각 단체의 구심점이 되어 협력, 원조의 희생적 성심을 다해 왔다. 때마침 방공 감시대(防空監視隊)가 편성되어 본 회 간부 다수가 소집되어서 조직운영이 어려웠지만 회장 야마모토 마사타로(山本正太郎)는 노령임에도 그 역할을 충분히 담당하였고 일체 다른 회원의 도움은 받지 않았다.

부대가 통과하자 수호신전에 올린 신주(神酒) 한잔을 토기에 따라 수송지휘관 및 장교에게 바치고 술 5되를 바쳤다. 기타 통과하는 군마를 위하여 좋은 생풀을 수집하자는 의견을 내어 면사무소 등과 협의하니 각 지역의 독지가로부터 혹은 대량으로 혹은 군대수송 환영회 때 가져오는 것 등을 더하니 12,954다발에 달하는 등 타의 추종을 불허하는 아름다운 행동으로 감동을 주었다. 국방의회의 항시고용인(常用庸人) 1명에게 밤낮없이 이 이것을 열차에 싣는 일을 맡겼다. 더불어 각 열차의 장병들의 위안하기 위해 신문 100부씩을 배부하니 총 3,000부에 이르고 대금은 120원 이상이었다.

---

[1] 국방의회는 1933년부터 일본의 국방의회를 본따서 조선의 각 지역에서 만들어진 군국주의적 단체이다. 만주사변 이후 일본에서 파시즘 운동이 고조되면서 재향군인회를 중심으로 국방의회가 만들어지기 시작하였는데 조선에서는 일제 당국과 조선군의 주도로 일본인 재향군인, 조선인 친일인사를 중심으로 국방의회가 조직되었다.

2. 피로 물든 수기(手旗)를 바쳐 황군을 격려하다

평북 정주군(定州郡) 곽산공립소학교(郭山公立小學校) 제6학년

김상증(金相增)

그는 품행과 학업성적이 뛰어나 전교에서 모범아동으로 매년 급장(級長)을 맡아 담임선생님의 신임이 두터워 그의 심복으로 활약할 정도였다. 올해 5월 10일 오후 1시 18분 북행(北行) 군용열차가 통과할 때의 일이었다. 군복을 엄숙히 입은 출정병사 중에 평북 출신의 지원병이 있다고 했다. 그런데 휘두르는 아동들이 수기를 보니 그중 이상한 수기가 하나 있었는데, 급장의 손에 쥐어진 일장기가 다른 것과 색이 달랐던 것이다.

학교에서 빌려주는 수기는 역전 광장에서 각 급장들이 나누어 주는데, 6학년의 경우 하나가 부족했다. 빈손으로 황군을 보내는 것은 무례하다고 생각한 급장인 김상증은 오른손 인지를 베어 피로 물들인 일장기를 만들었다. 열차가 출발하는 사이에, 준비한 격려문을 그 수기와 함께 용사에게 건네니, 받아든 창가의 용사는 수기와 급장의 얼굴을 번갈아 보며 잠시 말을 잊었다.

손가락의 상처는 뜻 밖에 깊어서 사람들이 걱정했지만, 신의 가호로 2주 후에 전부 나았고, 학교에서는 살아있는 교과서이자 정신훈육에 산물이라고 했으며 지역주민들도 매우 감동을 받았다.

3. 출정군인에게 천인침(千人針)을

평북 자성군(慈城郡) 자하(慈下)공립소학교 제4학년

김용애(金龍愛) 외 3명

전쟁 이후 육지에서 바다에서 또 하늘에서 활약하는 황군장사의 고투담

(苦闘談)을 들을 때마다, 작은 그들의 뇌리에도 황군에게 감사하는 마음은 어느덧 가득 넘치고 있다. 어떻게든 자신의 힘으로 보답하고 싶다는 염원으로 천인침(千人針) 봉공(奉公)을 결행한 기특한 네 명의 소녀가 있었다.

얼마 후 같은 동네 사는 미카미(三上)가 출정하게 되어 무운을 기원하는 행사가 치러질 때, 이들 소녀도 참석하여 그에게 천인침을 주면서 다음과 같이 글을 낭독했다. 듣고 있던 미카미의 눈가가 이상하게 빛났다. 눈매에는 결의가 넘쳐서 모여 있던 수백 명의 머리가 절로 수그러지는 참으로 엄숙한 장면이 연출되었다.

> "감사합니다. 일본의 사명(使命)을 두 어깨에 짊어지고 황군의 일원으로 출정하게 된 미카미를 우리 모두 기쁘게 보내줄 수 있도록 이것을 준비했습니다. 이것은 천인침입니다. 우리들이 2개월 동안 피땀으로 만든 선물입니다. 단단히 허리에 두르고 당당히 전쟁에 나가주신다면 진정 우리의 기쁨일 것입니다. 언제나 몸 건강하시고, 무운을 빌겠습니다."

4. 조기 잡아 헌금

전남 장흥군 대덕면 신상리(新上里)의 갱생부락(更生部落)[2] 72호는 이번 전쟁에 관한 시국 강연을 듣고서 큰 감동을 받았다. 부락민 일동은 하루 밤낮으로 신상리 해안 약 4리 정도의 근해에 김 채취어선 25척을 보내어, 일본조(一本釣, 물고기를 한 마리씩 낚아올리는 어법) 방법으로 조기를 잡았다. 그 결과 모두 1,520마리를 잡아 판매한 9원 20전을 황군 위문금으로 헌금하였다.

---

2) 1930년대 농촌진흥운동의 일환으로 설정된 농가갱생계획 하의 자치 단위.

5. 외국부인들도 뜨거운 정성(赤誠)을

서울 본정(本町, 오늘날 충무로) 2가 19번지 바이칼 양복점의 샴숄 누그만은 외국인이면서도 본정(本町) 3가 국방부인회[3] 제1분회 회원으로 활약하였다. 이번에 25원을 부인회에 기증하려고 했는데 부인회에서 받아주지 않자 야나기(柳) 부회장과 함께 27일 신문사에 찾아가 다음과 같은 편지를 더하여 헌납했다.

"앞은 생략(前略), 저는 본정(本町) 2가의 부인회에 입회하였지만 몸이 건강하지 못하고, 또 가정 형편상 여러분과 같은 다양한 활동도 할 수 없어서 항상 마음이 아팠습니다. 이번에 서주 회전(徐州會戰)[4] 에서 일본의 용맹 과감한 군대가 그곳을 함락시켜 전국적으로 큰 기쁨이었습니다. 저는 늘 황군 장병의 은혜에 감사하고 있습니다. 이번에 그 감사의 표시로는 약소하지만 동봉한 금액을 황군 위문금으로 보내오니 수속을 부탁드립니다."

6. 군국(軍國)의 어머니

작은 이쑤시개 만드는 죽공업자, 편물행상, 방물행상을 통해 얻은 얼마 안 되는 이익금을 저축해서 기원절(2월 11일)[5] 날에 모은 5원을 "약소하지만 출정병사의 위문금으로"라며 경성(서울) 헌병분대에 보낸 부인이 있다.

---

3) 정식 명칭은 대일본국방부인회, 원래 일본에서 1932년부터 조직되어 있던 것이 1942년 각지의 국방부인회를 모아 조선본부를 개설한 이후로 1945년까지 존재했다. 다른 단체로 애국부인회가 있는데 국방부인회가 재향군인회의 부인들이 모인 조직이라면 애국부인회는 국민총격연맹 산하의 일반 부인들의 조직이라는 차이점이 있다.

4) 서주회전은 남경을 점령한 일본군이 1938년 1월부터 6월까지 장쑤성(江蘇省)의 중심이 되는 서주에서 중국군과 벌인 전투.

5) 2월 11일로 옛 일본제국주의 시대 사방배(四方拜), 천장절(天長節), 명치절(明治節)과 함께 4대 경축일 중 하나다. 1872년(명치 5년) 일본서기의 전승에 의해 신무천황 측위의 날을 기원의 시작으로 제정한 경축일이다. 1948년(소화23년) 폐지되었다. (http://www.weblio.jp/)

그녀는 오이타현 벳푸시 마쯔하라쵸 3-55번지의 야마오카(山岡) 마사에 (53세)로 일찍이 남편과 사별하고 집 근처의 아가씨들에게 재봉을 가르치면서 딸 하나를 키워 왔는데 지난해 그 딸마저 사망하였다.

군인들을 보살피는 일을 무엇보다도 즐거워하였는데, 벳푸에 있을 때는 가르치던 아가씨를 데리고 1.5리나 되는 해군병원을 찾아 부상당한 병사의 머리맡에 꽃을 장식하고 빨래를 하는 등 바다의 용사들을 위로해, ○○○해군부관 이마이 다케오(今井猛雄) 및 다른 장병에게서 감사장을 받기도 했다.

평양에서 찾아가는 사람이 있어 가던 도중 경성부 영락동 2-18번지에 사는 소에타 야라(添田ヤヲ)를 방문하여 거기서 거의 실비로 숙박하면서 그동안 벌었던 행상이익금 전부를 헌금하고자 했다. 때마침 경사스러운 날을 맞아 이른 아침부터 조선신궁에 참배해 출정병사의 무운을 기원하고 헌병대를 방문했던 것인데, 이 아주머니의 참된 정성에 모두들 감격하였다.

7. 떡 판 돈을 헌납한 행상인

강원도 원주군 원주읍의 김진호는 매우 가난했지만 시장에서 떡을 팔아서 이익을 조금씩 모으고 있었다. 어느 날 시장에 포스터가 붙었는데, 전쟁과 시국인식에 관한 것으로 글은 읽지 못하지만 그림을 보고 깨달은 바 있었다. 더욱이 라디오는 황군의 활약상을 보도하고 있었고, 황군이 화씨 130도(섭씨 55도)라는 폭염 속에서 부족한 식량과 불결한 음료수로 고통을 받으면서 중국군을 추격하고 있다는 소식도 들었다. 그러자 자신은 비록 가난하고 매 끼니 식사조차 거를 상황 이지만 이렇게 평안하게 살고 있는 것은 용감한 황군의 덕분이라는 것을 절실히 알게 되었다. 이에 김지호는 애가 타서 가만히 있을 수 없었다. 며칠간 번 매상금이 2원 50전에 불과했지만 몽땅 털어서 황군위문금으로 헌금하였다.

8. 공동작업 수입으로 황군을 위문

경남 의령군 용덕면(龍德面) 운곡리(雲谷里)

이양성(李陽城)외 46명

1937년 8월 5일 부락진흥회(部落振興會)[6] 창립총회 당시, 관계 공무원
이 나와서 시국인식에 관한 강연을 하였는데, 부락진흥회 부인부원 일동
은 황군이 외지에서 악전 고투한다는 소식에 감동하여 황군위문품을 보
내기로 결정했다. 노동을 해서 보내는 것이 최적이라고 생각하고 부원 모
두가 출동하여 간사의 지휘 아래 제초작업을 벌였다. 이렇게 해서 번 2원
35전은 면사무소를 통하여 출정한 황군에게 송금해 달라고 의뢰하였다.
용덕면장은 감격하여 즉시 송금 수속을 마쳤으며, 부락진흥회 부인의 정
성에 모든 이웃들이 감격하였다.

9. 하천공사에 봉사해서 출정 장병을 위문

경남 함안군(咸安郡) 대산면(代山面) 면민 1200여 명

대산면은 낙동강 연안에 있는데, 총면적의 약 3분의 2 이상이 수해상습
지대였고, 지난 1933~1934년 두 해에도 큰 피해를 입었다. 지난 해 말에
도 바람과 수해를 만나 동네 면민들의 삶은 참으로 피폐한 상황이었다.
대부분의 피해민은 대산면 혹은 인접에서 이뤄지는 하천공사나 수리조합
의 제방 개수공사 등에 나가서 일하며 고생스러운 나날을 보내는데도 겨
우 입에 풀칠하는 정도였다.

그러던 중 전쟁이 돌발하자 우리 충성스럽고 용맹한 장병들이 최전선
에 출정한다는 소식을 듣고서 면민들은 자발적으로 출정 장병의 위문을

---

6) 농촌진흥운동을 위해 1937년부터 각 마을에 설치한 농촌 개척 기관의 하나이다.

위해 1938년 7월 20일부터 2일간 이전에 일하던 하천공사장에 나갔다. 거기서 봉사하며 번 돈 416원으로 위문주머니 400여 개를 만들어 즉시 증정하였다.

10. 감격의 일장기

강원도 인제군 내면 광원 간이학교 아동 일동은 깊은 계곡에 흩어져 들어가 동백 열매를 채취하여 판 돈과 각기 노동으로 얻은 돈을 모아서 헌금하는 등 기특한 행동을 계속해 왔다. 9월의 애국일[7]에는 다음과 같은 위문문에다 3장의 일장기를 넣은 위문주머니를 보냈다.

> "천황폐하 만세. 황군만세.
> 천황폐하가 다스리는 나라를 위해, 우리들을 대신해 싸우고 계시는 모든 분들의 노고가 매우 큽니다. 중국 병사는 나쁘니 확실하게 해치워주세요. … 중략 … 국기를 3매 만들어 넣었으니, 저희들을 대신한다고 생각하시어, 승리의 순간에 크게 만세를 부르며 흔들어 주세요. 그렇게 하시면 저희들도 함께 만세를 부르는 것 같은 기쁨일 겁니다. 매일 여러분의 만세소리가 들립니다. 점점 추워지고 있으니 몸 잘 챙기시고 열심히 일해주세요."

9~10월도 지나고 지금쯤 누군가 그 깃발을 흔들고 있으리라 이야기를 나누던 11월 2일 아동들에게 두터운 군사우편이 도착했다. 열어보니 지난번 보냈던 일장기가 1장 들어 있었다. 여기에는 이렇게 적혀있었다.

---

7) 애국일은 조선에서는 중일전쟁 직후인 1937년 9월부터 학교에서의 애국일로 시작되었으며 일본본토의 국민정신총동원운동보다 앞서 실시되었다. 1939년 8월 일본 내각에서 매월 1일을 흥아봉공일(興亞奉公日)로 정하자 조선에서는 종래 실시해오던 애국일의 명칭을 일본과 도일하게 흥아봉공일로 바꾸어 9월 1일부터 실시하는 것으로 하였다. 최유리, 『일제말기 식민지 지배정책』, 국학자료원, 1997, 114쪽.

"여러분의 마음이 가득한 위문주머니 감사히 생각합니다. 위문주
머니를 받았을 때의 기분은 적병의 머리를 취했을 때보다 기뻤습니
다. 저는 물론 살아서 돌아가지 못하겠지만, 여러분의 몫까지 싸울 테
니 안심하십시오. 그 대신 여러분은 열심히 공부하여 훌륭한 사람이
되어 저희 군대의 몫까지 일해 주세요. 일본군은 계속 승리하고 있어
한 번도 지는 일은 없습니다. 그래도 전쟁터는 비참하고 중국군의 죽
음도 허다합니다. 그 중에는 일본군의 시신도 있지만 모두 웃으면서
죽었습니다. 여러분이 보내준 이 일장기는 적의 진지를 점령할 때 몇
번이고 총검의 앞에 달았으며 천황폐하 만세를 목소리가 나오지 않을
때까지 외쳤습니다. 이 한 장은 기념을 위해 여러분들에게 다시 보냅
니다. 혹시 우리들이 무운이 있어 개선의 때가 오면 이 기를 가지고 마
중 나와 주세요.

북중국 파견 ○○병단 ○○보병부대
마츠모토 요시하루 (松本義春)"

이튿날 3일은 명치절(明治節).[8] 많은 참석자에게 이 일장기의 유래에
대해 말했고 게양식 때 총검의 앞에 달아 놓으니 찢어진 곳도 보였지만
바람에 나부끼는 일장기에 모두 감격하여 쳐다보았다. 이렇게 엄숙한 게
양식은 진행되었다. 이 일장기는 지금도 광원 간이학교의 보물로써 교실
가운데서 황군의 무훈을 자랑스럽게 장식하며 젊고 다감한 전사 마츠모
토의 개선 날짜를 기다리고 있다.

11. 미역을 살 돈으로 헌금

충남 홍성군 은하면 대율리 전용선(田溶善)은 올해 45세인데, 은하면
사람들 중에서도 가난한 사람이었다. 일용직으로 일하고 있었지만 생활
이 곤란했다. 그에게는 딸이 있었는데, 때 마침 임신 중이었고, 산기(産氣)
가 있자 미역을 사려고 마을 가게에 가던 참이었다. 보통학교 앞을 지나

---

8) 메이지 천황의 생일인 11월 3일

는데 교문에 안내문이 있고 수많은 사람들이 모여 있는 것을 보았다. 전용선은 글을 읽지 못했기 때문에 무슨 일인가 하고 들어가 보았다.

교실에서는 마을 사람들이 가득 모여서 이야기를 듣고 있었다. 면장과 교장 선생님이 중국과 전쟁하는 것에 대하여 이야기하는 것을 가만히 들었다. 들어보니 황군 병사는 가련한 처자식을 버려두고 전장에서 목숨도 아끼지 않고, 황국을 위한 일심으로 자지도 쉬지도 않으며 분전하고 있으며, 이 같은 더할 나위 없는 용사의 덕택으로 우리가 안심하고 살고 있는 것이라는 내용이었다.

전용선의 두 눈에는 눈물이 왈칵 쏟아졌다. 얼마나 감사한 일인가. 그렇게 생각하니 가만히 있을 수 없게 되었다. 이야기가 끝나기를 기다려서 그녀는 면장 앞에 나섰다.

> "실은 나는 딸이 아이를 낳을 때가 되었기 때문에 미역을 사기 위해 가는 도중이었습니다만 나라를 위해 목숨을 마쳐 일하고 있는 용사의 이야기를 듣고 말하지 않을 수 없었습니다. 미역을 샀다면 후회했을 것입니다. 1원을 가지고 왔는데, 비록 적어서 안타깝지만 제발 전장에서 일하고 있는 용사들에게 보내어 도움이 될 수 있게 해주십시오"

그러면서 면장에게 1원짜리 지폐를 내밀었다. 이런 전용선의 헌금 미담에 자극을 받아서 다른 면민들도 앞 다투어 국방헌금을 냈고, 불과 4~5일 사이에 모인 돈이 311원 40전에 달하였다.

12. 은가락지를 팔아 위문금에

함북 부령군 환해면(歡海面)[9]의 유성녀(俞姓女). 그녀가 살고 있는 부락은 완전히 산속에 격리된 마을로 교통도 불편한 한촌(寒村)이었다.

---

9) 관해면(觀海面)의 오탈자로 보임.

나이가 지긋했지만 무척 가난했을 뿐 아니라 낫 놓고 기억자도 모르는 무학(無學)이었다.

군청에서 이 마을에와서 전쟁에 관한 강연을 했는데, 화씨 130도(약 55℃)의 더위아래서 싸우는 황군의 활약을 듣고는 그녀 역시 감격할 수밖에 없었다. 그러면서 그동안 가난한 생활 속에서도 몸에서 때지 않고 애장하던 은가락지를 황군에 바치기로 결심했다. 곧바로 그 가락지를 5원에 팔아서 그대로 출병위문금으로 헌납했다.

5원이라는 금액이 크다고 말할 순 없지만, 그녀에게는 결코 적지 않은 헌금이었다. 애착심이 강한 부인이 애장하던 가락지를 팔아 헌금한 그 정성은 상인이 천금을 헌금한 것만큼의 가치가 있는 것이다. 가까운 부락 사람들도 전해 듣고는 감격하여 헌금하는 자가 속출했다.

13. 응소자(應召者)에 대한 친절

황해도 은율군 북부면 금산리(金山里) 128번지

사쿠라이 츠네요시(櫻井常吉, 55세)

금산리에는 응소자 8명이 있었는데 각각 7월 13일, 14일, 16일에 출발하였다. 사쿠라이 츠네요시는 그때마다 진남포 나루터에서 이들 응소원을 맞이하여 자비로 자동차를 빌려 이응여관(二鷹旅館)에 데리고 가서 점심을 제공했다. 숙박을 원하는 사람에 대해서는 숙박료를 전부 부담해 주고 진남포 정류장까지 다시 자동차로 데려다 주는 등 정신적, 재정적으로 많은 편의를 제공하였다.

14. 모내기 일로 받은 급여를 황군 위문금에

경기도 김포군은 여성의 야외 노동을 장려하기 위해 관하 각 면에 여성

모내기단을 289개 정도 조직하였고, 관내 논 면적의 약 35%인 4,200여 정보[10]를 여성이 맡도록 하여 6월 25일경에는 모내기를 전부 종료하는 좋은 성적을 거두었다. 그 중에 중면 대용리 용전동의 갱생부락 부인 모내기 단원 56명은 모내기에 종사하여 얻은 귀중한 땀의 결실인 급여의 6원 16전을 황군위문금으로 헌납하고자 하여 조선군 사령부[11] 애국부(愛國部)에 헌납수속을 했다.

15. 비구니가 보인 아름다운 모습

전북 부안군(扶安郡) 부령(扶寧面) 서외리(西外里)

청일(淸日, 법명) 류지승(柳智勝)

스님은 정읍군 태인면 태생의 비구니다. 19세에 시집가서 2남 1녀를 두고 남편과 사별한 뒤 머리를 깎고 불문에 입문하였다. 해인사(海印寺)에서 연심수도(煉心修道)한 후 내소사(來蘇寺)를 거쳐 부안군 산기슭에 작은 암자를 짓고 부안불교충효부인회(扶安佛敎忠孝婦人會)를 조직하였다. 여기서 그녀는 충효, 근검, 질소(質素, 꾸밈없이 순수함)를 표어로 늙은 몸을 이끌고 매일 비바람을 무릅쓰고 각 가정을 방문하여 설법하였다. 그리고 종래까지 조선불교계의 관습이던 고행미(苦行米)[12] 모집을 폐지하고 신도가 가져다 주는 불전미(佛前米)[13]로만 생활하였다.

전쟁이 발발하자 그녀는 솔선하여 부안국방부인회(扶安國防婦人會)

---

10) 1정보 = 약 3,000평
11) 1916년에 일본 육군 2개 사단 병력이 조선군 사령부에 편성되었다. 제19사단은 함북 나남, 제20사단은 서울 용산 지역에 배치되었다. 해군은 진해, 원산, 나진에 요새사령부를 두었다. 이들 육해군을 관할하는 것이 조선군사령부로 용산에 설치되었다. 1904년부터 1945년까지 총 21명의 군사령관이 거쳐 갔다. 1945년 2월 6일 제17방면군 조선군관구로 개칭되었다. 1945년 8월 15일 일본이 패망한 이후에도 같은 해 9월 9일 경성에 진주한 미군에 항복하기 전까지 유지되었다.
12) 托鉢 등을 통해 시주 받는 쌀
13) 불전에 시주하는 쌀

에 가입하였다. 그리고 충효부인회원에게도 권유하여 국방부인회에 입회하도록 하였다. 또한 성상폐하의 사진을 봉안하고 매일 아침저녁으로 봉배(奉拜)하였다. 뿐만 아니라 응소군인이 있을 때는 노구(老軀)임에도 멀리 신태인역(新泰仁驛)까지 배웅하여 기차의 굴뚝 연기가 사라질 때까지 부동의 자세로 수기를 흔들어 군중의 이목을 끌었다. 중일전쟁 발생 이래 2년 3개월 간 응소자가 있을 때마다 이 스님이 나타나지 않는 일이 없었던 바, 실로 젊은 응소자들에게 주는 넘치는 독행(篤行)이었다고 할 수 있다. 오늘날까지 비구니가 한마음으로 두드린 목탁 소리에 힘입어 군민 모두의 군사원호사상(軍事援護思想)은 크게 왕성해졌다.

16. 소를 헌납하려 한 농부

경북 경산군 압량면의 최홍찬(崔洪燦)은 농부이다. 그는 애국의 열의가 강했고, 전쟁터에서 활약하는 황군의 일을 듣고서 감격하여 위문금을 헌납하려고 여러 가지 방안을 찾았지만 좋은 생각이 떠오르지 않았다. 그러다 문득 집에서 기르는 소를 헌납하고자 생각하였고 그것을 팔면 130원 정도는 받겠다고 확신한 그는 소를 끌고 주재소(駐在所)[14]로 갔다. 주재소에서는 그의 열의는 훌륭하지만 소를 팔아버리면 생활이나 경작에도 곤란이 있을 것이며 만류하였다.

"당신의 열의는 대단하지만 소를 팔면 후에 어떻게 일을 하겠어요.
소를 파는 것은 그만두시고 그 마음만으로 충분합니다."

그러자 그는 다른 방법을 생각하더니 그날 보리와 짚단을 판 25원 60전을 헌금하겠다고 했다. 주재소는 최홍찬의 생활 형편으로는 지나치다고

---

14) 일정한 곳에 경찰관이 주재(駐在)하여, 맡은 구역 안의 사무를 보던 곳 해방 후에 지서(支署)라고 고침.

생각했지만 그의 강한 희망 때문에 황군위문금으로 받아 곧바로 헌납 수속하였다.

17. 뜨거운 정성(赤誠)에 불타는 노인

평북 정주군 정주읍 성외동의 이즈미 이타로(泉爲太郞)은 올해 66세의 노인으로 느낀바가 있어 수년 전부터 금연하여 저축했는데, 모인 돈 60원 23전을 조선방공기재비(朝鮮防空機材費)로 헌금하였다. 이즈미는 늙었으나 여전히 건강하여 청년들도 이길 수 있을 정도였다. 출정군인의 환송식에는 늘 직접 만든 황군격려의 노래를 불러서 군인들을 감격시켰다. 또 군인들을 대접하는 차통(茶湯)이 불편했기 때문에 자기 돈 40원을 내어 양철 수조 8개를 만들어 역에다 설치하였다. 이어지는 뜨거운 정성에 대중들이 크게 칭찬하였다.

18. 응소군인의 집에 군가(軍歌)로 장행(壯行)을 축하하다

응소군인의 가정에서 일가족이 송별연을 한창 벌이고 있을 때 부근에 있는 소학교의 조선인 학생 30명이 현관 입구에 와서 작별의 인사말을 전하며 군가를 소리 높여 불러 장행(壯行)을 축하했다는 이야기는 군국(軍國) 일본이 아니면 볼 수 없는 거리의 뉴스였다.

서울 체부정의 야마모토 토시히코(山本壽彦)와 동생 스게히코(祐彦) 두 명에게 명예로운 소집령이 내려왔다. 이미 장남 카즈히코(和彦)도 북중국 전선에 출병하여 혁혁한 무훈을 세우고 있어 주변에서는 군국의 가정으로 칭송받고 있었다. ○월 ○일 밤 형제는 이별과 서로의 장도(壯途)를 축하하며 술잔을 채워 나누고 있었는데, 돌연 현관이 시끄러워서 나가보니 부근에 살고 있는 시내 3~4학년의 소학교 조선 아이들 30명이 손과 손에 일장기를 들고는, "아저씨들의 소집령 통보를 축하합니다"라고 외치면서 깃발을 흔들었다. 머지않아 '하늘을 대신하여'라는 웅장한 군가가 아이들의 입에서 나오자 모두가 함께 하늘 높이 울리게 노래하였다. 이러한 동심 가득한 감격적 광경에 토시히코, 스게히코 두 사람은 말없이 뜨거운 눈물을 흘렸다. 노래를 끝낸 아이들은 천황폐하 만세를 삼창하고는 다시 조용하게 해산했지만 이러한 쾌보는 부근 일대에 널리 퍼져 큰 감동을 불러왔다.

19. 채권자의 아름다운 행적

전남 장흥군(長興郡) 관산면(冠山面) 옥당리(玉堂里) 380번지

김복동(金卜同)

그는 농사를 지으며 인근에서 잡화상을 운영하고 있는 사람이다. 중일 전쟁 이후 여러 곳을 다니면서 국내외의 정세를 깨우치고, 당국의 지도에 순응하며 특히 가계를 절약하여 그 여윳돈으로 애국저금을 하고 국채를 매입하는 등 솔선해서 모범적 행동을 해왔다. 그는 같은 면 남송리(南松里) 출신의 출정군인 사쿠타 마사오(作田政夫)의 가족인 사쿠타 쇼지로(作田庄次郎)에게 옛날부터 채권이 있었다. 1939년 7월 그는 과감하게 수년전 가옥 부지를 저당 잡고 빌려 준 125원 중에서 원금 80원만 받고 나머지 62원 50전의 원금과 이자를 모두 감면해주었다. 일단 받은 80원도 모두 면사무소에서 헌납하면서 이렇게 말하였다.

> "우리가 이 비상시에 무사하고 안락한 생활을 할 수 있는 것은 전적으로 황군장병의 위대한 힘이라는 것을 결코 잊지 않고 있습니다. 우리들은 마땅히 나라에 봉사하고 천황과 황군의 노고에 보답하지 않으면 안 된다고 생각하고 있었습니다만 제대로 하는 것이 없어 유감이라고 생각하던 차였습니다. 작은 돈이지만 아무쪼록 국방의 일부분에 사용될 수 있도록 수속을 할 수 있다면 다행스럽게 생각합니다."

면장을 비롯하여 거기에 있던 소다 산요(曾田參輿) 등 군사원호(軍事援護) 관계자 모두 감격하면서 "대단히 고마운 일입니다. 조속하게 수속을 진행하여 귀하의 뜻을 당국에 전달하겠습니다"라고 하였다. 모두들 감동에 젖은 채 해산하였다.

20. 아동 양돈조(養豚組)가 10원을 헌금

충남 아산군 송남(松南)공립심상소학교
6학년 양돈조(養豚組)

6학년으로 조직된 양돈조(養豚組)[15]가 열심히 노력한 결과 새끼 돼지 74마리가 탄생하였다. 7월 7일 중일전쟁 1주년 기념일, 감개무량한 바 있어 새끼 돼지를 판매하여 생긴 수익금 중 10원을 황군위문금으로 헌납하려고 이곳 주재소에 신청했다.

21. 밤을 주워 위문주머니(慰問袋)에 담아 보내다

황해도 수안군(遂安郡) 오동(梧洞)공립심상소학교[16] 1~3학년 아동 등은 중일전쟁 발생 이래 황군의 분투에 감격하여 출정용사의 마음을 위로하려는 순정(純情)으로, 3학년의 급장 김홍수(金鴻洙)의 발의(發議)로 밤을 줍거나 부근의 밤 농장을 도와주기로 하였다. 줍거나 밤 농장을 도와주고 얻은 밤을 학급마다 급장이 모으고 학급마다 3개씩해서 6개의 위문주머니를 만들어 발송하였다. 각 위문주머니에는 아동들의 위문글 3매씩 총 18매가 들어있었다.

---

15) 돼지를 기르는 팀
16) 제3차 조선교육령(1938년)에서 종래의 보통학교를 심상소학교로 교명을 변경하고 수업연한은 6년으로 했다.

22. 백방(百方)으로 군(軍)의 일에 힘쓰다

경남 동래군 사하면(沙下面) 하단부인회(下端婦人會)

북중국의 긴급한 풍운(風雲)을 알리는 마르코폴로다리 사건(蘆溝橋事件)17)이 발발하고 전선이 점점 확대되자, 우리 충성스럽고 용맹한 장병은 적은 병사로도 능히 적들을 격파하여 백전백승함으로써 황국의 위엄을 중외(中外)에 선양(宣揚)하였다. 그 사이 후방의 후원(後援)도 물심양면으로 쏟아지고 감격스러운 미담도 적지 않았다. 이에 회원이라고는 2명에 불과한 어촌에서 천인침(千人針) 10매, 속옷(下帶) 100매, 위문주머니 약간을 거출(醵出)했다는 것은 참으로 감동스러운 쾌거이다.

하단부인회는 1931년 11월 발회식을 치루고 지금까지 공공사업에 기여한 공적이 작지 않았다. 중일전쟁이 발발하자 우선 5원을 국방비 및 장병위문금으로 헌금하는 솔선수범을 보였고, 다음으로 만장일치로 천인침을 헌납하기로 결정했다. 각 회원은 며칠간 활동을 계속했다. 불꽃이 작렬하는 듯한 불볕 무더위에도 아랑곳하지 않고 원거리에 있는 부락을 방문해서 천인침을 만든 적 없는 조선인 부인에게 만드는 법을 설명하기도 하였다. 이에 천인침 10매를 완성하고, 속옷 100매를 일일이 손으로 바느질하여 만들어서 몽땅 부산 헌병분대에 헌납하였다. 그 외 출동군인의 행군 연습에도 기민하게 나서서 음료수를 접대하여 노고를 위로하고 격려하였다. 또한 머리카락도 모아 헌납하는 등 비상시 제국 후방의 모든 것을 담당하였다.

---

17) 1937년 일본 · 중국 양국 군대가 노구교에서 충돌하여 중 · 일전쟁의 발단이 된 사건.

23. 공장종업원의 헌금과 후원

평남 추을미면(秋乙美面) 사동(寺洞)
해군연료사동광업부 직공 일동

이번 중일전쟁에서 중국군의 난폭한 모습과 우리 황군의 분전(奮戰) 모습이 매일매일 보도되자 따라 반도의 애국운동은 요원(燎原)의 불길처럼 타올랐다. 이번에도 고매한 조선인 직공단의 분기(奮起) 소식이 있었던 바, 바로 사동 해군광업부 직공들의 일이다. 이 곳 광업부에 소속된 조선인 종업원은 현재 1,700명. 만족을 모르는 중국의 불손행위와 같이 지내던 동료의 분전상황이 전해지자 너나 할 것 없이 "우리들은 미흡하나마 국가를 위해 힘을 다하고 싶다"라고 목소리를 높이고 자발적으로 1,700명의 조선인 종업원이 하나로 뭉침으로써 애국운동의 봉화는 점화되었다. 6일 밤 한 방에 모여 실행 방안을 협의하였는데 광업부 간부도 이러한 뜨거운 정성에 절대적 지지를 보내고 함께 감격하였다.

이들 운동의 취지는 '이왕 폐하(李王 陛下)의 적자(赤子)'로써 군역에 매진하는 대신 후방 임무에 매진하자는 일상의 염원이 구체화된 것이었다. 지금 이후로 매월 신사를 참배하기로 결심하고 각자 갹출한 돈으로 가족 위문을 하며, 또한 각 집마다 반드시 국기를 준비해 국체명징(國體明徵)[18]을 기(期)하기로 했다. 그 후에 응소 가족에게 위안봉사(慰安奉仕)하는 등 눈물겨운 활동을 계속하였다. 그러면서 적은 수입이지만 5전씩 10전씩 내어 20일 간 모은 243원 65전을 가지고 대표자가 평양 헌병대에 가서 국방헌금 수속을 하였다.

---

18) 천황중심 국가체제를 분명히 하는 일.

24. 강연에 감동하여 헌금

강원도 김화군(金化郡) 금성면(金城面) 초서리(初西里)

박경식(朴慶植)

이 부락 인근 탑거리(塔距里)에 노병갑(盧秉甲)이라는 근래 보기 드문 건실한 중견청년(中堅靑年)이 살고 있다. 이 청년은 시국에 대한 인식이 특별하여 밭을 갈거나 풀을 베는 모든 일들이 최전선에서 활약하고 있는 장병에 대한 도리이자 나라에 보답하는 일이라고 생각하였다. 이 청년은 전쟁이 장기화되면서 동양평화(東洋平和)와 신동아건설(新東亞建設)의 임무도 최전선의 장병만으로는 도저히 실현할 수 없고 후방에 있는 국민이 일치단결하여 후원하지 않으면 안 된다는 강한 깨달음을 오랫동안 가슴에 새겨왔다.

그러면서 간이생명보험료(簡易生命保險料)[19] 1원 50전을 매월 국방헌금함으로써 금성면 사람들의 칭찬을 받았다. 그리고 그 이야기는 자주 시국강화(時局講話)의 화제가 되어 총후후원사상(銃後後援思想)[20] 향상에 크게 도움이 되고 있다. 때마침 금성면에 시국강연회를 개최하였을 때 강사가 앞서 이야기한 청년의 예를 들어서 부락민의 분기(奮起)를 재촉하였다.

그런데 다음날 아침 박 면장(面長)의 앞에 유복해 보이지는 않은 노인이 찾아와, "면장님 진실로 매우 부끄럽습니다만 이 돈을 최전방에서 분전하고 있는 장병들에게 꼭 전달해 주십시오"라며 봉투를 면장 앞에 내놓았다. 경의를 표하는 말을 하고 일단 내용물을 조사하려고 봉투를 뜯어보니 4원이 있었다. 면장이 놀란 얼굴로, "할아버지, 이것은 귀댁에는 대단히 큰돈이지 않습니까"라고 하였다. 그러자 그 노인은 이렇게 말했다.

---

19) 1929년 10월 조선총독부 체신국이 판매한 간이생명보험으로 전쟁 비용을 마련하기 위해 반강제로 가입하게 함.

20) 전쟁의 후방에서 후원하는 일을 장려하는 사상.

"면장님! 적은 돈이라 폐를 끼치는 것은 아닌지 모르겠지만, 평소에 조금씩 저축해온 것입니다. 실은 어제 저녁 강연을 듣고 우리들이 안심하고 생활할 수 있는 것도 최전방 장병들의 덕분이란 것을 잘 알게 되었습니다. 하여 예(禮)로써 그 만분지일이라도 보답하고자 지난 저녁 많은 생각 끝에 지금 면장님을 찾아오게 되었습니다"

그러자 면장은 "그렇습니까. 정말이지 훌륭한 뜻입니다. 참으로 존경스럽습니다. 조속히 위로 수속을 취하겠습니다. 안심하십시오"라고 하였고, 그 노인은 만족스러운 미소를 지으며 자신의 집으로 돌아갔다. 이 노인 이름은 박경식(朴慶植). 생활이 어렵다고 알려졌지만 이 이야기는 사람에서 사람으로 전해져 듣는 이들에게 큰 감동을 주었다.

그 후 한 달 만에 군부로부터 박 노인에게 감사장이 내려왔다. 노인은 크게 기뻐하면서 '그 정도의 돈에 감사장까지 주다니' 하는 마음으로 면사무소에 감사장을 받으러 갔다. 거기서 면장에게서 여러 가지 시국의 추세 등을 듣고 앞으로도 더욱 노력할 것을 면장에게 맹세하였다. 또한 그 노인은 부락에서 정신총동원관련 간부로 활약함으로써 후방 국민다운 책무를 다하는 등 면민을 기쁘게 하고 있다.

25. 신문배달 해서 황군위문금을

충북 단양군의 츠카모토 카즈오(塚本一男)는 지금 겨우 11세로 영월소학교 4학년이다. 매일 매일 신문에 나오는 중일전쟁의 사진을 보거나 학교에서 선생님들의 이야기를 듣고 전장에서 황군의 활동에 매우 감격하여 어린 마음에도 병사를 위해 헌금해야겠다는 생각을 하였다. 하지만 스스로 일하여 번 돈이 아니면 아무 의미도 없다고 보았다. 다행히 아버지가 신문배급소를 운영하고 있었기 때문에 여름방학 동안 무더운 하늘 아래에서 열심히 공부하고 난 여가에 신문배달을 하기로 했다. 신문을 배달하면 1부에 5리의 배달료를 받았는데, 그 배달료를 저축한 것이 50전에 이르자 이것을 관할 주재소에 가져가서 황군위문금으로 냈다.

26. 언제까지나 변하지 않는 위문

함남 원산부 본정(本町) 3가 12번지 시미즈 요이시(淸水善市)

시미즈(淸水)는 신앙심이 두터운 사람으로 남을 돌봐주는 것을 좋아해서 항상 주변 사람들로부터 존경받고 있다. 가업은 양복점을 운영하고 있는데 1938년 8월 차남인 코지로(弘二郎)가 만주사변에 이어 중일전쟁에 종군하여 여러 무훈을 세운 다음 상이군인이 되어 돌아왔다. 그로부터 전쟁터의 상황과 장병의 말로 할 수 없는 고충을 듣게 되자 남보다 유난했던 시미즈의 진심은 한층 복받쳐 올랐다. 그리고 자신 매일 평화롭게 살고 있는 것도 전부 장병들의 덕분인데 이래서는 국민으로서 송구하니 미약하나마 위문주머니라도 보내 전쟁터에서 힘든 생활을 하고 있는 장병들을 위문하는 일이 시급하다고 생각했다.

그 이후로는 실속 없는 일은 하지 않고 좋아하는 것도 줄여서 지난해 8월부터 매월 5개의 위문주머니에 아름다운 위문편지를 엮어 넣어 지역 헌병대에 맡겨 발송했는데, 지금껏 한 번도 거르지 않았다. 그 뒤로 부대 통과나 응소자의 환송도 더욱 열심히 하여 역전에서 시미즈의 활기차고 상냥한 얼굴을 보지 못했던 사람은 없었다.

27. 장병들에게 위문금을 보낸 두 소녀

'손수 만든 마스크를 팔아 번 돈을 전장(戰場)의 장병들에게 위문금으로

보내주십시오'라고 하면서 조선의 두 소녀가 아래의 편지와 함께 금일봉
을 신의주 헌병분대에 보냈다. 이 미담의 주인공은 평북 의주 공립보통학
교의 김명숙(金明淑)과 최미주(崔美珠). 편지글은 다음과 같다.

    "우리들은 선생님으로부터 항상 황군의 노고에 대한 이야기를 들
    었고, 이에 가만히 있을 수 없었습니다. 매일 아침 의주신사를 참배해
    황군의 무운장구(武運長久)를 기원하고 방과 후나 쉴 때에는 마스크
    를 만들어 팔았습니다. 추운 길모퉁이에 서 있는 것은 괴로운 일이지
    만 우리보다 더 추운 전장에서 근무하고 계시는 장병들을 생각하면
    영하 십여 도의 추위는 아무것도 아닙니다. 적은 돈이지만 장병들을
    위해 조금이라도 도움이 되었으면 좋겠습니다."

28. 후방 보호의 한 축으로서

경남 통영군 원량면(遠梁面) 동항리(東港里)
욕지여자청년회원(欲知女子靑年會員)
오카무라 세이코(岡村淸子) 외 5명

본 여자청년회는 발회(發會)한지 얼마 되지 않아도 공공(公共) 활동에
적극 나서서 미래가 촉망되는 조직이다. 전쟁이 발발하자 솔선해서 천인침
을 만들어 같은 동네에서 응소(應召)한 다섯 병사에게 기증하였다. 또한
지난 8월 26일에는 위문주머니 5개를 최전선에서 활약 중인 장병들에게
같은 지역 경찰관 주재소에 기탁했고, 마을에서는 가족의 위문에 노력하
였다. 지난날 여자청년회원들은 사변에 대한 인식(시국에 대한 인식)을
두텁게 하면서 후방을 지키는 한 축으로서, 소소하게 절약하고 야간에는
바느질 등을 통해 저축해온 것이다. 소중한 기탁자 오카무라 세이코 외 5
명의 이름은 다음과 같다.

우에무라 치에코(植村千惠子), 후지와라 스에코(藤原末子), 우에무라 히사코(植村久子), 카미노 미야코(神野ミヤ子), 우에무라 에미코(植村惠美子)

29. 어린 아이들에 의해 피어난 내선일체(內鮮一體)의 꽃

충남 천안군 풍세면(豊歲面) 미죽리(美竹里) 천안
영정(榮町)소학교 6학년 유병균(兪炳均)

그는 1937년 7월 천안역 플랫폼에서 일본본토(內地)[21]에서 출정한 부대를 환송한 적이 있는데, 그때 기차 안에서 어느 병사에게 격려와 감사의 편지를 준 적이 있었다. 그것이 인연이 되어 전선에 있는 병사에게 여러 번 위문 편지를 보냈고 전선에서는 전쟁의 상황과 함께 감사의 편지를 보내오기도 하였다. 편지 왕래가 거듭되면서 친밀감이 더해져 어느 날의 편지에 병사의 고향에 동년배의 아이가 있다는 것을 알게 되었다. 그래서 그 병사의 고향 마을에 사는 아이와 편지 왕래를 시작하였다. 유가족의 위문에 성심을 다하여 책이나 그림을 보내니 친교(親交)는 점점 깊어져 흡사 형제와 같이 되어 편지에도 형, 동생으로 적게 되었다.

한편 전쟁터에 있는 병사에게도 어린 마음이나마 최선을 다하여 위문에 힘쓰니 그 사이 일본본토 신문기자가 이러한 내선일체(內鮮一體)의 후방 선행을 알게 되었고 《동아일보》에도 후방 미담으로 큰 활자로 칭찬하였다. 이 칭찬에 감격한 소년은 더욱 정성(赤誠)을 다하여 친교를 이어나갔다.

전선의 병사는 감격한 나머지 영정소학교 교장에게 자세한 사연을 적고 전황(戰況) 사진과 함께 감격의 뜻을 담은 편지를 보내었다. 어린 한 아이의 어여쁜 진심에 의해 맺게 된 아름다운 내선일체의 미담은 일반에 널리 알려졌다.

---

21) 여기서는 일본본토를 가리키는 말로 보임.

30. 사천 소방조(泗川 消防組) · 사천 의용단(泗川 義勇團)

경남 사천군 사천면(泗川面)

사천 소방조[22]와 의용단[23]은 시국에 대한 일반의 인식이 아직 철저하지 못함을 유감스럽게 여겼다. 그래서 일반 대중이 시국을 인식할 수 있도록 1938년 8월 15일 사천 장날을 이용해 간부들이 총 출동하였다. 무더위 속에서 거리에 서서 출정병사의 신고(辛苦)를 생각할 것을 일반에게 호소한 바 800여명으로부터, "장병들에게 위문주머니를 보내어 늘 힘을 얻게 해주세요"라며 1~2전씩을 모은 50원 81전을 황군위문을 위해 사천 경찰서에 헌납하였다.

31. 늙은 몸을 채찍질하여 위문 그림을 그리다

반도 미술계의 중진으로서 명성이 높은 경성부 익선동(益善町)의 동양화가 김용진(金容鎭)은 이미 60세를 넘긴 사람이다. 지금까지 가끔 기운이 있을 때에 붓을 드는 정도였는데 황군장병의 신고분투(辛苦奮鬪)에 깊이 감격하여 지난날 황군위문품으로 정성을 다해 모아 놓은 500장의 색종이에 숙련된 붓을 휘둘러 헌납하니 당국은 크게 감사했다. 이번에도 또 늙은 몸을 채찍질하여 출정 장병들의 무운을 빌며 열성을 담아 200개의 흰 부채에 정성을 다해 그림을 그려 위문품으로 보내달라고 경성부청에 와서 부탁하였기에 즉시 헌납수속을 하였다.

---

22) 소방조(消防組)는 일제 강점기 소방 기본조직으로 1915년 6월23일 소방조 규칙을 제정하면서부터 활동이 명문화되었다.
23) 의용단은 경찰서 의용단을 의미한다.

32. 천인침 (天人針)

충북 충주군 주덕면(周德面) 신양리(新陽里) 김미례(金美禮)

그녀는 올해 42세의 과부이다. 달리 학교를 나오지는 않았고 자산도 없었지만 자녀 한 명을 키우고자 집 한 채를 마련해 농사를 지으며 자활을 모색하였다. 그러던 중 중일전쟁에 관한 강연을 듣고 감동하여 가난한 형편에도 2원을 헌금하였다. 그것으로는 충분하지 않았던지 좀 더 헌금하려고 했지만 가난했기에 어려웠다. 그래서 몸을 움직여서 할 수 있는 방법은 없는지 생각했다.

어느 날 총독부에서 발행한 '농산어촌민(農山漁村民)의 후방 임무'라는 팜플렛에 나와 있는 거리에서 천인침을 꿰매고 있는 그림을 보았다. 그러자 이 것 또한 여자의 일이므로 자신도 할 수 있다고 생각했다. 그런데 만드는 방법을 몰랐다. 그래서 마을에서 아는 일본인에게서 만드는 방법을 배우고 표백한 무명 14포를 급히 구입하여 허리띠 10개를 제작하고는 천인침을 만들려고 거리에 나섰다. 이것을 본 사람들은 모두 그 열성에 감동하였다.

33. 돼지를 헌납한 농부

함남 단천군(端川郡) 하다면(何多面) 백자동리(栢子洞里)
박능백(朴能伯)

그는 가난하지만 애국심이 넘치는 기특한 농부였다. 북중국이나 만주에서 활약하고 있는 황군 이야기를 듣고 감격하여 헌금하고 싶다고 생각했는데 헌금할 돈이 없었다. 그러다가 마침 ○○생돈의 공출일이 되자 집에서 기르고 있던 돼지를 검수장으로 운반하여, "이 돼지를 황군위문의 헌납하려고 생각합니다. 받아주십시오"라면서 신청했다. 검수장에서는 그의 열성을 알았음에도 곧장 헌납 받을 수는 없었다.

"돼지는 검수장에서 판매하여 대금을 받고 면사무소에 가서 신청
서를 첨부하여 헌금해주세요"

라고 가르쳐주자 그는 기쁘게 대금 10원 85전을 받아 면사무소에 가
서, "헌금해주세요"라고 부탁하였다. 면사무소에서는 그의 진심을 받아
들여서 직접 헌납수속을 하였다.

34. 곗돈을 모아 헌납한 광업전사

무서우면서도 위험을 안고 있는 어두운 갱도에서 달을 지고 들어가서
별을 밟고 돌아오는 광산의 남편들, 위험한 직업에 종사하고 있는 사람들
이라면 의례히 찰나의 향락이라는 슬픈 인습에 빠져 생활 하리라는 것이
항간의 사람들이 가지는 일반적인 생각이 아닐까?

하지만 소박하게 가슴을 울린 "그들의 바람"을 보아라. 아래에 있는 소
장 오기소(小木曾)의 편지에 따르면 "다른 광산에서 보이는 것처럼 지도
부의 발의에 의해 헌금한 것이 아니고 전부 광부(鑛夫), 선광부(選鑛婦)의
자발적인 헌금 운운"라고 했다.

희미한 램프의 불빛에 흔들리는 학의 부리 끝에 달린 이삭처럼 곡괭이
끝에서 나라를 지키는 광석이 나온다. 숭고한 근로보국의 정신으로 충만
하여 매일 일하고 있는 것이다. 이 사람들에 의해서 펼쳐지는 조국의 광
업계를 생각하면 사뭇 축복의 마음을 금할 길이 없다.

그들의 바램

"소장님 우리들은 언제나 소장님과 업무주임님으로부터 때때로 시
국의 이야기를 듣고 있었는데 일전에 재차 키리노(桐野) 해군중좌님
의 이야기를 들으면서 우리들은 깊이 감격하였습니다. 우리들이 이와
같이 평화롭고 즐거운 마음으로 업무에 열중할 수 있는 것은 전부 나

라의 음덕입니다. 이 나라를 위해 지금도 분전(奮戰)하고 있는 장병 여러분들의 일을 생각하면 참으로 감사하고 눈에 보이지 않는 기가 느껴집니다. 그런 까닭에 모두가 성의를 보여 약소한 돈입니다만 인부들이 모은 돈이 51원 62입니다. 아무쪼록 군대 위문금으로 헌납해 주시기를 바랍니다."

35. 자택이발을 통해 헌금

전쟁 이후 자녀 4명을 집에서 이발했는데 거기서 생긴 10원을 장병 위로금으로 중일전쟁 1주년 기념일인 7월 7일에 헌금했다.

36. 구장(區長)24)이 신문해설을 자진해서 일반에게 시국인식을 도모하다

경남 사천군(泗川郡) 곤양면(昆陽面) 대진리(大津里) 제1구
진흥회장(振興會長) 강위권(姜渭權)

그는 부락진흥회 회장으로 생업에 노력하면서도 농촌진흥에 심혈을 기울여 지난번에는 경남도지사상도 받았다. 신문에 전쟁 발발 소식이 보도되자 자신은 배우지 못하여 구장에게 신문 해설을 부탁했으며 면장과 주재소로부터 전쟁의 추이와 시국의 실상을 깨닫게 되었다. 그러자 그는 후방국민다운 책무가 중요하다는 것을 깨닫고 우선 부락 임시총회를 열어 부락 내 남녀노소 전부 모아 시국인식을 주지시키고 면장에게 시국인식에 대한 강연을 부탁하여 국민의 후방책무에 대한 인식의 철저에 노력한 바 마을 주민은 생업에 더욱 노력하게 되었고 밤낮으로 동분서주하면서 서로 격려하고 고무했다. 주민 중에는 시국을 깊이 인식하면서 생활비를 가능한 절약해 부락, 청년단, 부인회, 진흥회에 국방헌금을 내려는 사

24) 시(市) · 읍 · 면에 딸렸던 구(區)의 우두머리. 지금의 통장에 해당함.

람이 계속 이어졌다. 한편 주민들은 집집마다 하루 동안 조개를 채취하여 판 돈을 헌금하고, 장병위문을 위하여 위문주머니 25개(1개당 65전)와 현금 16원 25전을 거출(醵出)하였다. 그 외에도 부락민의 생활에 불편을 줄까하여 밤낮을 가리지 않고 사생활과 침식(寢食)도 잊고 활동하여 생활비에서 2원을 국방헌금하고 위문주머니 2개를 헌납하는 등 포상할만한 행동으로 일반 면민의 귀감이 되었다.

37. 소년의 땀이 빛나다

충남 대전촌(大田村) 욱정(旭町)공립심상소학교 3학년

송조(松組)[대덕군(大德郡) 유천면(柳川面) 유천리(柳川里)]

이재승(李在昇)

지난해 8월 14일 비상시국 아래 여름방학도 1주일 정도 남기고 있던 때 이재승의 집에서 가까운 충남 농사시험장25)소속 논에서 주민 여럿이서 벼의 백수(白穗)26)를 뽑고 있었다. 이재승의 어머니도 끼어있었다. 거기서 그는 심부름을 하였는데 뜨거운 한 여름 햇빛 아래에서 온 몸에 구슬땀을 흘리며 일을 했다. 산이나 냇가 혹은 나무 그늘로 놀러가고 싶은 어린 마음을 이겨내고 이재승은 4일간 일을 끝까지 해냈다. 이를 본 시험장에 있던 사람들은 그의 행동을 칭찬하는 의미로 1일 20전씩 임금을 주

---

25) 조선총독부에서 농사 개선을 위해서 1929년 수원권업모범장을 농사시험장으로 개편하고 우리의 기후와 풍토에 맞는 품종을 개량하고 재배법을 육성보급하였다. 이후 각 지방에 설치하였다.

26) 발생원인은 여러 가지가 있는데, 예를 들면 폭풍우 등에 의한 벼의 잎·줄기 또는 이삭가지 등의 파절(破折), 이화명나방 등에 의한 줄기의 피해, 태풍 때 자주 볼 수 있는 염분(鹽分)을 함유하는 바람 또는 몹시 건조한 바람에 의한 수정(受精)장애, 냉온(冷溫)에 의한 화기(花器)의 발육장애 등이 있다. 이것들은 어느 것이나 벼꽃의 발육·개화·수정 등 일련의 생리과정이 위와 같은 어느 한 원인에 의해 장애를 받아 이삭 전체 또는 일부의 꽃이 말라 죽음으로써 거기에 있던 엽록소가 없어지기 때문에 백색으로 보인다.

며 "학용품이라도 사서 사용"하라고 했다.

8월 17일 그는 받은 80전의 현금을 움켜쥐고 재빨리 대전헌병대로 뛰어가 조선군 파견부대를 위문하려는 아름다운 동심으로 헌금하였다. 초비상 시국 아래 후방의 소국민으로서 진실로 모범이며 우러러 볼 마음가짐이다.

38. 딸기우유를 팔아 황군을 위문

함남 신흥군(新興郡) 원평면(元平面) 애국부인회 원평면
분구(分區), 국방부인회 원평면 반(班)

8월 22일은 음력 칠석이다. 신흥군 천불산(千佛山) 시장에는 예년에 이어 각희(脚戱)²⁷⁾ 및 그네타기 대회가 개최되었다. 수천의 농민 대중은 농번기 중의 짧은 휴식을 얻어 이 날을 즐겼다. 불같은 8월의 태양 아래 모여 있는 군중 사이를 누비면서 땀범벅이 되어 "딸기우유"를 팔고 돌아오는 일군의 부인회원이 있었다. 그들은 애국부인회 원평면 분구 및 국방부인회 원평면 반의 사람들이었다. "볼품없지만 출정황군과 고생을 함께 한다는 우리들의 염원입니다. 딸기우유를 판 수익금으로 황군에게 위문주머니를 보내고 싶습니다. 어서 한잔 드십시오."

누구도 이 열성에 감동하지 않을 수 없었다. 자신도 모르게 머리가 숙여지고 자연스럽게 얼굴이 뜨거워졌다. 이렇게 모은 40원 4전은 이들의 뜨거운 정성이 모인 것인데, "정말로 작지만 황군위문금으로 면장님이 보내주십시오"라며 신청했다. 원평면 당국에서는 직접 애국, 국방 두 부인회의 이름으로 신흥군 군사후원연맹(軍事後援聯盟)²⁸⁾을 통해 제 19사단 경리부에 송금 수속을 했다.

---

27) 택견. 우리나라 고유의 전통 무예 가운데 하나
28) 조선군사후원연맹은 중일전쟁이 일어난 직후인 1937년 7월 24일 '황군의 사기를 고무 격려하고 또한 후고(後顧)의 우려가 없이 그 본분을 다하게 함으로서 총후의 임무를 완수함을 위해 만들어진 시국단체로 각 도 단위에 지부를 두었다.

39. 출정군인 송영(送迎)[29]에 보인 뜨거운 정성(赤誠)

서울 황금정(黃金町, 오늘날 을지로) 3가 259번지에 사는 오오쿠보 마사토(大久保眞敏)는 평소부터 공공봉사하려는 마음이 두터워 이번 전쟁이 발발한 이래로 지난 7월 7일부터 11월 중순경까지 경성(서울)역을 통과하는 출정군인에게 일장기 문양의 부적 52건, 일장기 문양의 사발 3천 6백본, 일장기 문양의 부채 100개, 위문 수건 3,150매, 국기 110본, 위문주머니 19개를 기증해 장병의 사기를 고무시켰는데 주변 사람들은 오오쿠보 마코토의 아름다운 행동을 크게 칭찬하였다.

40. 헌금 경쟁

경기도 광주군 남종면(南終面)에는 전쟁 이후 빈부격차 없이 국방헌금이나 위문금을 헌납하는 자가 속출해 군면(郡面)당국을 감동시켰다. 최근에는 마치 헌금 경쟁인듯 보이게 되었다. 예를 들면 10월 10일에는 50~60세까지의 10명이 중앙철도의 공사용 모래채취 작업에 종사하여 5원을 벌어 조선방공기재비(朝鮮防空器材費)로 내었고, 10월 16일에는 분원(分院) 소방조원(消防組員) 35명이 같은 곳에서 모래채취 작업을 하여 15원 30전의 임금(賃金)을 황군위문금으로 냈다. 또 같은 날 분원보통학교 어린이 4학년 51명이 소풍 시간을 이용하여 모래채취를 해서 5원을 황군위문금으로, 10월 29일에는 우천(牛川)부락민이 역시 모래채취를 하여 그 땀의 대가 20원 60전을 황군위문금으로 헌금하였다.

41. 부인회와 청년의 뜨거운 정성

경기도 김포군 고촌면(高村面) 은행동(銀杏亭) 농촌진흥회[30] 부인들은

---

29) 가는 사람을 보내고 오는 사람을 맞음.
30) 농촌진흥회란 일제가 조선을 강점한 후 관료-유지 지배 체제의 형성과정에서 총

현 시국의 중대성을 감안하여 후방 국민다운 임무수행의 일환으로 1937년 10월 1일부터 쌀 절약을 실행해왔던 바 1개월 만에 백미 2말 4되나 되었다. 이것을 매각한 6원 60전을 혹한에 고생하고 있는 황군에게 보내려고 고촌 면장을 통해 군(郡)에 신청하였다. 이에 감동한 부락의 청소년들은 공동경 작지에서 수확한 감자를 매각한 10원을 마찬가지로 헌납 신청하였다.

42. 졸업식 다과회비를 절약해서 황군위문헌금

1938년 3월 황해도 송화공립심상소학교 제25회 졸업생 남자 74명, 여 자 26명 등 100명은 어린마음으로 황국을 위해 분골쇄신(粉骨碎身), 일사 보국(一死報國)의 일념으로 중국 전역에서 분전하고 있는 우리 황군장병 의 노고에 감읍하여 학급회의에서 안건을 내어 자신들의 졸업식 다과비 를 절약한 5원을 모아서 "어떠하던지 담배라도 사서 주시길 부탁드립니 다"라며 다음의 위문문에 덧붙여 황군위문금으로 헌납했다.

위문문

장병 여러분의 건승분투(健勝奮鬪)를 기원합니다. 우리들은 올해 황해도 송화공립보통학교를 졸업하는 학생들입니다. 우리들이 세계 에 비할 데 없는 강국 일본이 평화 속에서 지금의 기쁨을 얻은 것은 모 두 최전선에서 활약하는 장병 여러분의 덕분임을 알고 크게 감격하고 있습니다. 우리들 졸업생 100명은 장병 여러분에게 어떻게든 감사의 뜻을 보이고자 서로 상의한 결과 특별히 다과회비를 절약하여 약간의 돈을 모아서 이렇게 위문신청을 하게 되었습니다. 아무쪼록 이 돈이 전달되면 좋아하는 담배라도 사실 수 있기를 기원합니다. 그리고 우 리들 100명도 내일부터 각자 자신의 자리에서 굳게 참고 견디며 생업 보국(生業報國)의 노력을 다하여 여러분에게 힘을 보태고 싶습니다.

독부가 식민지배를 강화하기 위해 발전시킨 기구 중 하나이다.

서로 열심히 해나갑시다. 그럼 안녕히. 황해도 송화공립보통학교 제
25회 졸업생 일동, 3월 19일.

43. 산나물과 민물고기의 판매금을 위문금으로 헌납

경북 군위군(軍威郡) 의흥면(義興面) 수서동(水西洞) 김우선(金又先,
15세)

그녀는 빈농집안에서 태어나 많이 배우지 못한 소녀였지만 부락에서 시
국강연회와 말먹이용 보리(馬糧大麥), 돼지가죽(豚皮), 개가죽(犬皮) 등의 공
출 상황을 보면서 현재의 시국이 얼마나 중요한지 인식하게 되었다. 어린
마음에도 애국의 순정이 끓어올라 뭔가 나라를 위해 도움이 되는 일이 없을
까 여러모로 생각한 끝에 최전선에서 나라를 위해 목숨을 걸고 싸우고 있는
장병들에게 위문금을 보내기로 결심했다. 이에 매일 산야(山野)를 뛰어다니
며 산나물을 채취하고 민물고기를 잡아 이것을 약 20정(町)[31]이나 떨어진
의흥읍 내동(內洞) 시장에서 팔아 모은 3원을 의흥주재소에 가지고 가서 선
임인 다카스카(高須賀) 부장에게 전달하고 다음과 같이 말했다.

"저는 배우지 못해서 잘 모르지만 우리들이 가난해도 모자(母子)가
웅기종기 안심하고 생활할 수 있는 것은 모두 목숨을 나라에 바치고
전장에서 활약하고 있는 장병들 덕분입니다. 적은 돈입니다만 군대의
위문금으로 드리고 싶사오니 받아주십시오."

44. 저녁반주를 끊어 120여원을 헌금

김동익(金東益)은 시국정세에 비추어 동아시아의 낙원건설을 위해 최
전선에서 활약하는 황군의 노고를 생각하며 저녁 반주(飯酒)를 일체 끊고

---

31) 1町은 60間으로 약 109미터 정도의 길이이다.

여기서 생긴 돈−매일 조선술(鮮酒) 5홉에 대해 35전 씩 365일 분−127원 75전을 출정 군인의 위문금으로 헌납했다.

45. 부인근로단의 솔방울 채취

충남 서천군(舒川郡) 마산면(馬山面) 마명리(馬鳴里)
솔역동부인근로단(率易洞婦人勤勞團)

솔역동 부인근로단[32]은 시국 아래서 후방생업보국(銃後生業報國)[33]의 취지로 설립된 조직이다. 1938년 10월 10일 전체 단원이 산에 올라 솔방울을 채취해 이를 판매한 돈 2원으로 위문주머니를 만들어 헌납하였다.

46. 공동경작을 해서 헌금

충남 서천군(舒川郡) 서천면(舒川面) 화성리(花城里) 부인회 일동

이들 13명은 1938년 면화밭(棉作)[34] 150평을 공동 경작하여 얻은 6원을 휼병금(恤兵金)[35]으로 헌납했다.

47. 폐물수집을 하여 위문주머니를 보내다

황해도 해주군(海州郡) 서석면(西席面) 송간간이학교(松澗簡易學校)에서는 지난 6월 1일부터 교내에 애국상자를 설치하였다. 이후 전교의 아이들은 보통때는 관심을 가지지 않는 폐품을 모아서 매일 등교할 때 가지고

---

32) 주로 보리 추수와 모내기 등 농번기의 인력보충을 위해 각 지역의 부인들로 구성된 근로단.
33) 후방에서 생업에 종사하여 나라에 은혜를 갚다.
34) 목화(木花)를 짓는 농사
35) 휼병(恤兵)이란 돈이나 물건을 보내어 전쟁터에 있는 병사를 위로하는 행위를 뜻함.

오도록 했고 일주일에 한번 수집품을 판매했다. 7월 22일까지 모인 돈 5원 12전에 학용품을 절약해서 얻은 돈 3원 88전을 더하여 총 9원으로 위문주머니 5점을 제작하여 황군위문을 위해 보내었다.

48. 가려졌던 선행의 주인

경북 경주군(慶州郡) 감포읍(甘浦邑) 감포리(甘浦里)
진룡식(秦龍植)

그는 경주 감포에 있는 선술집(이자가야)의 주인이다. 다른 사람과는 달리 시국을 제대로 이해하고 있고, 전선의 장병들을 깊이 생각해주는 사람이다. 크게 유복하지 않은 보통의 가정이지만 전쟁 발발 이래 오늘날까지 기원제(祈願祭), 봉고제(奉告祭)36), 위령제(慰靈祭)는 물론 응소출정군인의 환송영(歡送迎)에 이르기까지 비가 오나 눈이 오나 한 번도 빠지는 일이 없었고 시국에 관한 집회와 노력봉사 등에도 솔선하여 출석하였다.

지난해 8월 초순 감포 소학교 교정을 확장(擴張)하기 위해 결성된 근로봉사대37)에 참가한 유일한 일본인으로 아침 7시부터 나와서 약 1개월 간 봉사한 실로 기특한 사람이었다. 또 응소군인의 송별회 등도 특별한 안내가 없어도 미리 알고 자발적으로 신청하여 응소된 부대에 대해 마음으로 무운장구를 기원하고 격려하면서 마지막까지 자리를 떠나지 않았다. 그리고 여유가 있을 때마다 고향출신의 일선장병들에게 위문품과 위문편지를 보내고 유가족에게도 항상 위문과 원조를 잊지 않았다.

성전(聖戰) 아래 후방의 국민으로서 보국의 정성을 다하고 항상 내선일체의 미풍에 모범을 보이는 사람이다.

---

36) 일본식 장례 의식
37) 근로보국대의 다른 이름으로 일제가 상시 노동력에 포함되지 않는 학생, 여성, 농촌 인력 등의 임시요원을 동원하기 위해 만든 제도의 하나.

49. 출정병사 아내의 기특한 각오

황해도 봉산군(鳳山郡) 사인면(舍人面) 명류리(明柳里)의

히라타 미츠코(平田光子)

그녀는 지난번 출정해 현재 북중국에서 용전분투(勇戰奮鬪) 하고 있는 히라타 리키오(平田力男)의 아내로 1남 1녀를 키우면서 남편의 뒤를 돌볼 걱정 때문에 힘들어하고 있었는데 같은 면(面) 청년단의 발기로 면내에서 출정하는 장병을 위한 가족위문금을 모아 각 출정 장병의 가정에 20원씩 보내었다.

미츠코는 면내 유지들의 성의와 친절함에 감사의 마음을 참지 못하고, "자신은 가난하지만 농사에 의존하여 남편의 출정 중에도 별 탈 없이 생활을 하고 있는데 위문금을 그냥 받아서는 현재의 비상시국에 국민으로서 미안할 노릇이니 적지만 국방비의 일부로 충당해 주십시오"라며 담당주재소에 가서 자청하여 헌납절차를 밟았다. 이것을 전해들은 면민들은 그의 선행과 군인의 아내로서 각오에 감탄하여 칭찬을 아끼지 않았다.

50. 육친도 미치는 못하는 아름다운 정

경기도 수원군(水原郡) 안룡면(安龍面) 안녕리(安寧里)의 이와타 마사하루(岩田正春)은 아내와의 사이에 5학년생인 장남을 포함하여 5명의 아이를 두고 같은 마을에 있는 개인소유의 정유회사에 일하면서 근근이 생계를 영위하고 있다. 이번 전쟁에 소집을 받아 용감하게 달렸으며 공무를 다하고 같은 해 말에 제대하였는데 전에 근무하였던 정유회사가 파산하여 생활수단을 잃어버렸다. 이후 소금에 절인 생선을 팔아 어렵지만 7명의 식구가 입에 풀칠은 할 수 있었다.

때마침 수원 향분회(鄕分會)[38]의 나카야마 간지(中山勘二)가 이러한 어려움을 알고 학교를 쉬고 있던 장남의 학업을 다시 시작할 수 있도록 해 준 것 외에도 이와타가 일자리를 찾을 때까지 자택에서 일할 수 있게 하였다. 마침 토목공사가 있어 소개해 주었는데 이와타의 집이 공사장에서 3리나 떨어져있어 안타까워하면서 자전거를 선물하는 등 끊임없는 나카야마의 온정에 동네 사람들은 무척 감격하였다.

51. 위문금을 헌금

울릉도(鬱陵島) 남면(南面) 도동(道洞) 황보분아(皇甫分牙, 28세)

그녀는 남편에게서 매일 밤 전쟁 이후 우리 황군장병이 온갖 곤고결핍(困苦缺乏)[39]을 이기면서 눈부시게 활약하고 있다는 사실을 들었다. 그때마다 우리가 안심하고 생활할 수 있는 것은 충성스럽고 용맹한 황군이 있기 때문이라고 하면서 깊이 감격하여 황군을 위문하고자 생각하였다. 하지만 남편의 수입은 무척 적어서 생계를 꾸리는 것조차 여유가 없었고 자신도 갓난아이를 키우는 터라 일할 수도 없었다. 그러다 생각 끝에 한 가지 방책을 세워서 남편에게 이야기하고는 양해를 구하였다.

그녀는 올해 6월부터 생선가게에서 고등어의 정리를 하게 된 것이다. 낮에는 갓난아기 때문에 일이 마음같이 되지 않았지만 모두가 잠들고 난 다음부터 새벽 1시 혹은 2시까지 일하였다. 그렇게 벌어들인 12원 20전을 황군위문금으로 헌납하겠다고 하면서 울릉도 군사후원연맹에 헌납 신청을 했다. 관계 공무원은 물론 이웃 사람들도 그녀의 마음가짐에 크게 감동하였다.

---

38) 재향군인회 분회로 각 지역의 현역을 마치고 귀향한 군인들로 이루어진 단체.
39) 힘들고 궁핍함

52. 부인회원이 땔감을 얻어 달성한 황군위문금

경남 창원군 진동면(鎭東面) 신기리(新基里) 죽전(竹田)부인회장
최화세(崔和世, 여, 52세) 부회장 김몽태(金蒙泰, 남, 35세) 외 32명

부인회 대표자는 항상 부락 또는 부인회를 위해 있는 힘을 다하는 사람으로 부락민의 신망이 두텁다. 1938년 9월 13일 부인회원 32명은 부인회 대표의 지도 아래 부락 부근 산에서 땔감을 채취하여 번 1원 75전을 황군위문금으로 헌금했고 그날 오후 3시에는 진동신사(鎭東神祠)를 참배했다.

53. 위문품을 헌납

울릉도 남면(南面) 사동(沙洞) 간영공려조합장(間嶺共勵組合長)
박주연(朴柱演)

그는 농민인데 5년 전 장남을 잃었다. 고인이 된 장남은 살았을 때 늘 군인이 되어 천황폐하께 충의를 다하고 싶다고 입버릇처럼 이야기했다고 하는데 불행하게도 병마를 이기지 못하고 타계했다. 당시 박주연은 무학으로 아무 것도 모르는 농민일 뿐이었다. 그래서 당시까지도 시국 상황을 제대로 느끼지 못했는데, 하지만 중일전쟁이 일어나 황군이 활약을 떨치고 있다는 등의 시국에 관한 이야기를 관공서 사람들에게 들으면서 그 때마다 옛날 아들이 했던 말이 생각났다. 그래서 어떻게 해서라도 장병들을 위문하고 싶다는 생각을 하게 되었다.

최근 울릉도에는 오징어가 많이 잡힌다고 한다. 그래서 이것을 황군에게 보내고자 했다. 그는 육지의 농민이라면 무척 힘들었을 고기잡이를 위하여 일주일의 말미를 내었다. 지성이 감천이었던지 100마리를 잡았다. 그래서 이것을 헌납하고자 정성껏 "마른 오징어"로 만들어 상병(傷病) 군인들에게 헌납 신청하였는데, 이에 관공서의 직원 및 부락민들을 매우 감격하였다.

54. 일하는 시간을 배로 늘려 헌납

울릉도 서면(西面) 태하동(台霞洞) 정석이(鄭奭伊)

그는 목공업을 하는 사람으로 그럭저럭 생활하고 있었다. 전쟁 이후 좌담회 등을 통해 황군의 눈부신 활약상을 듣고서는 자신들이 평온한 일상을 보내며 안심하고 살아가는 것은 오로지 폐하의 존엄한 위엄과 함께 충성스럽고 용맹한 황군의 덕택임을 깊이 인식하였다. 생활의 여유가 없었지만 더위가 한창임에도 일하는 시간을 배로 늘리고 때때로 세 끼의 식사를 두 끼로 줄이기도 하여 2원 정도를 모아 "적어서 부끄럽지만 진심을 다해 저금한 돈이니 아무쪼록 받아주십시오"라며 황군위문금으로 헌납 신청하였다. 가난한 사람의 이러한 이야기가 특별히 동민들을 감동시키고 있다.

55. 담배를 줄여 저축한 돈을 헌금

울릉도 서면(西面) 남양동(南陽洞) 서면하리(西面下里) 공려조합장
김일수(金一水)

그는 1939년 4월 서면하리(西面下里) 공려조합[40]의 조합장에 추천되어 부락을 위해 전력을 다하여 있었다. 황군장병이 특별히 곤고결핍(困苦缺乏)을 견디며 분전역투하고 있다는 이야기를 듣고는 세 끼의 밥보다도 좋아하는 담배를, 지금까지 몇 번이나 끊어야지 결심했지만 끊지 못했던 담배를 그날 이후로 끊고 "1개월의 담배 대신에 적지만 1원 30전이라도 위문금으로 황군장병에게 드려 한 사람이라도 위문해 주십시오"라며 면에 신청해 부락민을 감동시켰다.

---

40) 공려조합은 1937년 중일 전쟁을 계기로 식량수요 증가와 재정압박 때문에 국고보조에 의존하지 않고 조합원 부담의 기채로 운영하도록 하는 조건으로 설립한 조합이다.

56. 부인회의 응소자 원조

전쟁이 발발하고 소집영장이 각지에 발행되었는데 충북 청주군(淸州郡) 옥산면(玉山面) 신촌리(新村里)에서 박하 재배를 하고 있던 코바야시 규이치(小林九一)에게도 도착했다. 코바야시는 명예로운 소집영장에 응하여 가사만단(家事萬端)⁴¹⁾을 정리하고 용약정도(勇躍征途)⁴²⁾에 오르려고 하였다. 그런데 박하밭과 뽕밭의 제초작업이 충분하지 못하여 인부를 고용하였는데 인부가 일에 제대로 못해 생각만큼 일이 진행되지 않아 매우 괴로웠다. 이런 상황을 면사무소에서 듣고서 "명예로운 응소군인의 출발에 지장이 있어서는 죄송하기 짝이 없다"라며 면에서 바로 직원을 근처 부락에 보내어 각 부락의 부인회원을 소집해서 이렇게 강연하였다.

> "이번 전쟁에 이 면에서는 명예로운 응소군인으로 코바야시가 전장에 나아가게 되었는데 우리들은 제국을 위해 활약할 군인을 위해 마음으로부터 감사와 함께 필요한 원조를 하지 않으면 안 됩니다. 지금 코바야시가 처한 집안의 어려움을 정리하려는데 제초작업이 늦어져서는 곤란하다고 합니다. 출정용사를 위해 같은 일 같은 임금이라면 되도록 그 집의 일을 도왔으면 합니다. 코바야시를 위해 일 해주는 것이야말로 후방의 국민이 가져야 할 진심입니다."

이 강연을 듣자 같은 마을 부인회원 일동은 크게 감격하였다. 다음 날부터 코바야시의 밭에는 48명의 부인회원이 자진해서 일을 맡았고, 며칠 사이에 완전히 정리가 끝났다. 코바야시는 이 부인들의 도움을 받아 근심 없이 출정 길에 오를 수 있게 되어 깊이 감사하였다. 그는 헌신봉공의 결의를 굳힌 채 만세 소리를 뒤로하고 용약(勇躍) 정도(征途)에 올랐다.

---

41) 집안의 여러 가지 일.
42) 용감하게 뛰어나가 정벌하러 가는 길.

57. 군국의 할머니라는 별명을 듣고

경남 울산군(蔚山郡) 울산읍(蔚山邑) 학산동(鶴山洞) 117−2번지
애국부인회 특별회원 최무안(崔務安, 1881년 8월 5일 생)

그녀는 올해 59세로 따로 모은 재산도 없고 겨우 조그마한 잡화상을 운영해 그날그날을 살고 있었다. 뜻밖에도 1937년 7월 7일 전쟁의 발발과 동시에 장남 김여하(金余夏)는−히로시마현(廣島縣) 사에키군(佐伯郡) 칸농무라(觀音村) 김평가(金平家)의 데릴사위가 되어 김평공욱(金平公旭)으로 개명하고는 징병검사에 합격하여 병역에 복무했는데 만기 퇴역함−군부의 알선으로 만주국 육군 중위로 채용되어 임지(任地)로 부임하게 되었다. 가는 길에 어머니 최무안(崔務安)을 방문하여 머물면서 이번 전쟁에 대한 바른 인식을 심어주고 우리들 후방 국민은 최전선에서 활약하는 장병을 후원하여 걱정 없게 하는 것이 최선의 책무라는 점을 충심으로 설득하였다. 어머니는 몹시 감동하여 멸사봉공의 정신에 불타서 후방의 활동에 전념하게 되었다.

어머니는 1937년 7월 20일 경 애국부인회에 입회하였고, 같은 달 31일 애국부인회 특별회원으로 참석하였다. 그러면서 애국부인회 울산분구 반장, 국방부인회 반장, 불교부인회 간사 등 요직에 올랐다. 이후 오늘날까지 오로지 마음을 다 바쳐 부인들을 회원으로 모집하기 위해 노력한 결과 일약 108명을 모집하며 성황을 이루게 된 것이다. 또 군(郡) 내에 모범회원이자 후방 부인으로서 정성을 다한 사례는 열거할 수 없을 정도이다. 특히 비가 오나 눈이 오나 황군출정 및 개선의 환송영에 빠지지 않았고 매일 밤 출정군인의 노고를 염려하며 신사 또는 가정에서 무운장구를 기원하는 등 온갖 활동으로 "애국할머니", "장병의 할머니" 등의 별명을 듣게 되었다. 최근에는 울산읍 애국반(愛國班)[43] 및 가정방호조합지도원(家庭

---

43) 중일전쟁 발발 이후 결성된 관제 단체인 국민총력조선연맹(1940년 국민정신총동

防護組合指導員)[44]에 촉탁(囑託)되어 조선부인회에 대한 시국인식 함양에 분주하다.

주된 활동은 다음과 같다.

○ 1938년 10월부터 12개월간 조선부인들에게 쌀 절약을 권유하여 이것을 판 160원으로 울산군 출신의 출정군인들에게 위문주머니 33개를 보냄.

○ 1938년 7월부터 올해 3월까지 담배 은박지 210근(斤)[45]을 수집하여 헌납.

○ 1939년 8월 중 은박지 20근을 다시 헌납.

○ 고무신, 공병, 고철 등의 폐품을 수집하여 판매한 대금을 8회에 걸쳐 총 146원 21전을 국방기재 등의 명목으로 헌금.

○ 기타 모포 헌납, 천임침 송부 등 감동적인 활동이 다수 있음.

58. 국방헌금과 후방원호의 헌금

평남 평양부 조왕리(助王里) 김기면(金起免)

그는 마을에서 상당한 재산가이며 유식자이다. 이번 전쟁에 당면하여 평남에서 국방자재의 헌납운동을 의기(義起)하자 솔선해서 1,000원을 헌금하여 뜨거운 정성을 보였다. 또 평남에서 군사후원사업을 시작되자 사업자금으로 100원을 기부하였다. 더불어 황군장병의 노고를 염려하고 현재 자신의 안락한 생활을 감사하며 휼병금으로 육군에 100원을, 해군에도 100원을 헌금하는 등 국가를 위해 정성을 다하였다. 일본 적십자사 사

원조선연맹으로 개명)의 말단 조직으로 약 10호로 구성되었다

44) '내 집은 내 가정에서 방호한다'에 바탕해 인보상조의 정신으로 자력의 가정방화를 담당하기 위해 국민정신총동원정리동연합의 단위로 하여 조합 형식으로 결성되었다.

45) 척근법(尺斤法)에 의한 무게의 계량 단위. 1근을 16냥인 600g으로 계산하는 경우와 10냥인 375g으로 계산하는 경우가 있다.

자방조금(社資幇助金)에도 200원을 기부하였고 개인재산을 국방에, 휼병에, 기타 국가사업에 헌납 기부하여 후방의 뜨거운 정성을 확실하게 보여 주었다.

59. 부인회의 무운장구 기원

충남 홍성군(洪城郡) 장곡면(長谷面) 광성리(廣城里)
이씨(李氏, 김운선(金雲善)의 처)

본인은 중촌공려조합(中村共勵組合)의 회장에 취임한 이후 열성적으로 부락 내 부인들을 지도하였다. 특히 이번 전쟁 이후로는 후방 부인의 의무를 고취하고 솔선하여 생산의 증가, 소비절약, 색의(色衣) 장려, 폐품재활용 혹은 미신 타파 등에 힘써 그 성과가 매우 양호하였다. 부인들에게 가마니 짜기 운동을 철저하게 보급한 결과 동(同) 부락 16호(戶)의 가마니 생산량은 1938년에 1,700여 매에 달하였고 판매대금의 일부는 애국저금으로 모으고 있는데, 현재 저금목표액 달성에 힘쓰고 있다.

본인은 신앙심이 두터워 전쟁 발발 이후로 오늘날까지 뒤뜰에 기원대(祈願臺)를 설치하여 매일 아침 일찍 일어나 일을 시작하기 전에 복장을 정돈하고 깨끗한 물 한잔씩을 공양하면서 황군의 무운장구를 기원하고 전몰장병에 묵도(黙禱)를 올렸다. 성전(聖戰)의 목적 달성과 동양의 영원한 평화가 하루라도 빨리 오기를 진심으로 기원하면서 부인회원에게도 이를 전파하고 있다. 후방에서 동네 사람들의 시국인식을 고양시키려는 그 자강의 노력이야말로 현재의 장기건설전에 상응하는 후방 부인다운 모범이라 할 수 있다.

60. 선생의 출정에 기증한 혈서와 천인침

경북 영일군(迎日郡) 정일(廷日)공립보통학교 아동

전쟁이 갑자기 발발하자 정일공립보통학교의 교사 오카 타카지(岡田隆事)은 명예롭게 소집명령을 받들어 출정하게 되었다. 오카 교사는 평소 아이들을 무척 사랑하는 선생으로 집이 가난하여 학교를 그만두어야 했던 김천득(金賤得) 등의 수업료를 대신 내주어 통학할 수 있도록 했다. 오카 선생이 전쟁터로 떠난 후에 김군이 계속해서 학교에 나올 수 있었던 것도 자신의 급료에서 대신 수업료 납입할 것을 교장선생님에게 부탁하고 출발하였기 때문이었다.

이런 기억이 남아있는 오카 선생이었기에 선생이 담임을 맡았던 6학년 일동은 선생이 무사히 국가를 위해 일할 수 있도록 흰색 무명 1필(反)46)을 구입하여 거기에 자신들의 이름을 써 보냈다. 아이들은 선생을 위해 여러 가지로 궁리하면서 격려, 위문의 말을 썼고 그 중 일부 여학생은 손가락을 베어 피로 글씨를 쓰기도 하여 전쟁터에 있는 선생에게 보내었다. 여학생 중에서도 지명선(池命先) 등 몇몇은 천인침을 만들어 오카 선생에게 보내려 했는데 면(面)내의 여자들이 한 땀씩 재봉하였음에도 면내로서는 부족하여 포항읍까지 나가 마침내 천인침을 완성하였다.

61. 후방에서 피는 애국의 지극한 정

황해도 연백군(延白郡) 연안읍(延安邑) 하네다 미요코(羽田美代子)

하네다 여사는 연안읍에 몇 개 안 되는 약방을 경영하고 있었다. 여사, 는 무척 부지런하여 이웃 사람들을 감격시켰고 모두가 칭찬하고 있었다.

---

46) 옷감을 세는 단위, 길이로서의 1반은 약 11m정도.

 여사는 평소에 애국의 지극한 정을 불태우면서 일이 있을 때마다 자신의 열정을 피력하였고 애국부인회 회원으로서 이번 전쟁 발생 이후로 육해군 병기 헌납자금 모집과 자원수호운동 등에도 크게 힘을 썼다. 모범회원이면서 특히 자원애호운동에 관해서는 누구보다 솔선수범하였고 전쟁 발발 이후로는 매일 아침 집 주변을 청소한 후에 일과로서 주변의 길이나 그 밖의 장소에서 고철, 철골 등을 수집해 이것들을 판매한 누적 대금 6원 50전을 애국부인회 연백분회에 기탁해 헌금하였다. 또한 항상 애용하던 금반지를 헌납하고 3월 6일 부인보국주간(婦人報國週間)[47]에는 50원의 국고채권(國庫債券)을, 7월 7일 중일전쟁 2주년 기념일에는 50원 모두를 부인들이 황군위문금으로 헌납하는 등 여러 차례의 미담으로 일반의 모범이 되고 있다.

62. 일가족이 함께 저금 헌금

충남 천안군 천안주조주식회사 정현모(鄭顯謨) 및 그 부인

본 회사의 상무이사 정현모는 온후하고 독실한 인사라서 애국심에 불타 연전연승하고 있는 황군의 무훈을 사모하면서 그 노고의 만분의 일이라고 위로하고자 1938년 6월부터 작은 월수입 안에서 매월 5원씩 저축하고 있다. 이 사실을 안 부인 박승매와 동거인인 이대호도 크게 감동을 받아 애국에는 남녀의 구분이 없는 것이라고 하면서 매월 가사비 내에서 각 50전씩 저축했다. 올해 3월까지 10개월간 쌓이고 쌓여 정현모는 50원 박승매 및 이내호는 각 5원을 모았다. 이에 그는 천안군군사후원연맹에 황군위문금으로 헌납 수속을 의뢰하였다. 일동은 크게 감격하여 곧바로 수속하였다.

47) 1937년 7월 결성된 조선중앙정보위원회에서 기획한 애국행사의 하나

63. 임금 가운데 매일 저축해서 헌금

경남 김해군 가락면(駕洛面) 제도리(濟島里) 2구
수봉(水鳳)부락진농부인회

본 부인회 회원들은 이번 여름 부인회 조성 기금의 위해 회원 전부 출동하여 공동제초를 하면서 매일 임금을 저축하였다. 그러던 중 이번 북중국에서 전쟁이 발생하자 회원 일동은 국민으로서 조금이라도 참된 정성을 표하기 위해 임금 중에서 매일 1인당 5전씩을 공제하여 북중국의 뜨거운 열기 아래에서 고전 중인 군인에게 위문의 뜻을 표하자고 결의하였다. 이에 공제한 돈 5원 20점을 송부할 방법을 가락면사무소에 신청하였다. 부인단체 그것도 대부분 문맹인 농촌부인들이 이룬 그와 같은 미담은 흔치 않은 일이라고 평가되고 있다.

64. 청년의 휼병기부금

황해도 황주군(黃州郡) 구성면(九聖面) 죽대리(竹岱里)
죽대동(竹岱洞) 강천만(康千萬, 당35세)

그는 구성면 죽대리에 사는 중농이다. 올해 7월 12일 구성면사무소에 출두해 면장을 면회하여 다음과 같이 말하고 일금 47원을 내었다.

"황군이 북중국, 중부중국, 남중국 각지에서 분전하는 노고를 만분의 일이라도 보답하기 위해 우리들 후방의 국민은 휼병기부금이라도 납부하지 않을 수 없어 이에 소액이지만 납부합니다."

65. 여학생의 참된 정성

조치원여학교(鳥致院女學校)에서는 지난해 말 실시했던 연말연시의 총후보국강조주간[48]의 행사로 학생 150명을 3반으로 나누고는 "군인들은 나라를 위해 전쟁터에서 싸우고 있다, 허례(虛禮)적인 선물을 하지 못하게 한 돈으로 위문품을 보내자"라고 하면서, 12월 18일 오전 9시부터 흰 어깨 띠를 두르고 영하 10여 도의 한풍(寒風)을 맞으며 조치원 지역의 각 집을 방문하였다. 그 결과 연초 1,732갑을 모아서 군부에 기탁함으로써 군국소녀의 참된 정성을 보였다.

66. 갱생 지도부락 진흥회원의 참된 정성

전북 장수군 산서면 관내 각 갱생지도부락 진흥회

전쟁 발발 후 각종 홍보활동으로 인해 산촌 벽지의 곳곳에도 전쟁의 진상과 황군의 용맹하고 과감한 분투상황이 전해졌는데, 이에 각 갱생지도부락진흥회[49] 간부들은 음력 7월 15일 휴일을 이용해 공동 작업을 하기로 결의하고 여기서 얻은 이익금 26원 27전을 최전선 장병에 대한 위문금으로 증정하고자 면을 통해서 헌금했다.

67. 맹인이 위문주머니를 황군에게

황해도 해주군 동운면 주산리 565번지 무직 채상동(蔡相東, 57세)

그는 17세 때 눈이 멀었고, 지금껏 가난한 생활을 해왔다. 그렇지만 동

---

48) 1937년 7월 결성된 조선중앙정보위원회에서 기획한 애국행사의 하나
49) 1935년 발표한 갱생지도부락 확충계획에 따르면해 전체 촌락을 지도부락으로 선정하여 갱생계획을 시행한다고 밝혔는데, 이를 진흥시키기 위해 만든 조직

운면사무소에서 위문주머니 모집의 이야기를 듣고 면사무소까지 약 1리의 길을 지팡이에 의지해 출두하여 다음과 같이 말했다.

"현재 중대 시국에 우리가 이처럼 편안하고 한가로운 생활을 영위하는 것은 전부 황군장병의 힘든 노고에 힘입는 것이라 믿습니다. 나는 밤낮으로 우리 황군의 국위선양과 무운장구를 기원하는 마음입니다. 필시 불에 타는 듯한 북중국의 더위 아래서 황군 장병이 신고(辛苦)할 수밖에 없다고 봅니다. 얼마 안 되는 것입니다만 황군에 감사하는 징표로 보이고자 지참했습니다."

그러면서 1원 10전을 기탁했다. 맹인으로서 이와 같은 감동을 주는사례는 참으로 드물다.

68. 가난한 사람의 국방헌금

황해도 장연군 백령면 북포리 박응화(朴應和, 43세)

박응화는 그날그날 입에 풀칠하는 가난한 일용직 노동자이다. 하지만 1938년 정월부터 집에 작은상자를 준비해 매일 가난 속에서 1전 2전씩 저축했다. 어떤 때는 낚시로 잡은 생선을 팔아서 번 50전도 상자에 넣었다. 좋아했던 담배도 끊고 저금했다.

1939년 2월 3일에 이르러 그 상자를 열어보니 뜨거운 정성이 20원 51전이라는 열매를 맺고 있었다. 그에게는 큰 돈이었다. 병상에 있으면서도 그의 얼굴에는 기쁨에 가득 차 있었다. 즉시 장남 박용규에게 시켜 2리나 되는 산길을 걸어 주재소에 전해주었다. 돈과 함께 다음과 같은 편지도 있었는데 주재소의 직원은 말할 수 없는 감격을 느꼈다.

"(전략) 우리들이 안심하고 생활해 갈수 있는 것은 무적충용한 황군 장병의 노고에 있는 것이라고 믿고 대단히 약소합니다만 후방국민으로서 국방헌금을 내려고 생각하기 때문에 수속을 밟아 주십시오."

69. 굳센 어머니와 아들의 헌금

충북 청양군 비봉면 강정리 두산 부인회장
조삼분(趙三分, 32세)

그녀는 전쟁 이후 시국을 잘 인식하여 더욱더 회원들의 지도에 힘썼고, 출정군인이 있을 때 일반 부인회원을 총동원해 환송하였을 뿐만아니라 솔선하고, 자발적으로 황군위문금 혹은 위문품을 헌납하는 것이 수회에 이르는 등 타의 모범이라고 할 만한 선행이 많았다. 이번 달 2일 청양면 벽천리 자신의 본가에서 돌아올 때 자동차 비용 40전을 받았는데 후방을 지키는 국민이 겨우 2리밖에 안되는 길을 어떻게 자동차를 타고 편안하게 즐길 수 있겠느냐 하면서 아무리 작은 돈이라도 황군위문금으로 제공하고 싶다고 결심하고 도보로 귀가하였다. 지난해(1939년)에 소학교를 졸업한 아들에게도 이 취지를 깨우쳐 주었더니 어린 아들도 어머니의 뜻에 깊이 공감하여 다음날에는 여태까지 해보지 않던 사금광부로 품팔이해 50전을 벌었다. 이리하여 어머니가 아낀 자동차비 40전과 합해서 총 90전을 비봉면사무소에 가서 황군위문금으로 헌납하고 돌아왔다.

70. 보통학교 아동의 환송 자전거 부대

평남 순천군 지산 공립보통학교에서는 황군과 군마[50]의 위문에 최선을 다하고자 아동들에게 계란 한 개씩을 학교에 가지고 오라고했다. 농촌

---

50) 원본 인쇄 오타. 원본에는 위문마라고 인쇄

이라서 농가마다 닭을 기르고 있기 때문에 손쉬운 일이었다. 계란 수가 220개가 되었기 때문에 학교에서는 실습지에서 생산한 인삼, 콩, 감자 등을 모아서 계란과 함께 3대의 자전거에 가득 싣고 교장 이하 직원 3명, 아동대표 10명이 9월 15일 아침 7시 학교에서 출발 13리를 달려서 단숨에 평양역으로 갔다. 군용열차가 통과하면 군마에게는 인삼, 콩, 야채 등을, 장병에게는 신선한 계란을 헌납하고 무운장구를 빌었다. 돌아오는 길에 평양신사에 들러 정성스럽게 기원했다. 다시 13리 길을 쉬지 않고 달려서 단숨에 학교로 돌아왔다.

71. 맹인의 아내가 참된 정성으로 헌금

경북 경주군 남종면 우천리의 맹인 강구종(姜九鍾)의 아내
정하종(鄭河鍾)

그녀는 남편이 눈이 멀자 매일 날품으로 일하면서 7명의 가족을 부양하고 있었다. 지난번 같은 부락 28호가 총 동원되어 중앙선[51] 공사장에 나가 일하고 황군위문금을 헌납하였을 때 맹인의 아내는 자기도 나가지 못한 것을 가슴 아프게 생각하고는 자발적으로 4일간 모래 채취에 종사해 받은 임금 2원을 황군위문금으로서 최근 분원주재소에 기탁했다

72. 고독한 78세 노인이 보여준 뜨거운 정성

평남 맹산군 옥천면 용하리 189번지 조종정(趙鍾鼎)

그녀는 올해 78세의 할머니이다. 독고(獨孤)의 과부로 현재 몹시 가난

---

51) 청량리에서 원주, 영주를 거쳐 영천까지 연결하는 342.5km의 철로 1942년에 청량리~경주역까지 개통.

하게 살고 있다. 전쟁 발발 이후 출정 황군 병력들의 고생을 격려하고자 1938년 8월에는 같은 면 경찰관주재소에 5월을 가지고 가서 황군위문금 으로서 헌납했다. 그 후 매월 50전 내지 1원씩 국방헌금을 계속 해왔는데, 병마에 걸려 약 5개월 동안 병상에서 신음하기도 했다. 그러다 관청 및 부 민의 간호로 몸이 회복하자 여기에 크게 감사하면서 2원 50전을 국방헌 금으로 내었다. 나아가 애국부인회에 입회하여 진심으로 후방부인다운 모범을 보이고 있다.

73. 땔나무를 채집해 판매한 돈을 황군위문금으로 헌금

평남 맹산군 지덕면 두암리 50번지 김찬수(金贊洙)

1936년 5월 5일 그의 장남 김준한(金俊翰)이 태어났다. 당시 조선사회 사업협회 평남지부에서는 아동애호주간[52]에 출생한 아이들에게 선물을 주었는데 그는 선물을 통하여 큰 감동을 받았다. 우연히 전쟁에서 황군이 연전연승하고 있다는 소식을 듣고 크게 감격했다. 마음은 항상 뜨거운 정 성을 나타내려 하였으나 가난한 처지라 생각처럼 되지 않았다. 고민한 끝 에 매일 땔나무를 한 묶음씩 채집했고 그것을 팔아 1938년 2월 16일 황군 위문금으로 맹산군 군사후원연맹을 통해 10원을 헌금했다.

74. 보통학교 생도가 역 앞에서 환송

충남 공주군 금성(錦城) 공립보통학교

공주읍에서 출정군인이 조치원역을 통과한다는 것을 안 금성공립보통

---

52) 1937년 7월 결성된 조선중앙정보위원회에서 기획한 애국행사의 하나로 5월 5일이 들어간 주를 아동애호주간이라고 정했다.

학교 아동은 담임 선생님께 환송하러 가고 싶다고 요청하였다. 교사는 시
국인식을 심어줄 좋은 기회라고 생각하고 허락했다. 37명의 아동들은 자
전거와 승합자동차편으로 조치원역까지 내달렸다. 아이들은 군용열차가
통과할 때 마다 군가를 크게 부르고 만세를 외치면서 열렬하게 환송을 했
다. 아동 중에는 감격의 여운이 남아 잔돈을 털어 밀크카라멜, 담배, 과자,
잡지를 사서 열차의 창문으로 병사에게 전달하기도 하여 병사를 감격시
켰다. 아동 중에는 점심값을 위문품으로 대신했던 아동도 많았다. 환송을
마친 아동들이 돌아오는 길에 공주군 장기면 장기공립보통학교 옆을 통
과하게 되었다. 금성교 아동이 통과한다는 사실을 미리 알았던 장기교 아
동들도 이들을 위로하려고 수박, 참외, 과자 등을 베풀어 휴식을 권하고
환송했던 모습과 전쟁터에서 보여준 일본제국의 정의로운 행동 등에 관
하여 대화를 주고받았다. 작은 국민 동지의 이 장엄한 장면은 참으로 아
름다웠다.

75. 쌀을 절약해서 모은 돈을 헌금

경북 김천군 부항면 용촌리 용촌부인회장 정남순(鄭南順)

그녀는 몇 년동안 부락부인회 회장으로 부락 부인의 부도(婦道) 향상에
노력해온 올해 68세의 할머니이다. 평소 부락의 부인들에게 매일 식사마
다 쌀 한 숟가락씩 절약하여 절미저금을 할 것을 권해왔다. 전쟁이 발발
해 사태가 급박해졌는데, 이런 상황을 부항면 면장 문병선(文炳璿)에게서
듣고 신속히 자기부락의 일반 부인회원을 상대로 다음과 같이 권유했다.

"나는 여자인데다 늙은 몸이기 때문에 나라를 위해 힘쓰는 것도 제
대로 하지 못해 매우 분하게 생각합니다. 내가 어렸을 때 조선의 모습
과 일한합병 후에 조선의 평화로운 것을 생각하면 참으로 나라의 은

덕에 감사할 뿐입니다. 중국과 전쟁은 많은 비용을 들여야 하니 국가로서도 곤란할 것입니다. 뿐만 아니라 특히 황군장병은 중국의 먼 지역까지 출정해 풍우한서를 참고 목숨도 아까워하지 않고 분전혈투하는 것도 전부 나라를 위한 것입니다. 우리들은 단지 후방에서 안심하면서 일가가 다 모여 송구영신한다는 것은 전쟁터의 장병에겐 너무나 미안한 일입니다. 때문에 부인회원 일동은 연말이 되어 절미해서 저금한 것에서 떡 하나라도 더 모아서 위문의 성의를 표합니다."

그러면서 집집마다 평균 14전씩 내었다. 마침내 1938년 12월 10일 회원 40호분인 5원 50전을 면사무소에 지참하고 문 면장에게 다음과 같이 말하면서 헌납을 신청했다.

"황군장병에게 보내주십시오. 속담에도 있듯이 하늘에 있는 해와 달, 별들은 각각 역할이 있는데 그 중에서도 북두칠성은 인간의 수명을 관장하고 있는 것으로서 황도선양, 무운장구를 기원하는 의미에서 한 사람당 떡 7개씩 담아서 칠성떡이라는 이름을 붙여 가지고 왔습니다."

면장은 이같은 미담을 면의 33개 부인회에 선전하였다. 그랬더니 다른 부인회회원 872호도 감격해 12월 17일 일제히 122원 8전을 모았다. 면장은 이를 직접 김천군 군사후원연맹에 헌납 수속했다.

76. 용사의 가족에게 집세를 내려줌

경기도 경성부 원동의 우와니시 겐고로(植西源五郎)은 시국에 뜻하는 바 있어 출정용사가 있는 세입자의 집세를 파격적으로 내렸던 결과 주위 사람들의 칭찬과 흠모의 정을 모으고 있었다.

이웃 대도동(大島町)의 카토 카즈오(加藤數夫)와 같은 동네의 고가와 이치로(小川一郎)는 모두 우와니시 집에 세 들어 사는 사람으로 가족을 먹여 살리느라 분투하고 있었다. 그런데 두 사람 모두 입대해 북중국으로 출정하여 국가의 간성으로서 역전분투 중이다. 입영 전에 카토는 비단 행상을 하고, 고가와는 목수일을 하면서 부모, 형제, 자매 6명 모두를 봉양하고 있었는데 출정하자 두 집안 모두 한창 일할 집안의 기둥을 보내었기 때문에 생계가 막막하였다. 집주인 우와니시는 두 집의 형제자매들이 그 후 여사무원 혹은 철도원의 일을 하여 출정한 형제의 몫을 대신할 때까지 집세를 내리기로 하고 몇 달 전부터 파격적으로 할인함으로써 가족들을 크게 감격시켰다.

77. 침식 잊고 분주

경기도 장단군 장도면장 윤경구(尹慶九)은 애국열정이 넘치는 사람으로 1934년에 면장이 되었다. 그는 면 업무를 쇄신하고 부민의 복지증진에 헌신적인 노력을 계속해왔다. 이번 전쟁 발생 후 군대의 환송영에서 혹은 국방휼병의 헌금에서 또는 군사원호의 각종 기부금 모집 등에서 항상 솔선수범 하였다. 밤낮을 가리지 않고 분주하게 지극정성을 바치는 것과 함께 마음은 전장으로 달려서 주위를 환기하였다. 농촌에서의 후방보국이란 생업에 힘을 쓰는 것이라 굳게 믿고 부하 직원을 격려하고 영농 생활 개선, 특히 가마니 짜기, 퇴비증산 등의 활동을 하는 것을 보면 마치 새벽에 별을 머리 위에 올려놓고 저녁에 서리를 밟고 돌아간다는 옛 말과도 통한다. 관내 구석구석 가리지 않고 돌아다니며 독려한 결과 정말로 모범적인 면이 되었고, 또 기회가 있을 때 매번 시국을 두루 그리고 철저하게 알리는 지사적 열정과 정한무비(精悍無比)한 성격은 멈출 줄을 몰랐다.

구장회의 개최 시 용산 육군병원에서 부상한 병사를 위문하고 또 휼병금 각출 증정 방법 등을 의안에 올렸다. 전원의 찬동을 얻어서 102원 90전을 모아 구장 대표인 이만영(李萬永)과 함께 용산 육군병원에서 상이용사를 위문하였다. 눈앞에는 전쟁터에서 다쳐서 고통받는 용사의 모습이,

귀에는 고통의 소리가 들리는 듯 했다. 하지만 모두 폐하를 위한 성전에 참가해 얻은 명예로 생각하여 편안한 심경으로 입원해 있음을 보고 오직 눈물로 감사의 인사를 하였다.

그리고 가지고 있던 102원 90전은 조선군 애국부에 휼병금으로서 헌납했다. 이 일은 단편적인 사례이겠지만, 완전 벽촌이나 가난한 시골에서는 좀처럼 하기 어려운 계획인데, 이렇게 했다는 것은 면장의 열의와 부민의 시국인식의 철저가 이뤄낸 지성의 발로라고도 할 수 있다. 아울러 타의 모범이 되기에 충분한 직분을 더해주어도 문제가 없을 것이다.

78. 밸래스트(ballast)[53] 채집을 해서 휼병금 헌납

강원도 양구군 양구면 웅진리 부인회원 일동은 매일 햇볕이 쨍쨍 내리쬐는 혹서 중에 부락에서 반리나 떨어져 있는 하천 고수부지(河原)에 있는 자갈을 채집하여 판매한 대금 2원을 면사무소에 지참해, "우리 부락은 화전지대의 빈궁한 부락인데 생활이 빈곤해도 나라를 생각하는 의지는 모든 다른 부락 사람들에게 뒤지지 않습니다. 약소하지만 황군위문금의 일부로 해주십시오"라고 헌납을 신청했다. 관계 공무원 일동은 이 강력한 후방 애국의 지극한 정성에 깊이 감격했다.

79. 전지의 군대에게 올려주세요

황해도 겸이포읍 명치정의 야마모토 쯔루오(山本鶴男)의 둘째 딸 마츠코(松子), 능정(菱町)의 동사택(東社宅)에 사는 코노(河野滿)의 넷째 딸 시즈에(靜江)는 올해 18세의 친구이다. 이 두 사람은 지난 9월 14일 다음과 같은 편지를 첨부해서 16원 18전을 황군휼병금으로 헌납했다.

---

53) 철도·도로의 바닥을 단단히 다지기 위해 까는 자갈

"이 돈은 우리 두 명이 기둥에 거는 인형 등을 만들어 판 돈인데 정말로 적습니다. 제발 어디에 계시든 전쟁터에서 활동하는 장병들에게 도움이 되도록 해주시기 원합니다."

80. 나이든 반도 부인의 천인침

경북 의성군 의성면 중리동 부인회장 오수영(吳壽永, 49세) 여사는 19살 때 남편과 사별한 후 30년간 가늘고 약한 여자의 손으로 한 가정을 일으키고 부모를 효도로 모시고 남자도 이길 정도로 분투를 계속한 입지전적인 부인이다. 전쟁 때에 출정 장병의 활동 상황과 각지에서 미담에 깊이 감동해 어떻게든 황군위문의 성의를 보이려고 해도 빈곤한 살림이라 금품 헌납을 할 수 없었다. 때문에 대신 면내 100여 호를 방문해 '칠생보국(七生報國)'이라고 새긴 천인침을 제작하고 그것을 전쟁터의 장병에게 보내 달라고 기탁했다.

81. 부부가 나눈 이 참된 정성

전남 함평은 지난해와 올해 강설(降雪)뿐만 아니라 한기(寒氣)도 심해서 무척 힘든 시간을 보냈다. 같은 군 해보면 문장리 카토 키요구라(加藤淸藏)와 처 키누에는 멀리 중국의 들판에서 분전하고 있는 장병의 노고, 특히 영하 수십 도 아래서 격전, 고투를 계속하는 황군을 생각하면서 한편으로 적의 비행기는 한대도 보지 못하고 온돌에서 안전한 생활을 하는 것은 오로지 장병의 노고 덕택이라고 생각한 남편 키요구라는 지난 9월 22일 위문 헌금을 했고, 아내 키누에는 12월 6일 평소 용돈을 저축한 10원을 위문금으로 헌금했다.

82. 부부가 감격의 위문금

경북 영일군 신광면 안덕동의 이만출(李萬出) 부부는 몹시 가난해서 부부가 맞벌이 일용직에 생선행상(魚行商)을 하면서 근근하게 입에 풀칠하고 있었다.

전쟁 직후 같은 면 경찰관 주재소원에게서 시국강연을 듣고 앉은 자리에서 가지고 있는 10전을 내고 다시 구장으로부터 황군이 분투하는 실정을 듣고 감동이 그치지 않았다. 그 후 주야로 생산에 힘쓰고 매일 조금씩 저금한 것이 두 달, 그 액수가 10원에 달하자 출정군인 위문금으로 헌납할까 하고 아내에게 물었다. 아내도 즉시 찬성하면서 "우리들은 황국의 신민입니다. 이전부터 1전, 2전 모은 것이 여기 있습니다. 이것도 더해서 함께 보내주십시오"라고 하면서 꼬깃꼬깃 숨겨둔 3원을 아낌없이 내었다.

그는 자신의 땀이 베인 결정체 13원을 9월 21일 면에 기탁하면서 "참으로 약소하지만 나라를 위해 최전선에서 고생하는 장병에게 보내주십시오"라면서 성의를 표했다. 부부의 생활수준이나 참된 정성 등을 모두 생각할 때 면직원들은 자신도 모르게 눈꺼풀이 뜨거워지는 것을 느꼈다.

83. 군대에 세탁 봉사

서울 욱정(旭町, 오늘날 회현동) 1가 국방부인회 분회는 조선신궁에서 숙영하는 고사포 대원 58명의 의류 세탁을 위해서 회원을 10반으로 나누어 매일 병사를 방문해 더러워진 셔츠와 바지를 자기 집에 가지고 가서 세탁한 후 다음날 가져다주었다.

84. 영가(詠歌) 헌금

세 노파의 미담. 평남 진남포 부내 삼화동의 사와무라 쯔루(澤村ツル,

70세), 같은 마을 모리가와 토구(森川トク, 60세) 월견동의 시노 카네(矢野カネ, 65세). 이들은 이번 전쟁 중 각지에 있는 대일본 국방부인회의 눈부신 활동 특히 평양부의 국방부인회원의 적극적 활약을 보고는 깊이 감격했다. 그래서 서로 상의하여 며칠 동안 밤낮으로 집을 돌아가며 영가를 부르고 받은 소량의 희사금으로 일장기 1,000개를 구입하였다. 그리고는 평양국방부인회장을 방문하여 출정 용사의 환송식에 이용하라며 전달했다. 이러한 행동에 일반 민중은 깊은 감동을 받았다.

85. 사범 학생이 보인 미담

충남 연기군 전의면 관정리 장봉환(張鳳煥)은 현재 경성사범학교 5학년에 재학 중이다. 여름 방학으로 귀향 중에 매일 출정하는 군인의 용감한 자태를 보고 깊이 감격했다. 그리하여 후방 국민으로서 자력으로 출정 군인 위문 자금을 벌려고 애국심을 불태워 근처의 사방공사에 나가서 번 1원 50전을 중국에 있는 황군 위문금으로 송금했다.

86. 말똥을 주워 헌금

평북 회천 공립 보통학교의 아동 함도제(咸道濟) 이하 6명은 8월 22일부터 매주 일요일 도로 위에 버려진 말똥을 주워 읍내 거주하는 관사의 사택에 채소경작용 비료로서 공급하고 받은 1원 30전 전부를 황군위문금으로 학교를 통해 헌금했다.

87. 솔방울을 주워 헌금했다는 편지

4학년 이상 두개 학년 약 40명은 지난 1월 27일, 12월 4일의 이틀간 토요일 방과 후 1리여나 되는 학교 숲에 가서 솔방울을 주워왔습니다.

이틀 모두 바람이 세고 매우 추워 손이 어느 날이었지만 "이곳에서 있는 우리 보다 중국에서 분투하시는 군대가 더 추우면 큰일입니다"라고 생각했습니다. 북풍이 몰아쳐도 산의 소나무를 흔들었습니다. 우리들은 지쳤습니다만 선생님은 "녹초가 된 사람은 황국신민이 아니다"라고 말씀하셨기에 우리들은 힘을 다하여 학교 숲에 도착하였습니다.

그래서 열심히 솔방울을 주워 오후 4시 넘어서 가마니를 어깨에 지고 돌아왔습니다. 다음 차례에서는 30가마니 정도를 주웠습니다. 한 가마니 당 5전에 팔아서 모두 1원 50전을 만들었습니다. 이 돈은 우리들의 진심을 모아서 마련한 돈입니다. 금액은 많지 않아도 부상당한 군인들을 위문해 주십시오.

12월 9일.

청도 공립심상고등소학교 아동대표 6학년 증근맹(曾根猛)
청도군 군사후원연맹회장 님

88. 후방 국민 감격의 상태

전남 곡성군 삼기면 월경리 고영환(高永煥)

그는 전쟁 발발 당시 삼기 공립심상소학교 5학년이었다. 온후하고 성실해서 진취적 기상과 사회 봉사의 마음이 풍부한 모범적인 소년이었다. 이번 전쟁 가운데 용케 시국을 제대로 인식하여 학교를 다닐 때는 제2국민이라는 결의를 다지면서 교장으로 부터 애국반장상을 받았고, 졸업해서는 후배 아동의 선도격려를 위해 후방 보국의 일념으로 노력함으로써 면민으로부터 큰 칭찬을 받았다. 그 사실을 열거하면 다음과 같다.

　1. 재학 중이던 시절
　(1) 5학년 때 동급생과 함께 애국심에 불타서 잘린 손가락으로 일장

기를 물들이고 '우리들은 제2소국민의 각오를 맹세한다'라고 써 황군장병에게 헌납함으로서 황군의 의기를 고양시켰다.

(2) 때때로 황군에게 그림 위문문을 발송해서 황군의 노고를 위로 했다.

(3) 공휴일에는 폐품회수를 하고 도로, 교량 개수공사 등 공공봉사 에 노력했다.

2. 졸업 후

(1) 부락에서 통학하는 아동을 모아 시국인식회를 개최하고 후배 아동의 선도와 시국인식에 노력했다.

(2) 공휴일 및 적당한 시기에 폐품을 수집을 해서 매각한 대금과 용 돈을 절약하여 자기 죽통에 모으고 한통이 되면 황군에게 헌금 했다.

이처럼 매일 황군장병의 노고를 잊지 않았으며 지금도 위문도서, 위문 문 발송, 절약한 돈 헌금 등 여러 가지 후방 국민다운 노력을 다함으로써 일반 면민의 칭찬을 받고 있다.

89. 순수한 소녀의 헌금

후방에서나마 나라에 참된 정성을 다 하려는 뜻 깊은 감격의 미담들이 도처에서 나오는데 또한번 건강한 소국민의 눈물을 흘리게 하는 순정의 미담이 나왔다. 화제의 주인공은 충남 대전소학교 심상과 5년생 모리와키 사다코(森脇佐多子)로 이 여학생은 성적도 양호하고 모범아동이라고 불려 왔는데, 부모는 그녀와 할머니를 남기고 동생과 함께 어디론가 떠났다. 사 다코는 부모와 자매를 잠시라도 잊지 못한 채 눈물의 나날들을 보냈다. 청 소하거나 불을 피우는 일까지도 모두 혼자서 도맡았다. 열심히 일하면서 도 그녀의 작은 가슴은 애국의 열정이 불탔다. 황군 위문을 위해 여가를 이용해서 다른 집에서 일을 하여 거기에서 받은 5원여를 대전헌병분대에 내놓아 "내 손으로 일해 번 돈입니다. 부디 위문금으로 해주세요"라며 신청했다. 소녀를 알던 사람들은 모두 가슴 아파하면서도 **씩씩한 애국의 정성**에 감격해 마지 않았다.

90. 반도 부인의 참된 정성

전쟁터로 장도에 오른 용감한 황군 장병의 운송열차는 매일같이 ○○에서부터 ○○○으로 통과했다. 그동안 하루 수차례 여기에 왔을 뿐 아니라, 비오는 날도 바람 부는 날도 한 번도 빠지지 않으면서, 어떤 때는 장병을 배웅하려고, 어떤 때는 장병을 맞이하러 나가 ○○부대장으로부터 '군대의 어머니'라고까지 칭송되던 한 명의 반도 부인이 있다. 개성부 가내공업 지도원으로서 개성부청에 봉직하는 김경숙(金瓊淑, 44)여사가 그 사람이다.

지난 해 여름 이후 운송열차가 개성역을 통과할 때마다 역두에 나와서 이른 오전 1, 2시 경부터 깊은 밤이 될 때까지 홀로 만세를 부르고 영송하지 않은 적이 없었다. 그때마다 의류, 셔츠 등의 세탁, 세면 혹은 음료수 접대, 도시락 배급, 잔심부름 등을 위해 뛰어나갔고, 어떤 때는 한밤이 되도록 일을 하다 실수해서 얼굴에 부상을 입기도 했다. 주변에서 쉬라고 권해도 전혀 듣지 않고 군대를 생각하면 가만히 있을 수 없어 얼굴에 붕대를 하고 꾸준히 활동을 계속했다. 김여사의 활동은 여기에 그치지 않았다. 독지가를 방문하여 타올, 비누, 손수건, 성냥, 국기를 기증 받아 통과 부대의 장병에서 주면서 마음 깊은 격려와 위안을 더하였다.

그러던 중 그곳에 숙박했던 ○○부대장이 편지를 보내서 '군대의 어머니'라는 말로 그 여사를 칭송하고 우러렀다. 그녀는 최근 개성부 가내 공업소에 군대 양말을 주문하는 등 '군대의 양말까지 완전하게 마무리 한다'라면서 스스로 솔선하였다. 그녀는 작업의 선두에 서서 다수의 여공들을 독려해 아침 6시부터 밤 12시까지 정려하고 예정 기일을 꼭 지키면서 완납하였다. 진실로 자신을 잊고 나라에 봉사하려는 김여사의 신성한 자태는 같은 지역 사람은 물론 모든 사람들에게 깊은 감동을 주었다.

91. 출정군인에게 위문의 참된 정성

전남 함평군 학교면 학교리 후케 시즈에(福家シズヱ)

그녀는 전쟁이 발생하자 전선에서 분전하고 있는 병사들에게 무엇이라도 위문해야겠다는 마음을 가졌다. 그래서 때로는 신사에서 무운장구를 기원하고 또는 열성을 더해 위문주머니를 만들어 최전선의 용사에게 여러 번 보냈는데 횟수가 70회 이상이라고 한다. 한 때 위문품을 상자에 채워서 부대 별로 발송한 적도 있었다. 그 위문주머니에는 친절하게 수천장의 위문곡 인쇄본을 넣기도 하였다. 또 전상자에게도 위문 시가와 하이쿠를 만들어 그것도 인쇄해서 병원마다 보낸 적도 있었다. 이같이 그녀의 더할 나위 없는 정성은 주변사람들이 아무도 따라갈 수 없었고 많은 일들을 시즈에 단독으로 하고 있었다. 시즈에은 거의 매일 군사우편을 받고 있는데 그때마다 시즈에는 일일이 정성스럽게 답신을 보냈다. 전선(戰線)에서 시즈에와 오고간 우편은 큰 분량이었고, 밤을 새워가며 군사들을 위문하는데 여념이 없었다. 그녀는 현재 애국분인회 임원으로 후방부인보국을 위해서 매일 커다란 활약을 하고 있다.

제3장

유가족 원호 미담

제3장 유가족 원호 미담(遺家族援護美談の部)

1. 노동 작업을 해서 조위금을 보냄

경기도 포천군 일동면 상가계 근로보국단 일동

대표 박시형(朴時衡) 외 173명

육군지원병 고 이인석이 장렬하게 전사했다는 소식을 접한 이들은 크게 감동을 받았다. 그래서 호국의 영혼이 되기에 충분한 이인석의 영혼을 위로하기 위해 자진해서 노동 작업을 했고 수입 중 3원을 조위금으로 보내려고 군사후원연맹에게 송금 방법을 의뢰하였다. 이러한 미거에 일반 대중들이 감격하였다.

2. 유아의 양육, 그 외의 일체를 인수해

경남 동래군 동래읍 온천리 135번지 사카네 스메요(板根スメヨ)

1937년 7월 16일 여동생의 남편인 와타나베 히사이치(渡邊久一)가 응소하였는데 여동생 요시오(ヨシヲ)는 남편의 입대 사흘전 둘째를 출산하였다. 그런데 산후조리가 잘못되어 동네 약국에 의존하였고 감기에 걸려 점차 병세가 심해지자 부산 철도병원에서 치료를 받았다. 그러나 10월 26일 급성 간염의 합병증이 발생하여 다시 부산 철도병원에 입원했고 결국 11월 6일 뇌병으로 전이되어 그날 밤 사망했다. 사카네 스메요는 여동생이 입원

하면서 그녀에 대한 간호와 아기 양육은 물론이고 여동생 장례식 등 일체를 맡았고 정성스레 치뤘다. 사실 사카네 스메요의 남편은 오랫동안 병상에 있고 또 집안일로 무척 바빴음에도 불구하고 여자 혼자서 그 많은 노력과 희생으로 묵묵히 두 아이의 보호양육에 전념하고 있다. 이런 모습을 보면 스메요 여사는 후방에서 후원하는 선행자로써 표창을 받을 가치가 있는 사람이다.

3. 출정용사 집의 모내기

경기도 수원군 성호면 오산리에 사는 모리키 츠라하츠(森木寅八)는 지난해 입대하자 가족 중에는 일할 사람도 없었다. 게다가 늙은 아버지 분고(文吾)은 병상에 누워 있었기 때문에 모내기철이 되어도 엄두조차 낼 수 없는 상황이었다. 이것을 알게 된 성호소학교 6학년생 72명은 자발적으로 그 집의 모내기를 하겠다고 선생님께 신청하였다. 그 순수함에 감동한 최 선생님은 아이들을 데리고 3일간 방과 후 시간을 이용해서 그 집의 1정보 2단보의 모내기를 완료했다. 이것을 알게 된 마을 제2구장 김상철(金相哲)도 인부 5명을 데리고 와서 밭작물을 가꾸고 제초작업을 거들었다. 이렇듯 아름다운 내선일체의 미담은 일반 마을 사람들을 감동시켰고 이것이야말로 일본이 강한 이유라면서 관계자 모두가 감격의 목소리를 내었다.

4. 지원병 유가족 후원

충북 단양군 대강면 사인암리 부락민 일동
대강소학교 생도 20명

지원병으로 입소 중인 안명식(安明植)의 가족이 빈곤하고 아버지는 지병 때문에 농사가 어려운 상태라는 사실을 알고서 지원병 가족을 지키는 것이 자신들의 책임이라면서 마을사람들과 초등학생들이 교대로 매일 봉사 활동을 전개해서 주위에 큰 감동을 주었다.

5. 입대자의 병든 부인을 간호하고 그의 어린 아이를 돌봄

평북 초산군 남면 충하동 요시미 미츠오(嘉美光雄)

그는 카타오카 킨에이(片岡金榮)와 함께 발은(發銀) 광산의 광부였다. 카타오카는 재작년 출정하였는데 병든 부인 이외에 두 아이를 남기고 가야만 했다. 요시미는 마음으로 깊이 동정하면서 "어이 카타오카! 걱정 하지 마. 뒤는 내가 돌봐 줄게. 황군으로 열심히 일해." 그러자 이 우정에 감격했고 카타오카는 용맹스럽게 원정길에 올랐다. 그 후 요시미의 극진한 간병에도 아랑 곳 없이 병든 부인 키쿠기(菊枝)는 한 달 만에 황천의 객이 되었다. 의리가 두터운 요시미가 느꼈을 낙담과 비통한 모습은 옆에서 보는 것만으로도 애처로울 정도였다. 그래서 진짜 부모처럼 두 아이를 훌륭하게 기르는 일에 최선을 다했다. 발은 광산은 이 미담을 듣고 올해 9월 1일 감사장과 금일봉을 주었는데 받은 금일봉은 국방헌금으로 발송하였다.

6. 유아에게 동정한 이 순정

평북 초산군 충하 공립소학교 아동

1937년 7월 북쪽의 정세가 급박함을 듣고, 그 지역의 발은 광산 종업원 카타오카 킨에이(片岡金榮)외 두 명은 입영의 명령을 받아 성대한 환호로 용맹스런 원정길에 올랐는데, 그때 카타오카의 부인은 유산하고, 산욕열로 인해 남편의 출정 길조차 볼 수 없을 정도로 몸에 독이 올라 위험한 처지였다. 출정 후에는 남편 친구의 두터운 간호를 받았으니 결국 사망했다.

남편을 전쟁에 보내고 집에 두 아이를 남기고 죽어간 부인의 심정은 어떠했을까. 남은 아이는 9살과 7살의 남자 아이로 발은초등학교 학생이었다. 가여운 두 아이를 보는 사람은 동정의 눈물을 흘리지 않을 수 없었다.

"불쌍해" "정말 쓸쓸하네"라는 목소리가 충하소학교 학생 사이에 넘쳤다. "뭔가를 해주고 싶다"라는 어린 동정심은 마침내 실행에 옮겨졌다. 방과 후 전 아동이 협력하여 콘트리트용의 모래 및 작은 돌을 옮기기로 한 것이다. 그 결과 공장에서 5원을 받아 위문문을 첨가해 "이 돈은 두 사람의 학용품 구입비로 써주세요"라고 하면서 선물했다. 어린 형제도 이 우정에 눈물겨워서 "고마워, 고마워"라며 깊이 감사했다. 이 소식을 접한 사람들도 이 어린 순정에 감동해서 "이것이야 말로 진실한 내선융화다. 후방 국민의 노력을 멋지게 만들었다"라고 찬양했다.

7. 군내 유족 위문금으로

함북 성진농림서 유평 작업장 한춘섭(韓春燮) 외 21명

위의 22명은 교통이 불편하고 인가가 드문 백두산 자락에서 삼림 철로의 재료를 운송하는 업무에 종사하고 있다. 때마침 시국의 중대성을 인식하고 항상 전장에 있는 황군용사의 노고를 생각하며 후방 봉공의 참된 정성을 다하려던 차였다. 지난 8월에는 그다지 많지는 않지만 쌀과 소금을 절약한 316원과 다음의 편지를 첨부해 성진군 군사후원연맹에 보내어 도내 전몰군인유족 위문금에 보태고 싶다고 하면서 헌납하였다.

(원문)

삼가 아룁니다. 무더운 여름 귀하의 건강이 좋아지시기를 바랍니다. 소생 등은 성진영림서 유평작업장에 있는 삼림철도운재(森林鐵道

運材) 종업원입니다. 일을 하다가 휴식시간에 가끔 관계 공무원으로
부터 제국의 중대한 시국에 관한 이야기와 충북 청주의 고 이지웅이
남긴 애국담을 들었습니다. 우리들은 인간 하층의 노동자이지만 깊게
느끼는 점이 있었습니다. 그날그날 일해서 잘 다듬은 야채로 따뜻한
밥을 먹고 지내고 있는데 성전을 치르고 있는 우리 용사들이 감당해
야할 극심한 고통에 비하여 우리는 행복하다고 생각합니다. 관계 공
무원의 이야기에 의하면 우리들이 노역하는 목재는 모두 군용재로 충
당하고 우리들이 하루 쉬면 하루만큼 우리나라가 불리하다고 들었습
니다. 그래서 이때 우리들 종업원 모두는 분연히 일어나 협력해서 재
적 7,000㎥의 재목을 2개월 만에 운재로 만들었습니다. 별지의 소액
우편환은 약소하지만 성진읍내의 출정군인 가운데 전몰용사가 있다
면 유족 분에게 위문금으로 보내고자 드린 것이오니 그렇게 처리하여
주시기 바랍니다.

8. 입영 군인 가족에게 집세를 면제해 줌

후방의 보호를 더욱 굳건히 하고 애국의 열성이 점점 높아질 때 경성부
에서도 많은 군국 미담이 전해져 당국을 감동시키고 있다. 그 가운데 입
영군인의 유족을 정성껏 보살피고 있는 모습도 적지 않다. 부내 주교정
(舟橋町)의 나이토 신이치(內藤信一)는 자기가 소유한 셋집에 사는 아이
중에서 명예의 입영군인이 나온 것을 진심으로 기뻐해 그 가족에 대해 집
세를 면제해주어 주위를 감격케 하였다.

9. 상금을 그대로 유가족 위문으로

충북 괴산군 괴산면 동부리 상인 박승래(朴承來), 이윤수(李潤壽)
충복 괴상군 괴산면 서부리 상인 신현조(申鉉祚), 이종오(李鍾五),
김수동(金壽童)

이들은 10월 10일 가격표시 경기대회에서 성적 우수로 괴산면 상공회
로부터 박승래 금 10원, 신현조 5원, 이종오 3원, 김수동 2원, 이윤수 1원
등 각각 상금과 표창을 받았다. 이들은 받은 돈 21원을 괴산군에서 입대
한 장병 유족들의 위문금으로 동부리(東部里)의 타카노 키쿠에(高野キク
エ) 외 6명에게 주었다. 일반민은 이들의 덕행에 감동했다.

10. 내선일체 출정 군사가족을 지킨다

경북 달성군 월배면 도원동 도영수(都英壽)

그는 월배면 진천동의 목수인 토다 에이키치(十田榮吉)의 제자였다. 3
년간 토다로부터 수업을 받은 후 약 8년 전에 독립하였다. 그의 스승에 대
한 생각은 유별나서 마치 부모를 대하는 것처럼 무엇 하나 빠지지 않았
다. 특히 토다는 본시 위장이 약하고 1개월의 절반을 병상에 있는 처지였
으나, 도영수는 항상 간호하면서 생계를 지원하였다. 1937년 8월 토다의
아들 가운데 일본 토쿄에 사는 미츠키(貢)가 출정하자, 출정군인 가족인
토다에 대해 더욱 열심히 힘쓰고 있었다.

얼마 지나지 않아 토다의 병세가 약화되어 병상에 눕게 되었을 때 스승
의 은혜를 생각해 연일 병상을 함께하였다. 자기 가족은 물론 일도 내팽
개치고 최선을 다해 눈물겨운 간병을 계속했다. 하지만 8개월 정도 되었
을 때 토다는 황천의 객이 되어 끝내 사망하였다. 그는 상상할 수 없을 만큼

크게 탄식하였고, 장례식에서도 모든 것을 다 맡는 등 최선을 다하여 보살폈다. 지금도 항상 그는 불교 공양을 계속하고 있다. 면민도 그의 진심 어린 정성에 감동받아 이것이야말로 진정한 내선일체의 후방 군사미담이라며 칭찬해 마지 않았다.

11. 용사의 가족에게 부락민의 원조

전쟁 이후 후방 국민의 미담(美談)과 가화(佳話)는 매일 신문에 눈부시게 게재되는데 충남 공주에서도 정말 눈물겨울 많은 후방 미담이 있다. 공주군 우성면 하라 테츠오(原鐵男)는 그 전에 입대하여 난폭한 중국을 응징하고자 최전선에서 분전 중이었다. 하라의 가족은 15살 이하인 4명의 아이와 41세의 어머니 미노(ミノ) 이렇게 5명이었다. 미노 혼자서 아이 양육에서부터 농경지 3정보 전부를 경작하는 것은 무리였다. 그래서 1정보 3반보로 줄이고 가정을 돌보기로하자 주위 마을 사람들은 고통을 나누어 농사일 지원에 나서게 되었다.

그래서 농번기가 되자 우성초등학교의 직원과 학생, 우성진흥청년단 등이 모여 하라 가족의 밭일과 모내기를 하여 오후 3시 경 모두 마쳤다. 다음 날은 아침 8시부터 군수를 비롯해 내무주임, 농사계 전원, 면직원, 농업학교 학생과 직원 230여 명은 쏟아지는 비에도 불구하고 전원 열심히 일을 해 파종을 하고 각자가 가지고 온 도시락을 먹으면서 후방 국민으로써 열의를 담아 작업을 했다. 이에 보는 사람들 마다 깊은 감동을 받았다. 이것을 안 부근의 농가에서는 모심기까지 일은 전부 끝났으니 그 외의 어떤 것이든 돌보고 작업을 돕자고 협의하였다. 그리하여 앞으로 제초작업에 필요한 인원의 경우 이웃 마을 사람들이 마을 별로 순시를 정해 작업을 하기로 하자 하라 가족은 크게 감동을 받았다. 어머니 미노의 말이다.

"내 자식은 나라에 헌신하는 일본 군인인 이상 살아서 돌아오는 일은 바라지 않습니다. 여러분들처럼 자기 몫을 잘 해내고 있는지 염려하고 테츠오가 나라를 위해 출정하였다고 학교의 학생들과 군수를 비롯해 각 관공서 직원들이 큰 비가 오는데도 아랑곳하지 않고 1정보 3반보의 모내기를 해주시고 앞으로도 마을 사람들을 위해 무슨 일이라도 해 주시겠다는 이야기를 듣고 나니 차마 답례로 무엇을 해야 할지 잘 모르겠습니다. 어젯밤 이 일을 아들에게 편지로 보냈는데 이것이 도착할 때까지 테츠오가 살아있을지 모르겠습니다. 나라를 위해 할 수 있는 것을 다 하기를 엄마는 기대하고 있을 뿐입니다."

12. 전몰용사에게 추도 참배

충북 진천군 백곡면 석현리 정도영(鄭道永)부인 유씨,
김관목(金寬睦)부인 김태환(金泰煥)

백곡면의 경찰관 주재소에 근무하고 있던 산가쿠(三角) 순사는 전쟁이 일어나자 바로 입대하여 제일선에 서서 활약하고 있었다. 그러나 8월 25일 전사하였다는 소식이 진천경찰서에 전해졌다. 경찰서에서는 9월 3일 산가쿠(三角)순사를 위해 가제단을 설치하여 추도회를 개최하였다. 다음 날 경찰서의 접수처에는 두 늙은 부인이 방문했다.

"우리들은 산가쿠(三角) 순사가 있던 백곡면 사람입니다. 산가쿠(三角) 순사가 전쟁에서 돌아가서서 오늘 추도제가 있다는 것을 듣고 이렇게 왔습니다. 찾아뵙게 해주십시오."

접수계 순사는 깜짝 놀라 두 할머니에게 물었다. 두 사람은 조용히 대답했다.

"나는 김태환이라고 하고, 이쪽은 유씨라고 합니다. 백곡면에서 산
가쿠(三角) 순사에게서 큰 보살핌을 받았습니다. 예를 표하지 않으면
안 됩니다."

유씨 할머니는 50세, 김태환 할머니는 58세 노인이었다. 게다가 백곡
면에서 2리가 넘는 곳에 살았다. 접수계는 놀랐지만 감동을 받고는 서장
에게 알렸다. 서장도 무척 기뻐하면서 두 할머니를 제단으로 직접 안내했
다. 두 할머니는 제단에서 참배한 후 이렇게 말하면서 눈물을 흘렸다.

"우리 면 사람들은 당신이 건강하게 개선하기를 기원했습니다. 그
런데 이와 같은 모습이 되어 정말 안타깝습니다."

서장을 위시하여 함께 있던 이들 모두 끝내 눈물을 흘리고 말았다. 그
리고 다시 제단에 있는 산가쿠(三角)의 사진을 우러러 보았다. 향토의 민
중에게서 이렇게 사랑을 받는 것을 보니 내선융화를 실현하려고 노력했던
산가쿠(三角)의 생전 그림자가 떠올라서 눈물이 멈추지 않았다.

13. 유족에게 담배 가게를 양도하다

경남 마산부 상남동 조판용(趙判用)

그는 올해 60세 되는 노인으로 오랫동안 담배가게를 운영하는 것이 바
램이었다. 지난 북마산 파출소 앞의 담배 소매인 배상수가 담배 소매점을
그만둔다는 말을 듣고 가게의 도구 일체와 남은 담배 대금을 지불하고 인
수하게 되었다. 부산부 출신의 명예 전사자 우에하라 슌지(上原俊二)의
유족 우에하라 소우(上原操)는 이를 알지 못하고 오카부(岡部) 판매소장
을 방문해 앞에서 기술한 담배소매점을 경영하고 싶다고 말했다. 하지만

소장은 이미 소매인이 결정되었다고 알리고는 노인에게도 그런 사정을 말했다. 그 노인은 소우의 처지를 상당히 동정하였다.

> "나는 무엇 하나 후방의 임무를 하지 못했는데 명예로운 순국용사
> 의 유족이 담배 소매업을 희망한다면 양보할 것이니 저 분이 할 수 있
> 게 해주십시오."

이렇게 말하자 오카부 판매소장도 크게 감동하여 바로 가게를 유족이 경영할 수 있게 하였다. 소우도 아름다운 마음에 깊이 감동해 눈물을 흘리고 노인에 대해 깊은 감사의 뜻을 표했다고 하는 참으로 듣기에도 좋은 감격의 미담이 있었다.

14. 입대 용사가 보인 미담

전북 전주부 상생정 스에노부 후지오(末延不二雄)

그는 원래 전북 전주부 상생초등학교 교사였는데 1938년 6월 28일 함북 회령 연대에 소집되어 북조선의 국경수비대에서 근무하였다. 연말이 다가오자 입대 용사의 가족 가운데 빈곤한 가정에 뭔가를 드리고 싶다고 해서 최전선에서 20원을 우송하였다.

15. 면민이 입대가족을 위해 노역을 인수함

황해도 재령 북률면 면민(北栗面民) 일동은 입대자 가정을 지원하기 위해 면내 또는 리에서 한 집에 한 사람씩 출역하였다. 농번기 노동제공이나 벼 베기를 위시하여 탈곡에 이르기까지 지난 해 9월 24일부터 도움을 시작했다. 더불어 그 면의 재향군인 분회원, 청년단원, 동양척식 청년단원은 지정된 날짜에 점심을 휴대하면서 수확을 지원하였다.

16. 농촌진흥 실행 조직원의 뜨거운 정성

전남 나주군 세기면 내정리 부치(扶峙) 농촌진흥실행조합

본 조합에서는 같은 면에서 출정한 곤도 타케오(近藤茂雄)를 후원하고 그 가족도 위문하기로 약속했다. 조합원은 30명이었는데 모두 1리 이상 떨어져 있는 곤도의 가정을 방문해 22마지기 논의 제초와 각종 작업을 열심히 수행했다. 곤도가 없는 가정이었지만 동포의 따뜻한 마음에 다들 깊이 감동했다. 가족들이 감사하는 마음으로 점심을 대접하려고 했지만 조합원들은 완강하게 거부했다.

"우리들은 이렇게 출정한 사람들의 집을 위해 일하는 것만으로 나라에 성의를 다하려고 합니다. 그렇기 때문에 점심을 대접받지 않아도 괜찮습니다."

이 아름다운 이야기는 널리 전해져 큰 감동을 주었다.

17. 출정군인 가족의 위문 부조

전남 무안군 이로면 청년회

농업을 하고 있던 야마구치 쯔토우(山口傳三)은 전쟁에 나갔는데 야마구치 가족은 7명 모두 여자였다. 때문에 야마구치는 걱정스러웠지만 어쩔 수 없이 출정하였다. 남자도 없는 상황이라 야마구찌 집은 더 이상 농사를 지을 수 없는 형편이었다. 이 소식을 들은 이로면 청년단에서 분연히 일어섰다. 단장은 단원을 모아 야마구치의 뒷일을 책임지도록 하고 농작물에 대한 제초, 수확, 건조, 조제, 운반 등은 공동으로 하기로 했으며 뿐만 아니라 위문금을 모아 증정하였다.

18. 눈물겨운 유족의 원호

평남 진남포부 명협정(明峽町) 야마우라젠에몽(山浦善左衛門)

그는 1916년 경 가족을 데리고 진남포에 이주해 온 사람이었다. 원래 마음이 따뜻하고 독실한 사람으로 일터에서도 신망이 두터웠다. 더욱이, 부내의 명협정(明峽町)에 사는 엔도 시케상(遠藤重三)이 1937년 7월 늙고 병든 어머니와 산달이 가까운 부인을 남기고 용감하게 출정하였다. 부인은 머지않아 남자아이를 출산하였는데 그 후 모자가 건강이 좋지 않았고, 특히 부인은 점점 중태에 빠졌다. 이것을 들은 야마우라는 어떻게든 도와주려고 팔방으로 손을 써서 병원에 입원 수속을 밟고 밤낮으로 치료에 전념하였다. 그러나 부인은 병상의 모친과 젖먹이 아이를 남기고 최전선에서 분전중인 남편 엔도를 그리워하는 마음을 간직한 채 사망했다. 이 가련한 모습을 보고 야마우라는 더욱 동정의 마음을 갖게 되었다. 그러면서 출정용사의 노고에 보답하면서 후방에서 뜨거운 정성을 다할 때가 바로 지금이라 여겨 불쌍한 노모와 젖먹이를 집으로 데려와 생활비 및 의료비 기타 모든 경비를 대면서 부모와 같은 애정을 가지고 보살폈다. 그 보람으로 노모도 아이도 점차 건강을 회복하면서 야마우라의 걱정을 덜어주었다. 노모는 아이를 데리고 올해 4월 30일 감동의 눈물을 흘리며 부산에 있는 시케상의 누나에게 내려갔다. 이 후방의 독행 미담은 누구랄 것 없이 주변의 화재가 되어 상당한 칭찬을 받았고 그해 2월 11일 경사스런 기원절에 독행자 표창에 선정되어 도지사 표창도 받았다.

19. 출정군인 가정에 근로 봉사

황해도 해주군 가좌면 용호리 236번지에서 농업을 하는 요네가와 신죠 (米澤親章)는 1937년 7월 13일 출정하였는데 가족으로 부인 유에(友惠, 27

세), 장녀 아야코(文子, 4세), 장남 쇼타로(章太郎, 1세)가 있었다. 부인은 어린아이를 안고 논 3정보에서 농사를 지었다. 추수 때가 되자 용호리 청년단원 윤주하(尹周河) 외 5명, 국봉리 청년단원 정중성(鄭仲成) 외 3명은 9월 8일 수확기에 있는 조생종 벼 6반보와 찹쌀 4반보 3무에 대한 벼베기를 완료하였다. 더욱이 남은 2정보 6반보는 남창, 용호, 국봉의 각 청년단의 근로봉사로 추수했다. 이는 내선융화와 황군감사의 아름다운 모습이다.

20. 응소군인 가족에게 취직 알선

황해도 해주군 가좌면 취야리(翠野里) 코가 타케시(補步古賀武)는 전쟁으로 소집되었다. 부친인 효타로(平太郎)은 취야 담배판매소의 주임으로 근무 중 본인 입대 4일전에 사망하여 어머니(당 47세)와 여동생 3명이 생활고에 시달렸다. 이에 전매당국에서는 어머니와 여동생을 관내 서석면 율동리에 이주시켰다. 담배소매를 허가해주었음에도 판매가 좋지 않아 생활이 곤란하자 지동주재소 순사는 거주지 부근에서 공사중인 조선화약회사 공사 관계자에게 입대 군인 가족의 일을 알리고 그 집에서 담배를 구입 하게끔 했다. 그 결과 현재 매일 40월 내지 60원의 매상으로 생활의 안정을 찾았다.

21. 영령 및 상이자 사진을 올려 위령 및 평유를 기원

경남 동래군 동래읍 온천리 48번지
야마나카 마사에(山中マサエ, 1881년 4월 18일생)

그녀는 이번 전쟁 이후 지금까지 신문에 난 전사자, 상이군인 이름과 사진을 오려내 별실의 벽 사이에 걸고 매일 아침 식사, 꽃, 차, 과일, 담배 그 외의 물건을 함께 놓고 향을 피워 추도위령과 상병자의 평안을 기원하였다. 특히 크게 상처입은 후지세이(藤淸之亞) 상등병을 동정하여 별실에 사진 및 출정 당시의 신문기사를 첨부해 장식하고 매일 밥상을 내어서 오직 병이 낫기를 기원하는가 하면 소재를 확인해서 위문주머니를 보내려고 계획하였다. 최근 그의 선행이 소문으로 알려지게 되어 숨은 선행자라고 칭송을 받았다.

22. 유가족의 위문행

전선에 찾아온 겨울에도 아랑곳하지 않고 북중국에서부터 남중국까지 세계 전사를 바꿀만한 황군의 맹 진격은 이미 중국 일대를 덮었고 각처에 일장기가 날리는 혁혁한 무훈이 전해지고 있다 이에 후방의 열성은 천인침으로, 위문주머니로 도처에 꽃이 피고 만발하고 있는데 여기에도 아름다운 애국미담이 있다. 서울의 양정고등보통학교에서는 직원인 서봉훈(徐鳳勳), 양주화(梁柱華) 두 사람과 학생 대표 20여 명이 출정군인의 유가족 위문행을 계획해 봉래 마을(오늘날 서울 만리동)의 나까노 신타로(中野眞太郎) 외 10개 가정을 방문하여 과자를 기증하는 등 눈물겨운 애국의 열정으로 동네 사람들을 깊이 감동시켰다.

23. 노인의 입대군인 가족에 대한 봉사

황해도 안악읍 수삼리 김두섭(金斗燮)

그는 70이나 된 노인이다. 구한국 시대 군서기로서 봉직하였고 한일합방 후 십 수 년간 수삼리 구장으로 그 지역을 위해 진솔하게 살아온 경력자였다. 항상 내지인(일본인)과 만나는 것을 좋아하는 등 내선일체(內鮮一體)를 행하는 갸륵한 선비였다. 이번 전쟁이 일어나고 10월 10일 안악경찰서 직원 가이타 오시오(海田義雄)가 부인과 아이를 남기고 입대하자 가족들에게 자택의 일부를 무상으로 제공하고 아침저녁으로 충실히 돌보는 것을 즐거움으로 삼았다. 또한 늘 시국관련 각종행사에는 솔선해서 참가하고 신사참배와 같은 일은 결코 빠지는 일이 없었다. 김씨와 같은 사람이 보통사람들로부터 스승님처럼 경모받는 것은 당연하다.

24. 지주를 원조

경북 영천군 금호면 덕성동 니시무라 마사노부(西村政信)와 이웃에 사는 소작인 9명이 만든 미담이다. 니시무라가 전쟁으로 입대하자 그 집에는 노모와 병든 부인, 그리고 두 어린아이만 남게 되었다. 때문에 일손이 부족해 가족이 자작하고 있는 2두락의 논일을 도와줄 사람이 없었다. 이를 알게 된 소작인 9명은 니시무라 논의 제초와 관개 그 밖의 일을 대신하였다. 이것을 들은 마을사람들은 이 아름다운 모습에 감격하고 논의 두번 째 제초부터는 마을사람까지 참가해서 도움으로써 니시무라를 후방의 근심에서 벗어나게 하였다.

25. 황해도 해주군 가좌 공립 심상초등학교 아동의 뜨거운 정성

위 학교 4학년 이상은 출정군인 요네자와 신죠(米澤親章)논에서 벼를 베었다. 그날 오전 6시에 모였는데, 해남면과 울록면에서 오는 원거리 통학생도 많았지만 지각하는 사람 없이 전원이 모여서 일을 시작하였다. 진심으로 남녀 할 것 없이 각자 맡은 분량을 해결하고 협력하여 땀범벅이 되었으며 정오까지 1정보 2단보의 벼베기와 쌓기 등을 마쳤다. 또한 6학년 여학생 들은 서로 논의해 자발적으로 질경이를 채집해서 판매하고, 대금 80전을 담임선생님에게 국방헌금으로 제출하여 전 직원들에게 큰 감동을 주었다. 5학년 이하의 여학생들도 이를 따랐고, 5학년은 1원 36전, 4학년은 1원 37전, 3학년은 80전, 2학년은 17전을 모아 국방헌금으로 내었다. 금액이 얼마 되지 않았음에도 아동들이 자발적으로 이룬 것으로 급우들이 힘을 합치고 자기 주변을 한번 되돌아보는 기회가 되었다. 길옆의 풀을 채집해서 국방헌금으로 하는 것은 여학생들에게 있어서 참으로 믿음직한 모습이었다. 5학년 6학년 남녀학생이 출정군인인 요네자와 가족의 제초 작업을 하였을 때는 때마침 비가 내려 흠뻑 젖었지만 "출정한 요네자와의 처지를 생각하며 하자"라고 하면서 서로 힘을 합치고 야영 노래를 부르면서 약 6단보나 되는 논에 제초 작업을 모두 마쳤다.

26. 남편을 대신한 일가의 보살핌

경남 함안군 함안면 다이키치 아사요(大吉朝代, 1912년 1월 5일생)

다이키치 아사요의 남편 히데노리(大吉英則)은 경남의 순사로 재직했다. 그러나 1937년 7월 12일에 입대하여 카와기시(川岸) 병단(兵團)의 스즈키(鈴木) 부대에 배속되어 최전선에 출정하였다. 출정 2개월 전에 결혼했으며 원적은 멀리 사가(佐賀)현이었다. 출정군인의 부인으로 국가 비상시국 하에서 함안군 함안면에 안주할 수 없다고 하고 남편의 원적지에 돌아가 남편을 대신해 집안(7인)을 보살피기로 결심하고 12월 5일에 귀향했다. 그녀는 부모에 대한 효양은 물론 남편의 형제자매의 보살핌, 일가의 살림을 인수해 마음과 몸을 닦고 출정군인 가족다운 명예를 높이기 위해 전력을 다해 노력하였다.

27. 마을 사람의 부조

황해도 은율군 북부면 금산리 131번지의 간수 토쿠에이(德永淸晴)의 부인 모토노(당시 25세)는 금산포형무소 간수 고노이치(小路一)가 소집을 받아 입대하였다. 부인 카츠기는 임신 중으로 병상에서 신음하고 있었기

에, 분별력과 판단력이 떨어지는 어린 장남 도시유키(敏行, 당시 4세)를
보살펴 줄 사람이 없었다. 모토노는 충심에서 우러난 동정심으로 그 후
약 20일간 카츠기의 병세가 완쾌되기까지 그 집을 출입해서 병자를 간호
하고 아이를 보살핌은 물론 식사와 청소를 비롯한 모든 일을 대신해주어
친척들도 하지 못한 원조를 해주었다.

28. 부조두(副組頭)가 보인 미담

원적지 효고현(兵庫縣) 츠나군(津名郡) 우리무라(浦村)
오지가와(大字河) 내 88번지
현주소 전북 군산부 원정(元町) 3번지 와키타 슌지(脇田春次)

그는 미곡상을 경영하면서 군산의용소방조 부조두(副組頭)로 활약하
고 있었다. 또한 공공을 위해 노력하여 군산 부민으로부터 존경을 받아왔
다. 이번 전쟁이 발발하고 평소 친밀하게 지내던 사람들이 입대하여 전쟁
길에 오르는 것을 보고 입대군인들의 근심을 없애기 위해 끊임없이 입대
군인의 유가족의 생활 상황에 주의하고 있었다. 군산부내 금광촌 167번
지에 살던 모씨(1937년 7월 ○○일 보병 제79연대에 입소)가 출정하자
부인이 두 아이를 양육하고 있었는다. 그런데 큰딸 아키코(昭子, 당시 5
세)가 눈병에 걸려 수술이 필요 하였다. 그러나 돈이 없어 곤란하다는 소
식을 듣고 와키타는 20원을 주면서 즉시 입원시켰다. 또 부내 강호정 38
번지의 모씨(1937년 7월○○일 보병 제78연대 입대)의 집에서 부인과 아
이 5명이 생활하는데, 사정이 무척 어렵다는 말을 듣고 매달 20원(6개월)
을 후원하는 등 많은 선행으로 후방의 미담이 되었다.

29. 격리실에서 원통한 잠꼬대

부산부 부평정 1정목 23번지 아오키 겐사쿠(靑木謙作)

그는 부산소방조의 의용소방수로 예비역 공병 오장이다. 천성이 쾌활하고 의협심이 많아서 현재 부산재향군인회 부평분회 회장이라는 중책을 맡고 있다. 전쟁이 발발하자 7월 동원 명령을 접하고 한번 죽어 나라를 지키고자 7월 ○○일 ○○연대에 입대하게 되었다. 그런데 출발 직전, 불행히도 열병에 걸려서 일어설 수 없었다. 그는 명령장을 쥐고 이를 악물면서 뭐라도 하고 싶었다. 의사는 발진티푸스[54]라고 진단하였고, 부립병원으로 이송되었다. 격리된 독방에서 가슴에 맺힌 말을 내뱉으면서 한탄하였는데, 그 모습을 본 주변의 간호부들도 감동했지만 달리 위로할 말이 없었다. 절대 안정을 취하면서 경과가 나날이 좋아져서 입원한 지 약 한달 후에 퇴원하였다. 그는 곧바로 복무탄원서를 군 당국에 제출하였고 응소명령을 받고서 마침내 입대하였다. 출발 무렵 전별금이 답지하여 모두 65원이나 되었는데, 발열로 출정이 연기되자 그 돈을 국방헌금 및 출정장병 가족 위문금으로 전해 달라며 ≪부산일보사≫에 기탁하였다. 애국정신의 발로라 할 만한 그의 돈독한 행동은 군인의 미담으로 두루 칭송을 받고 있다.

30. 국위 선양 무운 장구의 기원제

경남 진주읍 진주불교부인회(조선인)

본 회원 200여 명은 전쟁 이후 국방헌금으로, 황군가족 위문으로 많은 금액을 헌납하고 더욱이 1937년 8월 25일 오후 1시부터 4시 30분까지 촉석루(矗石樓)에 불상을 안치하고 승려를 초빙해 '국위선양 무운장구'라는

---

54) 발열(發熱)과 발진(發疹)을 수반하는 열병(熱病).

이름의 기원제를 행하였는데 출석한 사람이 무려 천여 명에 달했다. 당일 읍장은 일반에 대한 감사의 뜻을 표현했으며 동시에 전쟁 발발의 기원, 후방 국민의 각오 및 부인이 취해야 하는 일 등에 대하여 상세하게 설명하여 큰 감동을 주었다.

31. 입대가족의 가업을 원호

황해 재령군 남율면 강교리 333번지
오오야 미츠요시(大屋光義, 1905년 12월 28일 생)

그는 1920년 동척(東拓) 이민으로서 들어온 이후 항상 공공을 위하고, 혹은 타인을 위해 물심양면으로 활약하여 일반 면민의 칭송 대상이 되었다. 때마침 전쟁 발발과 함께 관내에서 4명의 명예로운 출정병사가 나왔고, 이들의 가족들에 대한 원호를 아끼지 않아 시골마을의 귀감이 되었던 경우이다.

미츠요시 가족은 부부 두 사람으로 자소작 합계 논 7정보 정도를 경영하고 있었다. 관내에서 출정병사가 나가면서 농사를 지을 수 없게 되자 출정병사의 집이 경영하고 있던 논 4정보 5반보를 무보수로 도맡아 경작해주기로 하면서 합계 논 12정보를 경영하였고, 동시에 400여 석의 볍씨 또한 인수하고 싶다는 뜻을 제의하였다. 이렇게 거듭되는 그의 후원에 가족들도 감격하면서 "그 후의는 깊이 감사합니다만, 아무쪼록 실비만이라도 받아주길 원합니다"라고 탄원하니 그도 가족들의 진심을 헤아려 실제로 든 비용에도 미치지 않는 수수료만 받았던 것이다.

32. 소집 후 부락민 일동이 가사 일체를 돌봄

본적 교토부(京都府) 아마다군(天田郡) 후쿠시야마촌(福知山村)
시와몽시(字和文市) 83번지
현주소 황해도 신천군 신천읍 원암리(猿岩里) 원동(猿洞)의 이마다
나오이치(今田直一, 농업) (당 33세)

그는 10년 전 위 주소지로 이사와서 농업에 종사하며 항상 부근 소작민들에게 모범을 보이고 덕을 숭상하였던 모범적인 인물이다. 1932년 농촌진흥 · 자력갱생운동이 제창되자 흥풍회장(興風會長)에 추대된 그는 부락민의 소작지를 살피고 금융방면에 이르기까지 사심을 버리고 지도에 힘쓰며 실천궁행하여 실로 엄청난 노력을 계속하였다. 모내기철이라면 심한 더위도 마다하지 않고 부근 소작인들의 논을 돌아보고 경작 · 관개를 해야 할 상황이면 아무런 이의없이 자신은 일하고 소작인은 쉬게 하여 격려하였다.

또 화재예방, 도박행위의 엄금 등에 유의하여 최근 수년간 한 건의 도박 범행도 일어나지 않게 함으로써 이르러 내선일체의 온정과 부민의 숭경을 한 몸에 받았다. 한편으로 제국 재향군인 신천 분회원으로서 모임을 위해 헌신하고, 회원의 향상 · 지도를 도모해 표창을 받는 등 보기 드문 청년 인격자로서 평판이 있는 인물이다.

그런데 전쟁이 발발하자 육군보병으로, 입대하게 되었다. 때문에 이마다가 부락에서 없어진다면 부락민들에게는 깜깜한 밤에 등불이 사라지는 것과 다름없었다. 그렇지만 그가 호국의 최전선에 서서 포악한 중국군을 응징하기 위해 자신은 물론 부인과 자식, 부모와 형제를 남기고 용감하게 출정한다는 사실을 깨달았다. 이에 동민 일동은 한 자리에 모여 협의하기를 이마다의 평소의 깊은 은혜에 보답할 시간은 바로 이때라고 하면서 현금 40원을 갹출하여 주고자 했다. 뿐만아니라 신천신사 앞에서 신천읍 재향군인 분회 주최로 무운장구(武運長久) 기원제를 거행하고자 하였다. 기

원제 때에는 먼저 "축 이마다 나오이치(今田直一)의 출정"이라고 적힌 기다란 깃발을 여러 개 흔들며 선두에는 동민 126명이 각각 일장기 수기를 들고 하나가 되어 20정(2킬로미터 이상)을 행진했다. 이마다는 일반 면민과 함께 신천역전에 이르자 마치 인자한 아버지와 이별을 아쉬워하는 것 같이 눈물을 흘리고 이별을 아쉬워하며 함께 수기를 힘차게 흔들었다. 이렇게 일반 면민들이 이마다의 출정을 격려하며 배웅하는 태도를 보는 것은 시국의 생생함과 최고의 내선융화 모습을 보여주는 미담으로서 감동하지 않는 자가 없었다.

　오히려 면민들은 이마다에게서 받는 가르침을 저버리는 것은 나라에 대한 불충이라 생각하고 부락이 일체가 되어 농업에 정진하여 생업보국의 마음을 불태워 모범부락의 실현에 매진하자고 하였다.

33. 열성이 비친다

진영공립심상소학교 3년생 박귀동(朴貴東, 11세)

　그는 대서업자 박치근(朴致根)의 장녀이자 경남 진영공립심상소학교 3년생으로 다음의 편지와 현금 50전을 첨부하여 경찰관 주재소로 보내왔다.

　　기(記)
　　우리는 그늘에 있어도 덥다고 말하고 있는데 화씨 130도(약 55℃)나 되는 더운 날에 나라를 위해 열심히 일하고 있는 군인들은 어떠할지. 비록 얼마되지 않지만 출정군인의 가족을 위하여 사용해주세요.

34. 유가족에게 드리는 익명의 떡값

전장에 지팡이나 기둥처럼 의지하던 남편과 자제를 보내고 군사후원연맹으로부터 부조금을 지급받으며 괴로운 마음으로 부내에 살고 있는 피부양자 ○○○가족에 대해 어떤 부민이 경성군사후원연맹의 손을 빌어 익명으로 한 가족당 5원씩 1천여 원의 설날 떡값을 보내 유가족을 감격케 한 기특하고 도타운 사연이 있다. 기증인이 누구인지 알 수 없었지만 그 후 조사에 의해 부내 장곡천정(長谷川町, 오늘날 서울 소공동)의 미야바시(宮林泰司)였음을 알고는 이 사실에 감격한 경성군사후원연맹에서는 감사장을 보내었고 이같이 후한 마음을 전달받은 유가족들은 편지 백수십 통을 보내 감사의 뜻을 표하였다.

35. 유지의 헌금

전북 전주부 대정정 2가 인창환(印昌桓)

그는 전부터 각종 공공사업에 사재를 털었고, 사회 교화 사업을 촉진하는데 공헌해 왔다. 장남이 결혼할 때 때가 때인 만큼 피로연도 간소하게 하여 비상한 시국 아래에 처한 후방국민다운 마음과 뜻을 표하기로 결심하면서 피로연 비용을 절약하여 생긴 500원을 전주부에서 소집된 출정 유가족 위문금으로 사용하라며 헌금하였다.

36. 근로 작업에 의한 출정에 응한 군인가족을 원호

충남 서산군 정미면(貞美面) 각리(各里) 진흥회 일동

이들은 근로보국일의 보국 작업을 하면서 생긴 밤 15포(5되짜리)를 구입해 서산군에서 출정한 군인 유가족을 위문하도록 서산군 군사후원연맹에 증정 방법을 의뢰하기로 하고 남편들이 입영에 응한 군인가족에게 전달되도록 절차를 마쳤다.

37. 출정군인의 유가족을 원호

충남 공주군 공주읍 욱정(旭町) 박준상(朴準相)

그는 출정 군인의 용전분투에 감격해 감사의 뜻을 표시하고자 1938년 12월 20일 공주읍 출정군인후원회에 100원을 지참하고는 공주읍내의 출정군인 유가족에 연말위로금으로 드리고 싶다는 뜻을 내비쳤다.

38. 귀향 청년의 유가족 위문 헌금

오사카시 스미요시구(佳吉區) 오지마치(王子町) 3가 오사카시 역소 고용원 강현수(姜玄秀). 그는 친어머니의 병문안을 위해 전북 고창군 설송면에 돌아온 김에 고창(高敞) 경찰서를 방문하였다.

> "고향 마을에 돌아와 보니, 내선일체 후방의 부지런하고 필사적인 모습을 보고 감격하지 않을 수 없었습니다. 이렇게 이야기하는 것도 황군장병의 덕분이며 약소하지만 군내 출정군인 유가족 위문 비용으로 사용해 주십시오."

그러면서 1원을 내밀었다. 그는 지난 1932년 일본에 도항하여 제철공으로 일하였고 현재는 오사카시 역소에 근무하는 성실한 청년이다.

39. 출정군인 가족에 셋집을 무료로 제공

경남 고성군 고성읍 성내동 우편소장 엔도 카오루(遠藤薰, 58세)

그는 고성 국방의회장, 고성출정군인 후원회 부회장 등 군사후원단체의 요직을 맡아서 그 곳에서 믿음과 덕망이 유달리 두터웠다. 1937년 7월 전쟁 발발 이후 항상 출정군인 유가족에 대한 위문과 같은 원호에 헌신적인 노력을 했고, 그의 아름다운 선행은 하나하나의 솔선수범한 것으로 지방 인심을 교화하고 시국을 인식하게 한 공적이 컸다. 그래서 그의 공로를 두세 개 예로 들고자한다.

1. 출정군인 하세베 키요시케(長谷部淸重) 가족은 수년 전부터 엔도의 셋집에 살고 있는데 1937년 7월 하세베가 출정한 이후, 아버지 게바(系馬)가 큰 병을 얻어 그 해 11월에 사망하였고 남은 가족은 어머니 및 남동생과 여동생뿐으로 생활도 유복하지 않다는 것을 안 엔도는 1937년 1월 이래 밀렸던 집세를 안 받겠다고 하면서 오늘에 이르고 있다.

2. 출정군인 우지마(牛島勝) 가족은 통영군 광도면에 거주하고 있었는데 지난 1937년 7월 무렵 고성 읍내로 이사하기를 원한다는 소식을 듣게 되자 엔도는 자기 셋집을 무료로 제공하여 오늘에 이르고 있다.

3. 고(故) 다케시다(竹下) 하사가 전사하자 유족들이 일본으로 이사하는데 열심히 원조 하여 지방 민중의 존경을 한 몸에 받았다.

40. 감격에 겨운 소년

황해도 곡산군 신평 공립 심상소학교 1년생 배철화(裵哲和)

그는 신평 전매국 판매소장 배달문(裵達文)의 장남으로 올해 만 7세의 소년이다. 올 봄 1년생으로 입학했는데 평소 가정에서 엄격하여 예의범절에 따르고, 학교에서도 항상 반에서 모범생이었다.

어느 날 선생님께 고(故) 이인석 상등병의 이야기를 듣고 집으로 돌아왔는데 아버지에게도 그 이야기를 들었다. 감격한 배철화는 자신의 애국저금에서 돈 1원을 꺼내 "이것은 작은 정성이지만 나라의 근심을 덜어주세요"라고 하면서 능숙하지 않은 일본어로 쓴 쪽지와 함께 선생님께 제출하였다. 이것을 받은 선생님은 감격을 이기지 못해 군사후원연맹을 통하여 고(故) 이인석 상등병의 영전에 바쳤다.

41. 소집에 응한 군인의 집안일을 돕는 보국대원

충남 아산군 신창면 오목리 근로보국대

이 마을에 사는 후쿠타 헤이죠(福田兵藏) 가족은 3남 후쿠타 토시오(利男)가 농사지어서 겨우 생계를 유지했는데 1938년 8월 토시오가 입영하면서 수확이 곤란하게 되었다. 이러한 사실을 듣고 마을(里)의 아라카키(新柿) 근로보국대원들은 모두들 나서서 수확을 마무리하였다.

42. 출정군인의 아내 사망에 대한 유아의 동정

황해도 해주군 금산면 신창리 신주막 부인 흥풍회(新酒幕婦人興風會) 대표 경(景)씨의 장남 김형순(金炯淳)은 당시 금산공립보통학교에 재학 중에 있었다. 때마침 ≪경성일보≫에는 "건강하고 용감한 사람의 아내"

라는 제목으로 진남포에서 출정한 엔도 순사의 아내가 임종한 이야기가 실린 신문기사가 있었다. 이에 학교 당국은 학생들에게 사연을 알렸고 여기서 들은 아들이 어머니에게 알려주었다. 김형순의 어머니는 크게 감격하여 회원 일동과 상의하여 각자 형편에 맞게 갹출하여 4원을 모았는데, 그것을 부의금으로 보낼 방법을 신주막 주재소에 부탁하였다.

43. 세 청년의 헌금

전북 군산부 전주통 정림통점(井林桶店) 점원 박맹구(朴孟九)
무라타(村田)목공장 직공 이성기(李聖基) 김종성(金鐘成)

이들 세 사람은 모두 20세 전후의 청년인데 이번 전쟁이 발발하자 다사다난한 시국상황을 깊이 인식하는 계기가 되었다. 어떻게든 황군용사를 위문하려고 생각하고 있었는데 제자와 직인의 몸인지라 방법을 의논한 결과, 매일 밤 8시 반 일을 끝내고 세 사람은 남의 눈을 의식하지 않고 1전, 2전씩 보수의 일부를 손으로 만든 헌금함에 모았고, 마침내 3원 9전을 모은 다음 전장에서 활동하는 군인 아저씨에게 보내 달라고 군산경찰서에 제출하였다. 금액은 약소이지만 그 정신은 실로 후방에서의 뜨거운 정성이라고 말할 수 있다.

44. 군용 말먹이에 대한 최초의 헌납

황해도 서흥군 매양면에서는 전쟁 발발 이후 밤낮으로 황군의 무운장구와 전승을 기원하고, 또 황군의 연전연승에 진심어린 마음을 전하였다. 황군 병사가 출영하면 삼복 더위에도 피로한 기색도 없이 밤낮으로 신막역 앞에서 송영(送迎)을 하였는데 연인원이 1,954명에 달하였다.

또한 근처에 사는 면민들은 군마의 피로한 모습을 차마 볼 수 없어, 자진하여 청초 한 주먹씩을 그때마다 헌납하고 하루종일 만세를 외치며 멀게는 20km에서, 가깝게는 7km를 왕복했다. 귀가할 때에도 황군의 모습에 감격한 여운으로 당일 점심값 중에서 10전 또는 20전씩을 추렴하고는 신문지국 또는 주재소에 들러서 헌납을 의뢰했는데 액수만도 31원 50전에 달하였다.

45. 계속적인 헌금과 출정 군인 가족에 대한 무료진료

충남 당진군 합덕면 운산리 의사(공의) 최병숙(崔炳瓛)

그녀는 호서병원을 경영하면서도 면에서 추진하는 지방 공공사업 등에도 열심히 참여하여 일본인이나 조선인들로부터 상당한 신망을 모으고 있다.

전쟁이 발발하여 각지에서 응소군인이 출정하였는데, 전장에서 보여준 황군장병의 용맹하고 과감한 활동에 깊이 감격하였다. 그리하여 자신이 공중보건의로 도(道)에서 받는 수당 중 매월 5원씩 휼병금으로서 헌납하고 싶다고 하면서 1938년 12월까지 1년 6개월에 걸쳐 모두 90원을 헌납했다. 앞으로도 계속해서 헌납금을 낼 뜻을 비쳤다.

또한 현재 자신이 거주하는 합덕면 운산리에 응소출정하여 지금 북중국 전선에서 활약 중인 이데 킨사부로(井手金三郎) 가족(부인 이데 츠시)이 병든 세 명의 아이를 포함해 생활이 넉넉하지 못하고 충분한 양생(養生)도 어려운 점을 동정하여 1938년 2월부터 밤낮을 가리지 않고 왕진하면서 4월 15일 부인이 경성적십자병원에 입원할 때까지 약 2개월간 무료(약값 50원)로 치료해주었다. 환자는 물론 일반 주민들도 깊이 감격하고 있다.

46. 헌금 위문에 전력하다

경남 해운대부인회

위 부인회는 전쟁 발발과 함께 중견부인 18명으로 조직되어 이후 회원들은 굳게 협력하여 후방국민다운 노력에 전념하였는데 부인회의 주된 사적(事蹟)을 거론하면 아래와 같다.

본회는 설립 이래 회비로서 매월 1인당 10전을 걷고 회원 일동은 매월 폐품을 수집하여 이것을 매각함과 동시에 해운대 여러 여관의 유카타(湯衣)를 세탁하고 재봉 해서 얻은 수입으로 유지하고 있다.

<실시한 사업>

1. 국방헌금－1937년 8월 30원.
2. 출정군인 대접－1937년 8월에서 9월까지 다수의 출정군인이 해운대에 체류할 때 회원을 총동원하여 다과를 접대함과 동시에 군인의 셔츠 세탁.
3. 출정군인 가족 위문
   가. 1937년 8월에 사이다 반 박스씩을 네 집에 증정.
   나. 1938년 3월에 팥을 넣은 찰밥을 한 상자씩을 다섯 집에 증정.
   다. 1938년 7월 7일 전쟁1주년기념일에 설탕 한 상자(3근입)씩을 여섯 집에 증정.
   라. 1937년 7월부터 그 후 회원은 반을 나누어 매월 1회 출정군인 가족위문을 행하고 있음.
4. 그 외－1937년 7월 이래 4회에 걸쳐 방공연습이 있을 때마다 방공단원을 위해 식사를 마련해 제공.

47. 군인가족에게 우선적으로 쌀을 배급하다.

경북 영일군 포항읍 포항동 곡물상 나카타니 타츠오(中谷辰夫)

요즈음 쌀(白米) 부족이 심각한데 포항에서도 유난한 상황이었다. 이미 그는 특히 상이군인 가족과 군인유가족을 곤란하게 해서는 안 된다는 통지문이 있어서 소량씩이나마 식사에 불편하지 않게 배급하려고 신청을 하자 군 당국에서 이런 조치를 각 가족에게 통지한 바. 많은 가족이 크게 감격하였다.

48. 담배 가게를 출정군인 가족에게 넘겨주다.

평북 강계읍의 이백화(李白華)는 1933년 말 담배 소매인으로 지정을 받은 후 열심히 판매하여 우량 소매인으로서 표창을 받은 적도 있었다. 이번 전쟁에 대해서도 깊이 느낀 바가 있어 우연찮게 같은 읍내에 거주하는 츠무라 스게오(津村重夫)가 소집에 응하여 출정할 때, 그 가족 4명의 생활에 어려움이 있는 것을 보고 깊이 동정하여 그 가족인 츠무라 마사미를 점원으로 고용해 담배 소매를 담당하게 하였다.

이후 감읍했던 츠무라 마사미는 헌신적으로 일해서 매상도 갑절로 늘려 좋은 성적을 올리기에 이르렀다. 이렇게 열심히 일해서 감동을 받은 이백화는 마침내 담배점포 모두를 시세보다 헐값에 건네 주면서 자신은 폐업하니 마사미가 지정되도록 전매국에 요청하자 당국에서도 이에 감격하여 바로 지정 절차를 취하고 허가를 받도록 했다. 마사미는 이 같은 아낌없이 주는 마음에 뛸 듯이 기뻐 감격의 눈물을 흘렸다.

49. 군인을 보낸 집을 진심으로 위문하다.

충북 청주군 청주읍 본정 1번지, 떡장수 타츠 모리타로(達森太郞)

그는 그다지 넉넉하지 않은 생활을 하고 있지만 성품은 더없이 쾌활하고 정직하며 봉사적 관념이 넘치는 사람이다.

우연히 전쟁 이후 후방국민으로서 출정군인가정을 방문하여, 작은 정성이라도 표하려고 했다. 이에 올 7월 이후 매월 부부동반으로 1회 혹은 2회를 방문하고, 유아가 있는 집에는 떡 또는 카라멜 등을 약간씩 가지고 가서 유아에 나누어 주는 등 성심껏 위문을 하여 부근의 사람들을 감격케 하였다.

50. 유가족에게 세모(歲暮)를 증정하다.

충북 청주군 청주읍 본정 5가 미곡상 후지모토 히로키치(藤本廣吉)

그는 청주 소방조장이다. 지방공공사업에 지극히 노력했던 그는 공로가 현저한 독지가로 이번 전쟁으로 인해 입대 또는 출정한 장병의 유가족에게 세모(歲暮)를 맞아 "신년의 떡값으로 충당"하라면서 500원을 증정하고 그 교부 방법을 경찰부장에게 의뢰하였다. 경찰부에서는 감격하면서 그의 취지를 전하며 대신 교부해주었다. 이것을 전해들은 일반인들은 깊은 감명을 받고 칭찬하였다.

51. 출정군인가족의 집세를 면제하다.

진남포부 삼화정 79번지, 석탄상 타나카 카미카이치(田中嘉市, 당시 66세)는 자기 셋집에 거주하는 가족이 일등병 우에다 켄이치(上田健一)의 입대로 생활의 중심을 잃고 여동생의 근소한 수입으로 생계를 유지하고 있던 상황에 동정하여 7월 이후 매월 집세 7원 정도를 면제하니 부근 사람들이 흥겨워하였다.

52. 황군장병의 무운장구를 빌다.

충북 보은군 탄부면 대양리 김문규(金汶圭, 당시 43세)

그는 서울 근교로 여행가는 도중 최전선으로 가는 황군장병의 기세등 등한 의기와 후방 국민의 열성있는 전송 모습을 보고는 깊이 감격했다. 그러면서 "나는 불행하게도 최전선에서 활약하지 못하지만 후방에서나 마 크게 생업보국에 매진하지 해야겠다"고 결심하였다. 귀향해서 더욱 생업에 힘쓰면서 매일 오전 4시쯤 일어나 가족과 함께 출정군인의 무운 장구를 기원하고 위문품을 보내는 등 많은 사람들에게 지대한 감동을 주고 있다.

53. 듣기에도 아름다운 유가족원호

10월 ○○일 보병 제○○연대에 입대하는 경기도 개풍군 북하여현리 (北河礪峴里) 569번지의 후비역 보병인 일등병 나라키(楢岐二礪)는 여현 리 역전에서 우에다(上田) 석회공장에서 생산한 석회를 파는 직원이었다.

보수로 월 평균 50원 정도를 받아 아내 및 1남 3녀, 조카 등 6명을 부양 해왔다. 나라키는 본래 무산자(無産者)로 의지할 친척조차 없었다. 그런 데 덜컥 입대함으로써 가족들이 입에 풀칠조차 할 수 없는 망연자실한 상 황에서 군사부조를 신청하였다. 부근 주민들은 나라키 가족을 깊이 동정 하였고 같은 마을 진흥회장은 북하(北河) 각 리 진흥회장과 상의하여 쌀 과 장작 등 생필품을 돕기로 하고 그 취지를 관할파출소에 알렸다. 파출 소에서는 쌀은 군사부조(軍事扶助)로 청구를 하기로 하고 일단 급여를 털 어서 전달하였다. 10월 30일부터 각 부락진흥회에서 연료를 지원하도록 했으며 현재에도 진행 중이다. 이처럼 면민은 이들 가족을 한결같이 따뜻 하게 위문하려 하는 등 참으로 칭찬할 만하며 또한 내선일체의 중요한 실 적으로 높이 받들 만한 사례로 인식되었다.

54. 지원병 고(故) 이상등병의 영령에 바치다.

충북 보은군 마노면 마에다 쵸키(前田長喜)

전쟁 발발 이후 내선(內鮮, 일본과 조선) 국민은 혼연일체가 되어 이 난 국을 극복할 수 있도록 서로 경계하고 격려하면서 후방의 보호를 확고히 해왔다. 특히 위 사람은 평소부터 일반 면민을 대상으로 내선인이 서로 단 결하여 소기의 목적을 이루는데 매진해야 할 이유를 설명하는 등 시국인 식의 철저를 다져왔다. 그런데 7월 옥천군 출신의 지원병 이인석(李仁錫) 상등병이 장렬히 전사를 하자 유족을 위문하였고 이 상등병에 대한 감격 과 감사를 이기 못하고 5원을 쾌척하여 일반인들에게 큰 감동을 주었다.

55. "군국의 어머니"에 보낸 반도 소년의 순정

강원도 양양군 속초면 속초심상소학교 4학년 변장훈(邊章勳)

온몸에 애국의 뜨거운 혈기로 무장하여 화염에 쌓인 남경(南京)을 공습 하다 전사한 야마구치(山內) 대위와 "군국의 어머니"로 1억 동포의 아낌 없는 경모(敬慕)를 받고 있는 야마구치 야스코 여사, 이들과 생겨난 반도 소년의 뜻밖의 순정보.

이 소년과 야스코 여사의 사이에 오갔던 편지를 빌려 이러한 미담을 엮었다.

비행기, 비행기라고 하는 아우성과 함께 모두가 달려갔습니다. 올 려다보니 우릉우릉하는 프로펠러의 소리가 우렁차게 3대가 지나고 또 이어서 2대, 해군기념일에 관한 이야기를 나누며 놀고 있던 우리들 은 크게 기뻐하며 만세를 불렀습니다. 해군기념일이니 분명히 바다의 용감한 비행사일 것라고 생각하던 중에 나는 선생님에게서 들은 야마 구치 대위이야기가 문득 머리에 떠올랐습니다. 이들 비행기 중 하나에 야마구치 대위가 타고 있었더라면 얼마나 즐겁고 좋은 일일까!

야마구치 대위의 어머님께서는 건강하신지요? 일본은 머지않아 덥겠죠. 이 맘 때는 황군의 무운장구와 야스쿠니 신사에 신(神)이 되신 대위를 생각하고 계실 것이라고 봅니다. 레코드로 어머님이 띄운 편지를 몇 번이나 들었습니다.

"슬프면서도 외로울지라도 울지 않는 국가의 아이, 타츠오 대위님을 대신하여 천황폐하만세를 부르게 하게 된 훌륭한 어머님, 이런 어머님이 계셨기 때문에 일본의 군인들은 강한 것이다."라고 선생님도 말씀하셨습니다. 이 돈은 약소하지만 대위님이 평소 좋아했던 과자라도 구입하셔서 무덤 옆에 같이 놓아주시길 바랍니다. 앞으로 점점 더 워지기 때문에 몸조심하세요. 저도 어른이 되면 지원병이 되어 대위님처럼 나라를 위해 목숨을 다하겠습니다.

야마구치 대위의 어머님 안녕히 계십시오.

5월 27일

얼마나 갸륵한 편지인가? 총독부 해군담당자 통해 이 편지를 받아든 야스코 여사로부터 정성어린 편지가 도착했다.

편지는 감사히 받았습니다. 상(償)으로 받으신 소중한 1원을 고(故) 야마구치 대위의 영령 앞에 올리려는 그 마음. 참으로 감사하기 이를데 없습니다. 아무쪼록 감사하는 마음으로 잘 쓰겠습니다. 그리고 영전에 등명향화(燈明香花)를 바치면서 소액환을 봉헌하여 고운 뜻을 알리도록 하겠습니다. 삼가 도타운 배려에 감사 말씀드리겠습니다. 영혼조차도 감사의 눈물을 드리고 있을 겁니다. 당신이 지원병을 희망한다니 참으로 훌륭한 뜻입니다. 아무쪼록 늘 몸을 소중히 하고 열심히 공부해서 목적을 이루기를 기원합니다. 당신이 주신 돈은 뜻있게 사용할 것인지, 아니면 영구히 기념해서 보존할지는 당신의 뜻에 따르겠습니다. 미흡한 글이지만, 부모님과 여러 분들에게 깊은 경의를 표하고 감사 말씀을 드립니다.

6월 19일

변장훈은 학업도 우수하고 체격도 좋은 4학년의 반장이다. 그의 멋진 성장을 야마구치 야스코 여사와 함께 기대하고 싶다.

56. 입대한 점주를 대신하다.

주인집에 헌신을 다한 경성부 대도정 28번지
스키야마 켄키치(杉山兼吉) 집의 서보길(徐寶吉)

스키야마 켄키치(杉山兼吉)는 늙어서 큰아들 스키야마 카츠미(杉山勝身)(당시 24세)가 집안 일을 맡았다. 그런데 카츠미(勝身)가 지난해 10월 임시 소집에 의해 제2보충역 보병으로 입대하였기에 집안 사업이 걱정되었다. 이에 앞으로 닥칠 걱정을 덜고자 가산(家財) 전부를 매각하고 일본 본토로 돌아가기로 부모와 논의하고 있었다.

이 소식을 들은 고용원 서보길(徐寶吉)은 주인이 입대하여 가게가 문을 닫고 일본본토로 돌아가는 것은 어쩌면 당연하겠다고 여기면서도 후방을 지켜야 할 자신으로선 좌시할 수만 없다고 생각했다. 그래서 주인이 없더라도 상점은 자신이 맡아서 만전을 기하겠다고 하면서 주인에게 가게를 매각하고 일본으로 들어가는 일을 중지하라고 열정적으로 간청하였다. 그러자 스키야마(杉山) 일가는 그 성의에 감동해서 종래대로 계속 영업하기로 하고 경영 일체를 고용인인 서보길에게 맡겼다. 카츠미는 입대하였고 서보길은 약속을 지키고자 전심(專心)으로 영업에 힘썼다.

그 결과 예기된 불안은 완전히 사라졌고, 종전보다 오히려 번창하게 되었다. 남아있던 노부모는 서보길의 헌신적 봉사로 더할 나위없이 기뻐하였다. 그는 자신이 해야 할 봉공을 다한 것에 그치지 않고, 영업을 마친 후에는 매일 밤 조선신궁을 참배하여 멀리 떨어져 있는 주인 카츠미(勝身)의 무운장구를 기원하였다. 이때 늙은 주인도 그런 사실을 알게 되었다.

이웃 사람들이 듣고 전하기를 근래에 들어 보기드문 후방미담이라 평가하였는데 단지 후방의 미담에 그칠 것이 아니라 내선일체의 실제를 여실히 보여주는 사례라 할만하다.

제4장

헌금미담

제4장 헌금미담(獻金美談の部)

1. 절약에 나타난 뜨거운 정성

경기도 강화군 선원면 냉정리의 노명신은 늙은이로서 매일 가까운 광산에서 쇠망치를 두들겨 1원 70전의 수입으로 간신히 생계를 이어가는 광부였다.

전쟁 이후 동료와 불볕더위의 북중국 벌판에서 전력을 다해 싸워 혁혁한 무운을 세우는 황군의 활약을 듣고 매번 가슴아파하였다.

또한 각지 후방 미담과 애국 열정에 감격하면서 부유하지는 않지만 일상 생활에서 최대한 절약하여 얻은 돈과 종래부터 저금해오던 것을 모두 모은 전부를 돈 10원을 경찰서장을 경유하여 국방헌금으로 신청함으로써 관계 관민들을 감동케 하였다.

2. 늙은 시계 수선사의 헌금

평북 운산국 북진면 대암동 이청룡(李青龍)

그는 종래 북진(北鎭)의 동양합동광업회사에서 대암갱부(大岩坑夫)로 일했는데 1929년 11월부터 시계수선업으로 전업하였다. 가정에는 연로한 누이 이외에 어린 자녀 등 총 9명이 살고 있는데, 본인 한 명이 버는 시계 수선료로는 대가족의 생계를 이어가기에도 곤란했지만 인내심 강한 그는 인내하면서 가운의 만회를 위해 노력하고 있었다.

그 후 동업자가 속출하였고, 영세한 가게라는 단점에 더하여 기술 방면에도 경쟁력이 떨어져서 생활은 점점 궁핍해져갔다. 그럼에도 이번 전쟁이 발발하고 황군의 악전고투와 후방국민의 선행 미담을 인식하면서 보국의 정신은 일시에 타올랐다. 그러나 가난한 상황이라 헌금을 내지 못해 한탄하고 있었는데 문득 7년 전부터 월 5전씩의 간이보험을 내고 있는 것을 생각해냈다. 그리하여 기운차게 회사로 달려가 보험 해약을 신청하였다.

국장은 이청룡의 결의를 듣고서 보험도 나라를 위해 유효하게 사용하는 것이므로 계속 가입하라고 간절히 회유하면서 필요하다면 보험금 중에서 차입제도도 있다는 사실을 알려주었다. 그는 즉시 10원을 차입하여 지난해 12월 직접 국방비로 헌납하였다

본인은 지난해 봄 대암동 호수(戶首)에 선출되었으며 동민의 저축장려에 특히 유의해서 전력을 다하였다. 52세의 고령임에도 몸을 돌보지 않고 재차 동양합동광업회사 대암동 천준(川浚)인부로 취업하여 일급 1원을 받고 젊은이와 함께 노동에 종사하고 있다.

3. 매월 봉급의 반을 헌금

경기도 파주군 파평면 쵸세이 가쿠에이(長成樂榮)는 전쟁 이후 시국의 중대성을 깊이 인식하고 부하직원을 독려하고 후방의 임무수행 중에 있었다. 이번에 구장과 농촌진흥회장이 무보수나 또한 무보수에 가까운 활동을 하는 것을 보고는 자신은 봉급을 받는 것을 심히 괴로워하였다. 그래서 이번 전쟁이 계속되는 한 매월 봉급의 …… (원문)

4. 저금을 헌금해주세요

원문 결손⋯⋯한씨는 "지금부터 졸업 때까지 현금으로 저축할 것을 정해보았습니다. 이를 위해서 지금부터 다섯 배 열 배 일할 수 있습니다"

교장선생님은 감동해서 "훌륭합니다. 헌금으로 쓰겠습니다. 그런 각오로 앞으로도 계속 수고해주세요." 교장선생님의 눈은 축축해졌다.

5. 소사(小使)의 뜨거운 정성

황해도 봉산군 서종공립보통학교 홍우현(洪禹鉉)

그는 올해 스무 살인데 월급으로 겨우 13원을 받아서 어머니와 남동생과 여동생 등 5명의 가족을 책임지고 있었다. 지난번 후방국민의 의무에 대한 학교 선생님의 말씀을 듣고 깨닫고는 "앞으로 전쟁이 끝날 때까지 식사를 적게 하더라도 매월 헌금을 보내겠습니다"라는 편지와 함께 3원을 동봉해서 사리원 경찰서에 국방헌금으로 냈다.

6. 늙은 노파의 감격 깊은 헌금

경기도 수원군 수원읍 본정 아사누마 이쿠(淺沼いく)는 올해 74세라는 고령으로 남편과 사별한지 25년. 사별하자 홀몸으로 조선에 건너와 다도와 꽃꽂이 선생으로 명성을 날려서 오늘에 이르고 있었는데, 마침내 전쟁이 발발하였다.

비상시국아래서 월사금을 저축한 통장에서 5원을 인출해서는 이 돈은 "무척 조금이어서 별로 도움이 되지 못할 것입니다"라면서 국방헌금으로 내었다.

이 헌금이야말로 참으로 피땀과 열정의 결정체라 할 수 있다. 여장부 같은 그녀도 흐르는 세월과 싸울 힘이 다하여 지금은 허리가 굽어지고 체력은 쇠약해져서 보행도 자유롭지 않아 10걸음을 움직이고 허리를 펴서 숨을 쉬며 다시 20걸음을 가서 휴식하면서 천천히 걸음걸이를 계속하고 있다.

양식을 보관하고 있는 낡은 바구니를 한쪽 팔에 걸고 살금살금 걷는 모습을 보면서 동정하지 않는 자가 없었다. 사람은 자기의 의지 여하에 따라 재력이 있고 또한 체력도 있어서 노력봉사나 헌금 등을 쉽사리 할 수 있지만 그렇게 할 수 없는 아사누마 노인과 같은 사람은 체력은 물론이고 재력도 없는 사람임에도 오직 시국에 분기하여 이러한 행동을 보인 것은 진정으로 황군을 생각하는 일념에서 비롯된 것이다. 이에 일반인들이 크게 감동을 받았다.

7. 부인회원의 활동

충북 영동군 심천면 심천애국부인회

본 부인회에서는 8월 1일 면사무소에서 총회를 열어 일반인들이 시국 인식을 깊게 가지고 국가 관념을 충실하게 느끼도록 소형 국기를 제작하고 10전 정도의 가격으로 배포하기로 했다. 수익금은 국방헌금하기로 하고 즉시 실행에 옮겼다. 8월 4일부터 5일간 부인회원 30여 명은 두 반으로 나누어 각각 농가로 방문해 시국에 관한 설명을 하고 국기 구매를 권유하였다. 부락민은 부인회의 열의에 감격했고 다투어 국기를 샀을 뿐만 아니라 국기 가격으로 50전에서 5원까지 갹출하고 여기에 보리를 5되에서 3말까지 기부받는 등 예상을 넘는 성적을 거두었다. 이에 보리를 현금으로 바꾸고 해서 총 수입은 317원에 이르러 이것을 국방헌금으로 내었다.

8. 행상 이익금의 헌납

경기도 이천군 청미면 코이즈카 사키코(肥塚咲子)

그녀는 대일본 국방부인회 청미면 분회의 부회장으로 시국의 중대성에 비추어 일찍이 일반부녀자의 시국 인식을 높이는데 노력하였다. 전쟁 이후 한층 그 마음이 도타워졌고 어떻게든 국가에 도움이 되고자 생각해 낸 것이 바로 행상 이익금을 헌납하는 일이었다. 1937년 10월부터 자본금 10원으로 세탁비누·봉계·바늘·염료 그 외 일상 가정용품을 구입해서 비가 오나 바람이 부나 춥거나 눈오거나 부근 부락을 돌면서 장사를 하였고, 그러면서 시국 추이를 주지하는데 힘썼다. 처음에는 무척 힘들었지만 거듭할수록 부락민들도 이해하기 시작하고 그 마음가짐에 감탄하고 호의를 베풀기도 했다.

1937년 12월 7일 마침내 행상들이 제1회 수익금 10원 4전을 국방헌금으로 내었는데 오늘까지 전후 8회에 걸쳐 헌금 총액이 91원 29전에 달했다.

9. 평소 저축한 돈을 헌금하다.

황해도 재령군 재령읍 류화리 야나기모토 마키(柳本マキ)는 과부로서 이번 전쟁 이후 노령에도 불구하고 솔선하여 여러 차례 혼자 사리원역에 나가 출정부대의 환송과 위문을 하고, 혹은 읍내부터 출정병사에 대한 천인침[1]을 보낼 수 있도록 빠쁘게 돌아다니는 등 일반 주민을크게 감격시켰다. 그녀는 만주사변 당시부터 가까운 장래에 반드시 오늘과 같은 국가 비상시국이 올 것을 예상하고, 이후 오늘날까지 매 장날마다 근처의 소유지를 노천 상인에 대여하면서 작은 돈이나마 계속해서 저축을 하였다.

---

1) 출정 병사의 무운을 빌어 천 명의 여자가 한 땀씩, 붉은 실로 천에 매듭을 놓아서 보낸 배두렁이 따위.

만약의 경우 유사시의 국가 사변에 대응해야 한다고 생각하는 중에 때마침 이번 전쟁이 발발하였다. 그러자 다년간 자기가 생각하던 국가중대 시기가 도래했다고 생각한 그는 봉공에 뜨거운 정성을 다하는 것도 이때라고 하면서 급히 150원 59전을 국방기재비로 사용해달라면서 헌금하였다. 부민들은 이러한 미담을 듣고는 날이 새도록 칭찬해 마지않았다.

10. 헌금은 진심과 궁리에서 나오다.

한 집안의 큰 기둥으로 학교의 소사를 맡고 있는 강원도 철원 임복순(林福順) 가족은 지난해 농작 불황이었을 때 무척 가난했다. 그런데도 임복순은 "이러한 비상시국에 황군장사의 분투 사실을 알고서 헌금을 하지 않는 것은 자기 한 사람만의 후회가 아니라 우리 조직의 불명예라"하면서 일요일에 휴가를 내어 종일 논에 나와 메뚜기 5되를 잡았다. 그리고 교장 선생님에게 사정을 말하고 학교에서 키우는 닭의 사료로 그것을 40전에 팔아서 그 돈으로 헌금하겠다고 했다.

11. 제사(製絲) 여공의 헌금

국가를 생각하는 진솔한 마음에는 귀천빈부의 차이란 없다. 일찍부터 생활의 쓴 경험을 당한 불우한 사람들이 오히려 그런 솟구침이 강하다.

강원도 평창군 지케제사(地家製絲)공장 여공 25명은 시국의 중대성을 알고 한편으로는 황군이 나날이 화려한 전과를 이루자, 쾌보에 환희함과 동시에 산을 헤메고 들에서 엎드리면서 한번 죽어 국난을 이기려는 우리 장병들의 고투에 감격하여 자발적으로 하루 임금을 갹출하여 모은 10원을 국방헌금하였다.

대부분의 여공은 많은 가족을 부양하고 있어서 하루치 양식거리도 구할 수없는 일급(日給)을 벌고자 아침 일찍부터 힘든 노동을 하고 있었다.

우리들은 그녀들이 낸 돈의 액수를 운운하는 것은 아니다. 그녀들의 애국 정신을 참으로 존경하고 감격하는 것이다.

12. 친동생의 전사로 국방비를 헌납하다.

평북 용천군 부라면 원성동 오즈카 하루(大塚ハル)

후도키치(夫度吉)는 목공이다. 월수입이 겨우 60~70원 정도로 뒷골목의 게딱지만한 연립주택의 주인인데 마침 지난해 9월 신의주에서 이타노(板野)부대가 고사포 사격 연습을 위해 행군하여 왔을 때 숙소가 부족하다고 여겨 부대장에게 말하여 거실 3층을 제공한 적이 있었다.

또한 친동생 코테가와 시로(小手川四郎)는 지난해 북중국에 출정해 전차대원으로 전장에서 분투하였다. 그 후 소만(소련-만주)국경으로 옮겨 올해 5월 29일 노몬한전투2)에서 명예롭게 전사하였다.

그의 전사전보(公電)를 보고는 "전사(戰死)는 예전부터 각오하던 일로서 지금 아무런 슬픔도 없다. 역할은 다했던 것인가, 그것만 마음깊이 생각하고 있다"고 말하며 조금도 슬퍼하는 모습이 없었지만 6월 10일자의 대판매일신보 석간신문지상에 『적 전차에 올라타 이것을 노획한 노몬한의 빛나는 6용사』라는 제목의 기사를 보고 안도의 가슴을 어루만지며 "진실로 가문의 명예입니다. 정녕 만족할 일이죠"라고 말하며 기뻐하였다.

그달 17일에 우직(羽織)3) 1본(18K 30원 정도)와 대지(帶止)4) 1조(18K 20원 정도)를 가지고 관할 경찰서에 가서 국방비로 헌납하였다.

---

2) 노몬한 사건은 1939년 5월, 중국 동북부(=당시의 만주)와 몽골의 국경 노몬한에서 일어난 러시아와 일본의 무력 충돌사건으로 일본이 패하여 9월에 정전협정이 성립되었다.

3) 일본옷의 위에 입는 짧은 겉옷.

4) 1. (일본 여자 옷에서) 양끝을 장식으로 물리도록 된, 띠 위를 누르는 끈; 또, 그 끈에 꿰어, 띠의 정면에 다는 장식품. 2. 칼집의 중간에 튀어나오게 댄 쇠(칼을 뽑았을 때 허리띠에 걸림).

13. 받은 조의금을 국방헌금으로 내다

경기도 수원군 수원읍 본정 2가 126번지 모리시타 쿠스시게루(森下楠茂)는 이번에 자식이 병으로 사망하자 부근의 사람들로부터 다소의 조의금을 받았지만 이 돈은 시국 아래서 사사로이 쓸 수 없다고 생각하고 수원군청에 있는 수원군군사후원연맹을 방문하여 "약소하지만 국방헌금으로 써 주세요"라며 5원을 헌금 신청하였다. 연맹에서는 재빨리 수속을 밟았다.

14. 회식을 하지않고 비용을 헌금하다

경남 하동군 양보면 양보공립심상소학교 지도생(指導生)

1938년 8월 15일 공동실습지의 제초 작업을 위해 지도생들이 학교에 모였는데 여기서 사이토(際藤) 교장선생님은 실습 전에 시국 강연을 하였다. 그러자 한 지도생이 일어서서 이렇게 말했다.

"교장선생님! 방금 말씀 잘 알겠습니다. 이번의 성과가 우리나라에 있어서 어느 것보다 뛰어난 것입니다. 또 우리 국민은 무언가 하지 않으면 안 된다라는 것도 잘 알고 있었습니다. 우리들은 앞으로 전보다 몇 갑절로 자기 일에 정성을 다하고 올바른 생각을 가지고 시국을 바르게 대처할 것이라고 생각하고 있습니다. 따라서 오늘 공동실습지에서 김매기 작업을 하게 되었는데, 지금까지는 김매기나 가을의 추수때 공히 일동이 모여 즐겁게 회식을 해왔습니다만 지금껏 우리들이 특별히 이렇다고 할 만한 성의를 표한 적이 없기 때문에 오늘은 회식을 하지 말고 그 얼마 되지 않는 돈이지만 국방헌금으로 충당하는 것이 어떨까 하고 생각합니다. 비록 적은 돈이지만 우리들의 작은 마음을 보이고 싶사오니 부디 헌납하고 싶은 생각이 듭니다. 선생님들께서도 그렇게 하도록 헤아려 주십시오."

그러자 교장선생님은 그 성의에 감격해서 "여러분 마음 잘 알겠습니다. 그렇게 하겠습니다"라고 하고 당일 김매기의 회식 비용을 모은 3원을 지도생 일동 명의로 국방헌금하고자 16일 아침 헌납수속을 취했다.

15. 병상의 남편을 돌보는 정녀의 적심

경기도 수원군, 앵정(사꾸라마치) 1가의 사지 타쓰조(佐治辰三) 가족 4명은 부인인 김씨가 짐수레를 끌면서 야채 행상을 하여 간신히 입에 풀칠하며 살고 있는 참으로 가난한 사람이다. 하지만 부인은 황군장병의 활약상을 듣고 깊이 감격해 신문지국을 방문하고는 이렇게 말했다.

> "전장에서 고생하고 있는 군인아저씨에게 조금이라도 위문을 하고 싶다고 생각해 오면서도 그날그날의 쌀값에 쫓기고 사는 몸이라 제대로 이뤄지지 않았습니다. 하지만 오늘은 백중날로 다 쉬는 날이라 오늘 하루 쉬는 셈치고 일해서 올린 매상금을 위문금으로 보낼까 생각했습니다. 이른 아침부터 행상해서 번 돈 전부입니다. 위문금으로 내고 싶습니다."

그러면서 4원 20전을 내밀자 지국에서는 즉시 본사에 송부하였다. 부인은 남편이 지지난해 군청의 임시 직원(雇員)에서 퇴직한 후 병에 걸렸고, 그리하여 일가족이 입에 풀칠할 길이 끊겼다. 그러자 부인은 어린아이를 품고 야채상을 시작했으며 가냘픈 여자 몸으로 매일 짐수레를 끌고 행상하면서 병고로 고생하는 남편을 위하여 일가족을 봉양하는 참으로 정녀(貞女)라고 말할 수 있다.

16. 장수자의 뜨거운 정성

1937년 11월 메이지절(11월 3일)이 포함된 국민정신작흥주간 중 경로

일에 황해도 연백군 괘궁면에서는 70세 이상의 장수 노인을 초대하여 경로회를 개최하였다. 여기 모인 장수 노인들은 남녀 모두 20인. 그들은 전쟁 중에도 이처럼 성대한 경로회를 개최할 수 있는 것은 천황의 위세가 기러기처럼 크고 끝 없기 때문이라며 각각 10전씩 헌금을 내어 모두 20원을 모아 국방헌금하였다. 많은 사람들이 장수 노인들이 보인 이러한 미담에 크게 감동하였다.

17. 광부의 독지

황해도 곡산군 이령면 거신소리에 있는 백년광산 광부 이데 산카쿠(井手三鶴) 외 53명은 지난해 8월 9일 북중국 출정황군이 분투고전하고 있다는 시국 강의를 듣고는 감동하여 월수입금의 100분의 1씩 갹출해 황군위문금으로 헌납했다.

18. 모내기에 의한 국방헌금

황해도 평산군 인산공립심상소학교에서는 전쟁 발발 이후 모든 아동이 시국의 중대성을 제대로 인식하고 황은에 감사하며 후방 보국의 뜨거운 정성을 피력하고 시세의 어려움 극복하고자 다음 내용을 실시하였다.

1. 올해 6월 23일 3·4학년 아동은 약 3시간에 걸쳐 부락의 모내기를 하고 약초수집 및 부락민 화전에서 김매기를 하여 보수로 받은 것을 국방헌금하였다.
2. 지난해 9월부터 국방헌금 상자를 구비하여 매월 애국일에는 반드시 모든 아동들이 1전 이상(각자) 헌금하고 계속한 결과 총 11회, 총액 38원 39전을 전부 국방헌금하였다.
3. 기타 모든 아동은 학용품 등을 소비절약하도록 자발적으로 신청하여 잔여금 5원 63전을 국방헌금하는 등 참으로 감격에 넘쳤다.

19. 임종하면서 보인 뜨거운 정성

평북 의주군 고진면의 농부 박운봉(朴雲蜂)은 인근 사람이 갑자기 시국이 어려워지자 줄줄이 국민다운 열정을 헌금운동으로 드러내는 모습을 보면서, 자신도 이곳 병상에서 어떻게든 나라를 위해 할 수 있는 일을 다 하고 싶다고 여겼다. 하지만 결국 사망했는데, 숨을 거둘 때 괴로운 숨결 속에서도 70여 세의 아버지를 앞에 두고 다음과 같이 말하였다.

> "아버지, 젊은 내가 죽으면 장례식 따위는 그저 형식뿐이므로 가급
> 적 비용을 줄여 국방비에 헌납하세요. 부탁입니다."

진심으로 나라를 생각한 아들의 유언에 노부 박의덕(朴義德)은 장례식 직후 고진면 주재소를 방문하여 눈물을 흘리며 10원을 헌금하였다.

20. 근로보국단5) 출동 대원이 보인 미담

경기도 수원군 대장면 근로보국대 출동 대원 25명은 지난번 서울 영등포 토지구획정리공사장에 출동하였다. 규율과 통제 속에서도 헌신적인 근로보국 정신으로 시종일관 열심히 일을 하였다. 이번 일을 마치고 돌아왔을 때 이들은 현재 시국의 심각성을 통감하고 이구동성으로 각자가 받은 근로소득 중에서 우선 5원을 국방헌금하고, 헌납 방법은 면장을 경유해 수원군군사후원연맹에 의뢰하였다. 이에 연맹은 조속히 헌납 수속을 취했다.

---

5) 일제가 상시 노동력에 포함되지 않는 학생, 여성, 농촌 인력 등의 임시요원을 동원하기 위해 만든 제도의 하나.

21. 노동자의 헌금

경남 사천군 삼천포읍 허덕룡(許德龍) 외 103명

이들은 생활이 지극히 곤란함에도 온종일 광차(鑛車)와 발파 등의 노동으로 일급 겨우 50~60전을 받아 가계를 유지하는 일용노동자였다. 이번 전쟁과 관련한 시국상황을 조장 나카야마 카즈마(中山數馬)로부터 자세히 듣고 또한 날마다 라디오 · 신문 등의 보도를 통해 깊이 느낀 바 있어 각자 일급(日給)에서 10전, 20전씩 갹출하여 총 15원을 모아 국방헌금으로 내었다.

22. 부인회원의 절미(節米)저금을 헌납

황해도 해주군 월록면 용정회 탑동부인회는 일치단결하여 우수한 성적을 거두고 있는데, 이번 전쟁 이후 관할파출소 주최의 시국좌담회 또는 월례회에서 면직원에게서 명백한 국체의 증거와 황군의 분전 상황 등을 듣고 깊이 감격하며 종래 지속해오던 절미저금 2원을 국방비의 일부로 내어 달라며 2월 24일 관할주재소에 기탁하였다.

23. 소년공의 뜨거운 정성

서울 영등포경찰서에 6월 30일 오전 10시경 13~14세 정도의 반도인 소년이 출두하였다. "작은 돈입니다만 국방헌금에 보태고 싶습니다"라며 3원을 내밀자, 사노(佐野) 경무주임은 감격하며 즉시 절차를 밟았다. 그 소년은 영등포정 183-36번지 사는 이진영(李震永)라는 당 13세의 소년공이었다.

24. 미망인이 100원을 헌금

충남 부여군 사산리에 사는 나카나가 무야(中永むや)는 러·일전쟁 당시 명예롭게 전사한 용사의 미망인으로 30년 세월 수많은 어려운 일을 이겨내고 가업에 힘쓰고 이번 전쟁 즈음해서는 후방의 각종시설에서 열정적인 활약을 하였다.

> "나는 수년에 걸쳐 유족 부조료를 지급하는 황은의 홍대무변(鴻大無邊)함에 감읍하지 않을 수 없었습니다. 약소하지만 나라를 위해 보답하고 싶습니다."

그러면서 100원을 경찰부에 보냈다. 그러자 이 늙은 미망인의 마음씨에 감격하여 즉시 헌납 수속을 취하였다.

25. 노파의 뜨거운 정성

경기도 수원군 대장면 매탄리에 있는 원매단농촌진흥회 부설 부인부장 하정익(河貞益)은 올해 68세 노파이다. 남편과 빈한한 생활을 하면서 그날그날을 보내고 있었다. 그렇지만 시국의 심각성을 깊이 생각하여 스스로 이번 여름에 날품팔이하여 얻은 임금에서 1원을 국방헌금으로 내고자 했다. 납입 방법을 면장을 통해 수원군 군사후원연맹에 의뢰했는데, 이에 연맹은 조속히 헌금 수속을 취했다. 노인들이 보여준 이러한 미담은 같은 면은 물론이고 일반인들에게도 큰 감동을 주었다.

26. 매월 20전씩을 저금한 노동자가 헌납

이번 전쟁에서 후방 국민들은 긴장을 끈을 놓치지 않고 모든 계급들이 한마음으로 황군 위문금품이나 국방헌금 등을 내고 있으며, 그것에 그치지 않고 행동으로 옮기는 미담이 속출하고 있어 군국 일본의 그림책이 더욱 커지고 있다. 그 가운데 날품노동자가 맹렬한 더위와 싸워가며 날품으로 모은 4원을 춘천경찰서에 와서 "이것은 약소하지만 국방헌금으로 내주세요"라고 내민 미담이 여기 있다.

관계자들이 헌금한 이유와 전후 상황을 물었더니……그는 강원도 춘천읍 대성정 2가에 사는 날품노동자 이창순(李昌淳)이라고 했다. 그는 매일 경춘철도 승합자동차부에서 하물을 운반하여 임금을 받았는데 이것을 매월 20전씩 저축하여 헌금하였다. 헌금 동기는 "황군의 활약에 감격하면서 이에 국민이라면 헌금을 하지 않을 수 없어서 했다"는 것이었다. 이런 노동자가 보여준 아름다운 이야기에 관계자들은 깊이 감격하였다.

27. 가축시장 중개인의 국방헌금

경기도 강화군 가축시장 중계인 26명은 축우매매 황금기인 매년 여름에는 상호 친목을 다지는 의미에서 친목연회를 개최하였다. 그런데 시국 상황을 생각할 때 올해는 개최하지 않는 대신 헌금하기로 합의하여 1원을 국방헌금으로 내고자 헌납 방법을 강화군에 문의하였다.

28. 전 부락의 부인 일동이 합동하여 헌금

황해도 재령군 은룡면 봉오리 어은동은 장수산의 산간벽지 마을로 총 23호에 불과한 대단히 적빈(赤貧)한 한촌(閑村)으로 주민들이 대부분 겨우 그날 벌이로 입에 풀칠을 하는 정도의 생활 상태였다.

이번 전쟁으로 본 면에서는 면장 이하 전 직원이 총동원하여 관내 각 부락을 순회하며 황군의 활약상 및 이번 전쟁 발단 등에 관한 강연을 하였다. 이에 일본제국의 국시에 감동받아 지난해 11월 4일 부락의 부인을 대표하여 임임규(林妊奎)가 면사무소에 3원을 가지고 가서 "약소하여 부끄럽지만 이번에 전 부락 부인들의 마음을 담아 작은 뜻이라도 표하기 위해 국방헌금으로 신청합니다"라고 하자 관계자들이 감격하였다.

29. 기생이 자발적으로 연주회를 열어 헌금

황해도 재령읍의 기생들이 자발적으로 연주회를 개최하고 번 80원을 국방헌금으로, 그리고 또 다른 80원은 재향군인분회 활동자금으로 각각 헌납하였다.

30. 반도 여성의 귀감

놀랍게도 500원을 헌금한 반도의 애국할머니.

서울 창신정 635−14번지에 사는 이옥순(李玉順) 할머니의 애국 미담은 반도 여성계에 생생한 충격을 더했는데 이런 할머니 집안이야말로 집안 전체가 애국을 향한 열정에 불타는 이른바 '애국 집안'인데, 할머니가 낸 500원의 헌금 이면에는 눈물겨운 애국 미담이 있었다.

주인공은 할머니의 외동딸 이온순(李溫順, 29세). 그녀는 몇 년 전 우리 우방 만주국에서 활약 중인 장백금융조합 이사 조석구(趙錫九)와 결혼했으나, 남편이 전쟁 이후 늘 "나도 군인이었더라면 지금쯤은 황국을 위한다는 생각을 하며 마음껏 일할 수 있었을 것이다"라면서 황군의 분투모습을 그리며 전쟁터에 나가고 싶어 했다. 그런데 지난해 가을 우연한 일로 병을 앓게 되어 경성제국대학 부속병원에 입원하였다. 병상에서도 그는 군인도 되지 못하고 몸 바쳐서 봉공할 수 없는 사실을 한탄하였다. 그래서 만약 자신이 죽더라도 이제 막 태어난 장남을 잘 키워 조선인도 군인이 될 수 있는 시기가 오면 반드시 훌륭한 군인이 되게 하여 온몸으로 봉공하도록 하라고 했다. 그렇지 못할 때는 무슨 일이 있어도 국방헌금은 할 수 있도록 하라는 유언을 남긴채 죽고 말았다.

이 유언을 받은 이온순은 "나는 반드시 군인의 어머니가 되겠습니다"

라고 굳게 맹세하는 순간…… '조선에서 지원병제도 실시'를 알리는 호외가 거리에 날렸다. 그러자 죽은 남편의 위패 앞에서 "당신이 기다리고 기다던 날이 마침내 왔습니다"라고 하며 감격의 눈물을 흘리면서 죽은 남편의 영혼을 위로하였다. 이튿날인 18일 아침 어머니와 함께 동대문 경찰서를 들러서 헌금을 신청하였다. 이것이야말로 비상하고 있는 반도 여성의 진정한 자태로서, 이를 본 관계자들이 크게 감동하였다.

31. 금연으로 국방헌금과 황군을 위한 위문주머니 보내기

황해도 해주군 동운면 운양리 984번지, 직업 농업
박남순(朴南順, 54세)

그녀는 3년 전에 남편과 사별한 이후 남편의 유산에 의지하여 생계를 유지하고 있는데 남편이 죽은 후 더욱 근검절약하고 금연하면서 월 2회 저금통에 저축을 해왔다. 1938년 6월 말에는 12원 70전이 되자 시국의 중대성과 북중국에서 겪고 있는 황군의 노고를 생각해서 동운심상소학교에 위문주머니(2원 50전 현품)를 부탁하고, 또 동운경찰관 주재소를 통하여 국방헌금으로서 10원을 기탁했다.

32. 씨름대회 상금을 국방헌금

황해도 서흥군 구포면 신당리 이종휘(李鍾徽, 19세)

그는 전쟁 이후 황군의 활동에 깊이 감격하여 후방의 국민으로서 뭐라도 성의를 보여야겠다고 생각하였는데 유감스럽게도 가계가 어려워서 헌금을 할 여력이 없었다. 5월 단오였는데, 서흥군 율리면 소방조 주최로 씨름대회가 열렸다. 이 소식을 듣자 1.5리를 걸어서 대회에 참가하였고, 결국 2등을 따서 상금 10원을 받았다. 그리고 그 중 5원을 국방헌금으로 내어 평소의 염원을 이루었다.

33. 받은 수당을 헌금

경기도 수원군 수원읍 인계정 810번지 엄주홍(嚴柱弘)

그는 올 8월에 있었던 조선임시국세조사에서 조사원으로 수원읍에서 조사사무에 힘써 좋은 성적을 거두었다. 조사 작업을 무사히 마치고 수당으로 "읍으로부터 5원을 받았는데 시국에 대해 내가 해야 할 것은 다름이 아니라 작은 돈일지라도 국방헌금하는 것입니다"라고 하며 수원 읍장을 경유해 수원군사후원연맹에 헌금 수속을 신청하였다.

34. 유림이 보여준 뜨거운 정성

충북 충주군 충주읍 교현동 유생 이완재(李完載) 등

유생이란 사서오경을 연찬(研鑽)해서 유학의 가르침을 설명하는 한학자들이며, 이들은 이것저것 옛 관습에 젖어 시세의 움직임에는 맹목적이며 완고한 노인이 많았다. 게다가 그들은 지방의 높은 계급에 속했던 자들이 대부분이었다. 이에 지난 8월 15일 이들 유림도 올바른 시국 인식을 가져야 한다는 취지로 충주군 명륜회의가 주최가 되어 충주군 문묘 명륜당에서 군내의 유생들을 모아놓고 시국강연회와 간담회를 열었다. 그 때 시국 강연이 끝나자 갑자기 충주읍 교현동에 거주하고 있는 이완재(李完載)라는 사람이 일어서서 연설을 시작했다.

"우리 대일본제국 국민은 이토록 비상시국인데도 어찌 이렇게 편안하고 한가롭게 잠자코 있을 수 있습니까? 지금 이방 지역인 북중국에서 싸우는 황군은 무려 130도에 이르는 폭염 속에서 밤낮없이 빗발처럼 쏟아지는 총알을 뚫고 목숨을 걸고 국가를 위해 분투하고 있습니다. 정의를 위해 그리고 동양평화를 위해서 싸우고 있는 황군의 모습을 생각할 때 우리 유생들은 국방의 제일선에 직접 설 수 없더라도 지방의 중견으로서 시국의 올바른 인식에 힘쓰고 후방국민다운 열정을 다해야 한다고 생각합니다."

그가 말을 마치자 유생 일동은 감격한 나머지 눈시울을 적시면서 멀리 있는 황궁을 향해 경례하고 묵도하였다. 유생들이 몸을 일으키자 이완재는 명륜회장 앞으로 나아가서 말을 이어갔으며, 그의 손에는 금일봉이 쥐어져 있었다.

"이 돈은 참으로 약소한 금액이지만 시국에 처해 내가 좋아하는 담배를 5일 이상 금연해서 만든 돈입니다. 이런 결심으로 우리 유생들은 일반 민중을 지도하고 스스로 본분에 맞도록 함으로써 국은(國恩)의 만분의 일이라도 보답하고 싶다고 생각합니다. 이렇게 결심하여 순수하게 마련된 돈은 조선방공을 위한 헌금으로 헌납하고 싶습니다."

이완재가 자리에 앉자 다른 유생들도 "우리 유생들이 나아가야 할 길을 알겠습니다. 우리들도 담배를 절약하여 헌금하겠습니다"라면서 헌금을 자청, 총액이 20원에 달하였다.

35. 비용 변상금 전액을 헌금

경기도 수원군 대장면협의회 일동

이들은 이번 면협의회에 전원 출석하고 회의를 마쳤다. 이에 면사무소에서는 비용 변상금으로 1원씩을 지급하였다. 그런데 이들은 서로 합의하여 현 시국의 중대성과 우리 황군 장병의 노고를 회상하면서 어떻게 해서든 비용 변상금 전액인 10원을 국방헌금으로 내기로 했다. 이에 면장을 경유하여 수원군사후원연맹에 수속을 의뢰하였고, 연맹은 그들의 호의를 받아들여 즉시 헌금 수속을 밟았다.

36. 지주와 소작인이 합동하여 헌금

황해도 사리원읍 강필상(康弼祥)은 재령군 은용면 석탄리에 논 200정보 8반보를 소유하고 있었는데 이번 전쟁이 발발하자 지난해 10월 20일 소작인을 한곳에 모으고 시국에 대한 교화로 시국 인식의 철저를 꾀한 후 각 소작인(합계 30명) 1인당 소작지 1반보당 벼 1근씩 그리고 지주도 1근씩을 모아 총 416근, 돈으로 28원 12전(1근 7전)을 국방헌금하였다.

37. 부모 자식이 함께한 국방헌금

강원도 홍천군 북방면 상화계리 정원영(鄭元永)

이들 가족은 결코 넉넉한 집은 아니었다. 그러나 애국심은 무척 투철하였다. 전쟁이 점차 확대되자 그는 "하루하루 편안한 생활을 할 수 있는 것은 전부 황국의 덕분"이라고 하고 100원을 국방헌금하였다. 특별지원병제도가 생겼을 때도 내 가족부터 한 사람이라도 지원병을 내고 싶다고 생각했는데 올해 17세의 자식이 있는데 허약하여 도저히 군대에 갈 수 없다고 하면서 다시 150원을 헌금하였다.

맏딸 정월형(鄭月亨)은 이런 아버지로부터 감화를 받지 않을 수 없었다. 그녀는 사용하는 학용품을 절약하고 그것을 저축해 10원을 헌금하였고, 어머니 최운(崔雲)도 가정의 일용품을 절약하거나 쌀 한 숟가락씩 모아 10원 12전을 만들어 헌금하였다. 이처럼 일가 모두 마음을 합하여 소비 절약하여 금품을 헌납하려는 의욕이 차고 넘쳤다. 이 가족은 그야말로 후방의 거울로서 사람들을 크게 감동시켰다.

38. 학원생의 아름다운 마음씨

학원 생도와 선생이 하나되어 씩씩한 모습으로 후방을 지키고자 의기와 열의를 보인 사례가 여기 있다.

서울 흑석정(오늘날 흑석동)의 경성상공학원에서는 1938년 4월부터 매달 15일을 체육보건일로 정하고 전교생이 자전거로 등교하며 월말에는 헌금일을 정해서 각자 용돈과 전차비를 절약하여 5전~10전씩 갹출한 후 국방헌금하는 등 참으로 후방 국민다운 면목을 유감없이 발휘하였다. 지난번 헌납 방법을 영등포경찰서에 의뢰했고, 경찰서 직원들도 크게 감격하면서 절차를 밟았다.

39. 위로 유락을 폐하고 헌금

충북 단양군 적성면 하리 및 단양면 중방리의 일용직 일동

매년 음력 7월 중순경 농사일이 끝날 때쯤 고용주는 고용인들에게 "호미 씻기" 명목으로 약간의 금전과 이틀간의 휴가를 주는 것이 관례였다. 이때가 되면 농악을 하면서 술과 음식을 베풀고 지금까지의 노고를 달래었다. 그런데 당시 하리와 중방리의 고용인들은 총독부 촉탁 조동환(趙東煥)과 스사나미(菅波) 단성경찰서장 등의 시국강연을 듣고 크게 감동을

받았다. 그러면서 "후방의 우리들이 안일(安逸)을 탐하는 것은 최전선의 황군에 결코 이롭지 않기 때문에 지금 때가 때인 만큼 예년에 하던 향략적인 관습을 폐지하고 남는 비용을 국방헌금하기로 결정했다." 이에 하리에서는 2원 4전, 중방리에서는 20원 90전을 모아서 8월 7일 면사무소에 헌납하였다.

40. 매상금의 일부를 헌납

경기도 수원군 비봉면 양노리 조유승(曺裕承)

그는 비봉면 양노리에서 한약상을 경영하였다. 그리 풍요롭진 않지만 시국의 중대성과 황군장병의 노고에 생각하면서 우리들 후방 국민도 일치단결하고 열성을 다하는 것이야말로 제일선에서 분투하고 있는 황군 장병들이 고향을 걱정하지 않도록 하는 첩경이라고 여겼다. 이에 하루 수익금에서 6원을 빼서 국방헌금하기로 하고 그 방법을 수원군사후원연맹에 신청하였고, 이에 연맹은 신속히 송금 절차에 들어갔다.

41. 노파의 국방헌금

황해도 곡산군 동촌면 오류리 이수환(李守煥)

노파의 집은 동촌면에서도 가장 빈곤했는데, 가난에는 아랑곳하지 않고 다섯 가족이 술 판매와 여인숙을 생업으로 삼아 살고 있었다. 어려운 생계 속에서도 즐겁게(和樂) 하루 하루를 보내던 중 1937년 전쟁이 발발하자 노파는 아침 일찍 일어나서 궁성을 향해 요배하고 공손하게 폐하의 만세를 축수하는 가하면 황군 장병의 무운장구와 어서 빨리 동양에 평화가 오기를 기원하는 기도를 올렸다. 이 같은 노파의 애국심은 듣는 자들마다 실로 가슴을 먹먹하게 했다. 이들 가족은 가난하게 살고 있지만 그 것에 개의치 않고 술을 팔고 밥을 팔아 매일 1전, 2전을 모아서 50전이나 1원 정도 되면 면이나 주재소에 가지고 왔다. 그러면서 "약소하지만 황군 장병이 있는 곳으로 위문품이라도 보내주세요"라며 내밀었는데, 그렇게 해서 지금까지 헌납한 것만 10원 50전이었다. 그 할머니는 나이 59세 이미 백발이 성성하다.

42. 자식의 유지(遺志)에 의한 헌금

경북 영덕군 영해면 벌영동 황재순(黃在順)

그녀는 올해 11세의 어린 소녀이다. 평소부터 어린이지만 "어떻게든 작은 것이라도 나라를 위해 힘쓰고 싶다"고 입버릇처럼 말하였다. 마침 이번 전쟁이 발발하자 면장에게서 국방상 큰 일이 있다는 말을 듣고 자신도 열심히 저축하여 국방헌금하려는 생각을 가졌다. 그래서 가마니 제작에 필요한 새끼를 꼬거나 과자를 판매해서 저축금을 만들었다. 그런데 지난 8월 12일 오후 1시쯤, 아버지가 경작하는 참외밭에서 보초를 서다가 너무 더워서 부근 저수지에서 멱을 감는다는 것이 잘못되어 물에 빠져서 짧은 일생을 마치고 말았다.

아버지 황삼인(黃三仁)은 소작농으로 생계를 영위하지만 딸의 뜻을 존중해 저축한 돈 전액인 10원을 면사무소에 가지고 가서 눈물을 흘리며 하루도 빨리 헌납할 길을 알려달라고 신청하였는데, 이를 본 면직원은 깊이 감격하여 받는 즉시 대구헌병분대에 송금 절차를 밟았다.

43. 담배의 은박지를 헌납

경기도 이천군 청미면 이계선(李桂先)

이 부인은 조선 요릿집을 경영하고 있는 천성이 온후하고 독실한 사람으로 근검하다는 평판을 받는 등 여자로서 신망이 두터운 인격자이다. 전쟁 발발 이후 오늘까지 국방부인회 활동에도 국방헌금, 국방기재자금 혹은 황군에게 보내는 위문주머니 제작용 자금의 갹출 등에 크게 노력하여 후방 부인다운 열정을 다하여 면민의 모범이 되기에 충분하였다.

항상 최전선에서 일하는 황군 장병의 노고를 생각하며 깊이 감사하는 마음으로 평소 별 관심없던 담뱃갑 속의 은박지를 모아야겠다고 생각하였다. 이후 몇 달동안 한 장 한 장 모아서 정리해보니 실로 1천 수 백 매, 무게는 272g에 달하였다. 이번을 제1회 헌납이라고 스스로 차례를 매기고는 납품 방법을 청미면사무소에 의뢰했다.

44. 전쟁터에서 헌금 의뢰

경기도 용인군 용인면 김양장리에 사는 후지모토 노보루(藤元昇, 육군 보병 소위)는 지난해 소집된 후 바로 ○○방면에서 활약 중인 효자였다. 매월 모친을 위하여 송금을 하였는데, 이번에도 모친을 통해 국방헌금을 의뢰하였다. 그러자 모친인 후지모토 리노(藤元リノ)는 급히 10원을 가지고 가서 용인군사후원연맹에 헌납 수속을 의뢰하였다.

45. 10원 금화 헌납

경기도 수원군 정남면 제기리에 사는 센바 츠소쿠(仙波通則, 일본 애원현 출신)는 농원(農園)을 경영하고 있다. 전쟁이 발발하자 상황을 잘 모르는 부락민을 모아 전쟁의 중대성 및 시국의 추이에 관하여 간절하게 해설하면서 애국심을 환기하고 부락민 지도에도 힘쓰는 등 더욱 더 시국의 중대함을 알리고 있었다. 아울러 그는 10원 금화 한 닢을 국방비로 써 달라며 헌납하려고 수원경찰서를 경유하여 수원군 국방의회에 의뢰하였다.

46. 은급(연금)수혜자들의 헌금

경기도 수원군 수원읍의
우메하라 시즈오(梅原靜雄, 현 읍장) 외 7명.

지난번 우리 제국정부가 중국에 중요 성명을 발표하여 철저하게 장개석 정권에 대한 응징을 천명하면서 시국 상황은 한치 앞을 내다볼 수없게 되었다. 이러한 때 국민들은 의당 중대한 국책에 순응하여 거국일치로 성스러운 사명을 달성하는데 최선을 다해야 할 것임을 통감하고 있다. 일찌기 군인 또는 관리로 복무하여 이제 나라의 은급을 받고 사는 특전을 누리고 있는 수원읍 거주자들도 서로 상의하여 이러한 비상시국에 임하여 후방 국민다운 열성을 온전히 보이고자 자신이 받던 은급(연금) 중 일부를 모은 718원을 국방비 명목으로 지난 1월 22일 수원군사후원연맹에 헌납 수속을 의뢰하였다.

47. 신민회원(新民會員) 헌금

평남 평원군 신민회원(新民會員)

평원군에 있는 체류화교(在留華僑)는 지난해 장개석 정권의 몰락과 함께 북중국 신정권에 참가를 선언하고, 일본·만주·중국의 연락 교류를 위해 이른바 평원신민회를 조직하였다. 회원 86명은 하나로 뭉쳐서 긴밀

한 친목을 도모하면서 그리고 동양 평화의 수호를 위해서 일하는 것에 진력하여 지난해 4월 29일 신민회조직 1주년 기념식을 열었고, 후에 축하연을 개최하려고 계획하였다. 하지만 즐거웠던 시국병연회(時局柄宴會)는 폐지하고 비용 30원을 신민회 회장 왕조간(王調簡)을 통하여 지난 5월 1일 군청에 국방헌금하여 당국은 물론 일반군민을 크게 감격시켰다.

48. 근로에 의한 소득을 헌금하다

경기도 광주군 광주읍 읍내에 있는 광주국방부인회의 회원 45명은 지난해 11월 17일 가교공사장의 자갈 채취하는 일을 하고 번 3원 1전을 국방비로 군사후원연맹에 기부하였다.

49. 60세의 노파가 가락지를 국방헌금

평남 평원군 순안면 남창리 최승심(崔承心)

그녀는 노인이고 본디 배운 것이라고는 별반 없었다. 하지만 국민정신총동원연맹이 설치되면서 애국일 행사로 노동보국 작업 등이 시작되자 빠짐없이 참가하여 여성임에도 시국 상황을 무척 정확하게 인식하고 있었다. 그러던 중 지난해 5월 4일 회갑을 맞이하였다. 아이들은 성대하게 축하를 하고 많은 빈객을 초대하고 싶었다. 하지만 그녀는 시국을 맞아 이런 일에 쓸데없는 돈을 쓰는 것은 무의미하다고 하면서 극력 잔치를 없애고 가까운 사람끼리만 축하하는 것으로 그쳤다. 그러면서 3돈짜리 결혼기념 반지(시가 43원)를 평원군에 국방헌금으로 내었다.

50. 생활이 어려운 중에도 늙은 용사의 감격

황해도 수안군 천곡면 평원리 132번지에서 음식점을 하는 최창오(崔昌五, 51세). 그는 8월 1일 관할 주재소를 방문하여 이렇게 말했다.

> "나는 20년 전 약 4년간 육군 통역사로 만주와 중국 각지에서 일하면서 그곳 사정을 잘 알고 있었기 때문에 비록 늙었지만 국가를 위해서 맡은 일은 노구를 채찍질하더라도 사명을 다할 것이라고 생각합니다. 참으로 포학한 중국의 불법과 권리회복이라는 미몽(迷夢)에 대항하여 추위와 더위를 무릅쓰고 싸우고 있는 황군 장병의 노고를 생각하면 그저 감격에 목이 매여 앉아 있을 수만 없습니다."

그러면서 지난 시간을 추억하면서 생계가 넉넉하지 않음에도 휼병금으로 써 달라며 10원을 내었다. 이 소식을 전해들은 경찰서 직원 및 부민들은 크게 감격하였다.

51. 시집가는 딸의 순정

경기도 이천군 대월면 단월리 이억로(李億魯)의 차녀 이순희(李順姬)는 자신의 결혼식 시기에 중국에서 황군들이 혹한·혹서 아래서도 전투하는 노고를 생각하면서 남편과 상의하여 결혼 비용을 절약한 30원을 국방헌금으로 헌납했다.

52. 극빈 속에서 헌금

황해도 재령군 재령읍에서 대장간을 하는 박만선(朴萬善, 당시 60세)은 대장장이로 어렵게 생활하는 사람이다. 이번 전쟁 이후 우리 군대의 용맹하고도 과감한 행동에 크게 감동받아 지난 번 재령국방부인회에서 황군 위문용 담배를 모은다는 것을 듣고서는 다음과 같이 말하였다.

"나는 올해 19살 먹은 아이가 있는데 신체가 건강하니 평소 같았으면 전쟁터에 나가 나라를 위한 일을 할만도 한데 조선인들에게는 병역의 의무가 없기 때문에 출정할 수 없어서 참으로 걱정입니다. 비록 적은 돈이지만 뭔가 방법이 있다면 나라를 위해 최선을 다하고 싶다고 생각하고 있습니다."

모집자가 빈곤한 집안에서 헌납하는 것은 본래의 취지에 어긋나는 것이라는 점을 알려주었지만 그 말을 듣지 않고 1원을 위문담배 비용으로써 달라며 헌납하여 일동을 감동시켰다.

53. 절약비용을 헌금

경기도 강화군 내가면에서는 전시(戰時) 하 새 봄을 맞아 시국의 중대성에 비추어 국민정신작흥의 취지로 거국일치, 생업보국, 견인지구, 시간극복이라는 신념과 각오를 새로이 하고 있는 중이다. 특별히 면내의 유력자에게 이런 사실에 대한 주의를 촉구하였고, 또한 신년부터 양력 설을 쉬게 하여 이중과세(二重過歲)의 폐풍을 일소해서 생활의 합리화를 계획하고자 했다. 이에 대다수의 면민들은 이러한 취지에 동의하였다.

또한 연말연시 선물 및 회례(回禮)를 폐지하고 비용 절약을 위해서 올해에는 명함교환회(名刺交換會)를 실시하였는데 모인 인원이 54명으로 황군의 활약상 및 전황을 듣는 좌담회를 가졌다. 이때 안(安) 면장은 '우리들은 황은의 만분의 일이라도 보답해야 함으로 이번 연말연시의 행사를 줄여서 나온 돈을 국방헌금합시다'라고 발의하였다. 참석한 사람들도 즉각 찬성하여 즉석에서 22원 80전을 갹출하여 강화군사후원연맹을 통해 헌납을 의뢰하였다.

54. 녹지 않고 남은 눈(根雪)을 헤치며 땔감을 팔아 헌금하다

강원도 인제군 인제면 현리 이교부인회

1938년 성전 아래 처음 맞이하는 육군기념일. 이날 개최한 강연회에서 인제군수는 "부인의 나아갈 길과 비상시국 하 부인의 각오"라는 강연을 하였고, 여기에 감격한 이교부인회 회원 41명은 이른 봄 산길을 통하여 아직도 녹지 않은 잔설을 밟으며 땔감을 운반하여 얻은 소득 8원 81전을 헌금으로 내었다.

55. 서당의 국방헌금

황해도 곡산군 동촌면 오류리 호선학당(好善學堂) 개설자
황선모(黃善模)

그는 동촌면내 후미진 곳에서 몇 안 되는 부유한 농가의 사람인데, 일 찍부터 서당을 개설하고 문맹퇴치에 노력하고 있었다. 그리고 지난 7월 2일 본 경찰서에 출두해 다음과 같이 말했다.

> "황군이 중국 상해에서 용맹하고 과감한 전과를 올리는 것은 전부 천황의 위엄 아래 충용한 장병의 은덕이라고 여겨지는 이때 우리 후 방의 국민들은 국방헌금 이외에도 뜨거운 정성을 표하지 않을 수 없습니다. 이것은 서당 아동 30명이 양잠을 해서 번 것입니다. 약소하지만 헌납하고 싶습니다"

그러면서 7원 56전을 내었다. 70세의 고령인데도 여전히 건강하다.

56. 소사의 국방헌금

황해도 곡산군 동촌면 한달리 이리식(李利植)

그는 우리 학교의 소사로 일하면서 야학을 다니고 있다. 위로금으로서 2원을 받게 되자 그 자리에서 "최전선에서 분투를 계속하는 황군의 노고를 생각하면 소사활동하며 위로금을 갖는 것은 양심상 부끄러우니 이 1원을 국방헌금으로 해주십시오"라고 말하였다.

57. 환갑잔치를 하지 않고 헌금하다

경남 사천군 삼천포읍 서리 요시무라 사네모토(吉村實元, 62세)

그는 1937년 환갑이 가까워지자 가까운 친척과 친구를 불러서 환갑잔치를 해야 함에도 상하이에서 보여주는 황군의 활약에 감격해 환갑잔치를 하지 않고 만든 200원을 "약소하지만 국방헌금에 보태주십시오"라면서 사천 경찰서에 헌납신청하였다.

58. 근로보국작업에 의해 얻은 품삯(勞銀)을 헌금하다

평남 양덕면 근로보국대 134명

이들은 1938년 8월 근로보국대장의 지휘 아래 7반으로 나누어 부근 임야애서 채취한 목재 운반이나 껍질 벗기기 작업을 하면서 품삯 40원 20전을 받았고, 이를 전부 국방헌금으로 냄으로써 후방 국민다운 열성을 널리 보였다.

59. 철도공사 종사원의 헌금

평남 강동군 왕등면 서선 중앙철도공사장
니시모토 구미산하(西本組配下) 신천공장종업원 70명

이들은 시국의 긴박함을 인식하여 1938년 9월 19일 니가와(新川)를 대표로 해서 70원을 강동경찰서에 국방헌금으로 기탁하였다.

60. 소학교 아동의 근로작업에 의한 헌금

평남 강동군 만달공립심상소학교 아동 600명

이들 600명은 지난 겨울동안 일요일마다 카바(樺山) 교장 이하 직원들의 인솔을 받아서 약 1리정도마다 대성리 야산에 올라 솔방울을 모았고, 그것을 판 20원을 1939년 2월 17일 국방헌금으로 내고자 만달면사무소를 통하여 송금하였다.

61. 염전공사 인부들의 헌금

평남 평원군 용호면 남양리 서본조 노동자 일동

일본염업회사의 청부(請負)인 니시모토구미(西本組)에는 약 2,000명 정도의 노동자가 일하고 있다. 지난 중일전쟁 2주년 기념일에는 니시모토구미 노동자를 대상으로 한 시국강연이 있었다. 여기서 "각자 충실히 일해 생업보국에 매진하지 않으면 안 된다"는 말을 듣고 모두들 감동을 받아서 "우리들도 황국신민인 이상 침묵할 수 없다"라면서 매월 국방헌금을 하자고 결의하고 앉은 자리에서 갹출하니 45원에 달하였다. 니시모토구미에서는 그들의 용솟음치는 열정에 감격하여 7월 14일 군청에 헌금하고 다음달 8월 29일에는 35원을 헌금하였다. 이렇듯 일본염업회사는 물론 니시모토구미회사 사람들은 이들 노동자들이 보여준 모습으로 크게 기뻐하였다.

62. 생활개선에 의한 헌금

경기도 강화군 길상면 온수리의 해랑당진흥회장 조종규(趙鐘奎)는 전쟁 이후 회원의 시국인식에 철저를 기하고 또한 마을의 갱생에 노력하고 있는 것은 물론 자가영농에서 조직적인 경영을 수행하는데 노력하고 있다. 1937년 11월 5일 환갑을 맞아 집에서 상당한 준비를 했음에도 현재와 같은 비상시국에 회갑을 한다는 것은 시국에 처한 국민다운 길을 몰각하는 것이라 우려하면서 가족에게 주의를 주었다. 축하연을 하지 않고 비용으로 들어가는 50원을 국방헌금하기로 결심해서 해당 면을 통해 강화군 사후원연맹에 헌납 수속을 의뢰하였다.

63. 부인 국어 강습회원의 감사헌금

평남 평원군 읍내 부인국어강습회원 21명

평원군에서는 시국 인식의 철저와 함께 "농촌진흥에 앞장서는 부인의 자각"이라는 슬로건 아래 과거 수년 동안 부인계몽운동을 전개해서 쏟아 양호한 성적을 거두었다. 이번에는 읍내 각 관공서 직원의 부인들 중에서 국어를 모르는 자에 대한 국어 지도가 급선무라고 생각하였다. 그래서 3월 15일부터 4월 30일까지 군청 회의실에서 여자교화담당 주사를 강사로 삼아 국어강습회를 열었다. 결과는 참으로 놀라웠다. 폐회할 때 수강생 일동은 이렇게 말했다.

"비상 시국 하 감사와 감격의 마음에서 우러난 열정을 억누를 수 없
을 정도인데, 우리들이 낸 것이라고는 겨우 18원 50전 뿐입니다. 적지
만 군사후원 사업에 사용해주세요."

이렇게 모은 돈을 헌납함으로써 후방 부인의 뜨거운 정성을 널리 보여
주었다.

64. 점심값을 아껴서 헌금

경남 거창군 고제면 금융조합원 일동

1938년 8월 11일 고제면사무소 구내에서 열린 거창금융조합 웅양지소
주최의 고제면 금융조합원 부분타합회에서 면장은 북중국 지역에서 진행
되는 전쟁 상황과 함께 국민의 각오에 대한 강연을 하자 출석한 회원 약
200명은 그에 감격하여 후방국민다운 열정을 다하려고 그날 점심값 1인
당 15전 중 10전을 내어서 총 20원을 국방격려금 명목으로 헌납하였다.

65. 수시로 헌금·헌품

경기도 수원군 수원읍 매산정 1가 가지하라 후사(梶原フサ)여사는 이
번 전쟁에서 명예롭게 죽은 육군 보병소위 고(故) 가지하라 유조우(梶原
祐造)의 부인이다. 남편이 죽을 때까지 사용하며 많은 전공을 세웠던 모
젤 권총 및 실탄 40발을 죽은 남편을 대신하여 헌납 신청했다. 그리고 본
인은 남편의 전사로 수원군군사후원연맹으로부터 조의금 50원을 받았음
에도 탈상에 앞서 이미 받은 50원과 합해서 "주인은 국가를 위해 일신을
바쳤는데 나는 오히려 그 덕분으로 먹고사는 것은 가당치 않으며, 현재
곤란한 것없이 감사한 생활을 하고 있었기 때문에 이 돈은 다른 방면에

사용하여 주세요"라고 하면서 헌납을 신청하였다. 그러자 수원군수는 "절대로 염려하지 마세요. 귀댁에는 아직 어린 아이도 있어요. 앞으로도 마음을 다잡아 아이를 군세게 길러 주십시오"라며 돌려보냈다. 그녀는 돌아가는 길에 수원소학교에 가서 20원을 설비비로 기부하였다.

현재 그녀는 수원 읍내에 있는 자택에서 장녀 히데코(琇子)와 함께 나라의 꽃으로 산화한 부군의 생전을 그리워하며 꽃피는 아침과 달뜨는 저녁을 조용히 보내고 있다. 이번에는 또 의치, 금반지 등을 국방헌품으로 내고자 헌납 방법을 수원경찰서를 통하여 수원군 국방의회장에게 의뢰하였다. 그러자 국방의회에서는 즉시 헌납수속에 나섰다.

66. 향전(香奠)으로 국방헌금

경기도 김포군 검단면 마전리 504번지의 윤수자(尹壽子) 여사는 앞서 둘째 딸을 잃어 하루하루 눈물로 지새우고 있었다. 하지만 현 시국을 생각하면서 평소 조금이라도 국가에 헌신하려고 노력했던 죽은 딸의 영혼을 위로하고 지난 8월 23일 49제 날 친족에게서 받은 향전 5원 남짓을 국방헌금하려고 헌납방법을 김포군청에 의뢰하였다. 군청에서는 감격하여 즉시 헌납 수속을 밟았다.

67. 제일선의 조의금

경기도 수원군 성호공립심상소학교에서는 군대가 지나갈 때에는 반드시 환송영을 해오고 있었다. 가끔 아동들의 위문편지가 인연이 되어 장병과 편지를 주고 받는 경우도 있었다.

지난 5월 26일 4학년 정규명(丁奎明)이 같은 학년 김종면(金種冕)이 죽자 ○○주둔군 ○○부대 카사이(笠井力人)에게 그 사실을 알렸다. 그러자 카사이는 김종면의 아버지에게 정중하게 유감을 알리는 답신과 돈

2원을 보내왔다. 답신이 오자 정규명은 김종면의 아버지에게 전해주었다. 김종면의 부모는 크게 감격하여 "목숨을 내던지고, 목숨을 걸고 일하고 있는 군인에게서 돈을 받는 일은 참으로 염치없는 것이라서 바른 행동이 아니라고 생각됩니다"라고 하면서 보낸 2원에 3원을 더한 5원을 국방헌금으로 내고자 교장선생님에게 신청하였다. 교장은 매우 감격하여 그 지역의 주재소를 통해 헌금 수속을 취하였다.

68. 상이군인의 국방헌금

평남 용강군 해운면 온정리 모리모토 죠스케(森本定助)

모리모토(森本)는 보병 상등병 출신이다. 만주사변 당시 부상(戰傷)을 입어 오른쪽 아래 대퇴부 20m 이하를 절단하고 지금은 의족을 사용하여 잡화상을 운영하고 있다. 그러면서 "나는 애석하게도 부상을 입어 다시 전장에서 봉공 하지 못하니 참으로 유감입니다. 적은 돈이지만 전비(戰費)로 보태주십시오"라며 10원을 1938년 12월 18일 해운면사무소에 제출하여 일동을 감격시켰다.

69. 소학교 아동이 청초(靑草)를 채집하여 국방헌금

평남 용강군 해운공립심상소학교 이효근(李孝根)

그는 해운공립소학교에 다니는 소년이다. 그는 "병사들은 나라를 위한 열정으로 중국 남부에서 자지도 쉬지도 못하고 전쟁을 계속하고 있다. 우리들은 여름방학이 되었는데 어찌 놀면서 지내겠습니까?"라면서 자기 부락에 사는 아이들 9명을 모아서 청초를 채집하고는 이를 마을의 농가에 매각하여 받은 16원을 "국방헌금으로서 보내주십시오"하면서 교장선생님에게 신청하였다.

70. 소학교 아동의 제반 비용 절약에 의한 국방헌금

평남 용강군 양곡공립심상소학교 아동 195명

이들은 1937년 전쟁이 발발하자 학교에 "바리깡"을 갖추고 이를 이용해서 경비를 절약하였고 폐품을 회수하는가 하면, 수학여행비, 학용품, 용돈 등 다방면에서 비용을 절약한 돈을 국방헌금으로 내기 위해 헌납을 신청하였다. 그 후 매월 헌금을 해왔는데 올해 5월까지 헌금 합계가 124원 18전에 달했고 참여한 연인원이 2,577명이나 되었다. 어린 아동들이 보인 애국의 뜨거운 정성에 눈물이 날 지경이다.

71. 소년단원이 토공(土工)작업을 해서 받은 임금을 헌납

평남 영원(寧遠)군 영락(永樂)면 영락애국소년단 54명

이 조직은 1937년 8월 20일 우리 황군이 대륙에서 진군하고 있다는 소식을 듣고서 애국의 순정에 불탄 영락면 소학교 아동들이 결성한 것이다. 이후 단원들은 흔연히 단결해 도로의 청소와 수리, 하수구 관리, 공공 미화작업 등을 해서 주변의 칭찬이 자자하였다. 특히 1938년 여름방학을 이용해서 부근에 때마침 영락교 건설공사와 영락삼림보호구역의 신축 공사가 있었다. 그래서 공사의 매토(埋土) 및 자갈 운반 등을 하고자 강가에 천막을 두르고 취사 당번을 정해 주먹밥으로 빈속을 위안하며 가늘고 약한 소년의 몸으로 노동을 하면서 3박 4일을 야숙했다. 출정군인의 노고를 생각하는 일심으로 흔들림 없이 근로에 종사하는 광경은 보는 사람마다 감탄을 주지않을 수 없었다. 이처럼 전원 50명은 용감하게도 폭염과 싸우는 활동을 계속해 마침내 예정한대로 매토 45평, 자갈 25평, 돌 36평을 운반하였다. 임금으로 46원 90전을 받았는데 그 중 식비와 잡비를 제한

25원을 국방기금으로 헌납해 감사장을 받은 일동의 감격은 지금까지도 생생하다고 한다.

올해에도 더더욱 활동을 계속해 지난 5월 17일, 입대군인 무라카미(村上義美) 이등병의 출정 열차가 통과할 때 단원들이 손에 손에 국기를 흔들며 소리 높여 만세 구호를 지르자 일반 민중은 한없는 감동을 받았다. 최근에는 수가노미야 타카코(淸宮貴子) 내친왕(內親王)[6] 전하의 탄생기념으로 가로수인 "입갈나무" 350그루를 영락소학교 앞 평함선(平咸線) 국도 양쪽 300m에 심고는 날마다 물을 주는 등 진실로 온갖 성의를 다했다. 이처럼 본 단체는 결성 이후 산간벽촌임에도 시국의 인식과 후방 국민다운 각오는 더욱 튼튼해졌고 모든 일에 솔선수범 하여 인근 일반인에게도 크게 영향을 주고 있다. 그러므로 이러한 소년들의 애국 지성의 모습을 널리 알리고자 한다.

72. 농촌의 참된 정성

경기도 강화군 내가(內可)면에서 자작농을 창설한 최학진(崔鶴辰) 외 7명은 각자 영농의 조직화에 노력했다. 그 결과 발생한 잉여금을 모으니 10원이나 되자 이것을 국방헌금으로 내려고 해당 면을 통해 강화군사후원연맹에 보냈다.

---

6) 다카코 내친왕(1939~　)은 히로히토(裕仁: 1901~1989)와 고준 황비와의 사이에서 난 2남 5녀 중 막내이다. 수가공주라고도 불린다.

73. 전력으로 국가 일에 분주

평남 평양부 경제(鏡齊)리 104번지 장원일(張元一)

그는 사는 곳마다 이장을 역임하면서 항상 자기 리(里) 주민을 지도하는 일에 전념하였다. 성대(聖代)의 혜택에 감사해 1934년 이후 매년 기원절(紀元節)[7]마다 국기가 없는 조선인 가정을 조사해서 사비로 국기를 나누어주었다. 이번 전쟁 이후 즉시 임시 리회(里會)를 소집하여 시국에 임하는 국민의 각오를 설명하고 경솔한 행동을 삼가며 후방국민다운 각오를 촉구하였다. 몸소 군사원호후원자금으로 130원을 헌금으로 내고 리민 거출금 350원을 모아 헌금했다. 또한 출정군인의 환송과 환영, 위령제나 유가족 위문 등에 힘써 나갔는데 전쟁이 더욱 장기화되자 최근에는 마을 사람들을 모아서 1,000원 목표의 저금보국 운동을 전개하고 있다.

74. 누에고치 매각 대금을 국방 헌납

평남 성천군 성천(成川)면 성천공립보통학교 직원 학생 일동

이들은 전쟁 발발 이후 황군이 혹서의 전장터에서도 쉬지도 자지도 못하고 악전고투면서 연전연승함에 감동하여 후방국민다운 진충보국과 후방수호를 위하여 분기하였다. 이에 1인당 100말 정도 양잠을 하면서 수건(收繭) 대금으로 국방헌금을 하려는 계획을 세웠다. 이에 지난 8월 16일 애누에 5매를 학교에 옮겨 세 번째 잠까지 사육한 후 그것을 1학년부터 6학년까지 540명에게 분배해서 사육하였다. 각 아동의 열성은 말할 것도 없고 학부형들도 적극 도와주었다. 학부형들은 아동이 등교하면 대신 돌보기도 하였는데 이것을 본 여자청년단원도 모교의 이같은 노력에 감

---

7) 일본의 건국 기념일로 본래 신무(神武) 천황이 즉위했다고 하는 날인 2월 11일.

격하여 참가를 희망한 사람도 무려 14명이나 되었다. 그래서 함께 협력하여 누에 관리를 잘하게되니 발육도 순조로워 마침내 다음과 같은 국방헌금을 하게 되었다.

일금 100원 16전과 특등 30관 100돈 및 옥견설(玉繭屑) 견대(繭代)
−내역−
일금 97원 73전 성천공립보통학교 직원 학생 일동
일금 2원 43전 성천여자청년단 일동

이와 같이 아동들은 물심양면으로 국민정신총동원 운동의 경험을 얻었고 멸사봉공의 정신을 더 높일 수 있었다. 아동들의 이러한 모습으로 가정 일반에서의 시국 인식이 신장하는 등 여러 가지 이로운 것이 많았다.

75. 열녀문 건설공사비의 일부를 절약해 헌금

평남 강서(江西)군 삼묘(三墓)리 154 이정숙(李貞淑)

그녀는 스무살에 남편과 사별한 후 시부모에 효양을 다하고 정조를 지켜왔다. 1936년 11월 강서유림회, 1937년 5월 평남유림회로부터 효열(孝烈) 표창을 받았다. 자식들 및 친족 일동은 이를 기념하기 위해 열녀문을 건립하기로 하고 준공을 눈앞에 두고 있었다. 그런데 이번 전쟁이 발발하였고, 그녀는 느끼는 바가 있어 설계를 변경해 공사비를 절약하여 50원을 국방헌금으로 내고자 강서면장의 손을 거처 헌납하여 일반 사람에게서 특별한 칭찬을 받았다.

76. 매월 10일분의 급료를 국방헌금

평남 강동군 만달(晩達)면 운학(雲鶴)리 79 김두현(金斗鉉)

그는 지난 9월 5일 오후 8시 만달면 광제(廣濟)리에서 개최된 시국강연회에서 황국의 광대무변한 자애로운 은혜, 일본에서 만들어지는 행복, 황군의 음덕으로 오늘의 안락한 생활이 가능하다는 것에 감격해 강연이 끝나자 단상에 서서 다음과 같이 주장하였다.

"나는 지금 철도 건널목 간수로 일급(日給) 56전을 받고 있는데 일급 20일분은 가족의 생계에 필요하기 때문에 남기고 매달 10일분인 5원 60전은 국방헌금으로 내기로 여러분들 앞에서 맹세하며 아울러 여러분들도 이렇게 하시길 힘껏 권합니다."

77. 황군의 충용에 감격한 구장(區長)

경기도 파주군 탄현(炭顯)면 오금(吾수)리 구장 박준길(朴準吉)은 이번 전쟁 이후 황군의 용약(勇躍)에 감격해 항상 리민을 상대로 시국 인식과 철저한 교화에 힘써왔다. 시국이 중대해지자 그는 매일매일 보도되는 황군의 활약상을 알렸다. 이에 감격한 리민 170명은 1인당 수확하는 벼 5근씩을 갹출하여 국방헌금하기로 하고 매각한 67원 77전을 탄현경찰관주재소를 방문해 국방헌금할 것을 의뢰하였다. 또한 남경(南京)함락 축하회에서 리민과 모의하여 회비 절약금 17원 8전을 헌금했다.

78. 도토리를 수집해 국방 헌금

경기도 김포군 하성(霞城)면 가금(佳金)리 380번지의 이정숙(李貞宿) 부인은 올해 53세인데, 1931년 남편과 사별한 후 외아들에 의지하며 가난과 싸우며 생계를 영위해 왔다. 이번 전쟁 이후 군과 면에서 주최한 시국강연을 들으면서 크게 감동을 받아 모자(母子)가 분발하여 어떤 방법으로도 국은에 보답하려고 했다. 하지만 원체 가난해서 방법이 없음을 한탄하고 있었다. 때마침 지난해 가을 모자(母子)는 서로 협력해서 부근 산과 들에서 매일 도토리를 수집하니 4말이나 되었다. 이것을 매각한 3원을 그 길로 면사무소에 가서 국방헌금 신청을 의뢰하였다.

79. 소년이 보여준 아름다운 사연

경기도 김포군 김포면 북변(北邊)리 권석윤(權錫胤) 소년은 17세로 김포공립보통학교 6학년 학생이다. 이번 달 7일 용산야포대(龍山野砲隊)가 혹한(耐寒) 훈련을 위해 김포에 와서 숙영하였는데, 이때 권석윤은 부대장 외 1명의 사영(舍營)을 돕고 마음을 다해 접대하였다. 다음날 아침 출발할 때 부대장 등이 3원을 답례로 지불하자 권석윤은 놀라 받기를 거절하였다. 억지로 그것을 놓고 갔는데, 이에 그는 "국방의 최전선에서 의용봉공하는 부대의 훈련날에 하룻밤 접대하는 것은 일로 절대로 사례를 받을 수 없습니다"라며 이달 8일 김포군청에 가서 그 이유를 말하고 국방헌금으로 내었다.

80. 근로 보수금을 헌금

경기도 용인군 농사훈련소 급사 조신행(趙伸行)은 때때로 들은 전쟁 이야기에 감동해 후방의 국민으로 마음이나마 표하고자 했다. 어느 날 청년단이 주최한 시국 좌담회에서 도우미 일을 하였고, 보수로 받은 60전에다 용돈 40전을 합해서 "약소하지만 나라를 위해 사용해 주십시오"라며 용인군사후원연맹에 헌납 신청하였다.

81. 장례비를 절약해서 헌금

경북 김천군 아포(芽浦)면 의동(義洞) 공쌍(公雙)구장 겸
공려(共勵)조합장 김재영(金在永)

관혼상제 등에서 허례에 빠져 쓸데없이 금품을 지불하는 고루한 관습을 조선의 폐습이라 통감했던 김재영은 지난 8월 16일 부친의 장례에서 의례준칙에 기초해 종전이라면 족히 300원은 초과하는 장례비를 최소한도로 절약하여 100원밖에 들지 않았다. 평소 애국심이 투철하여 절약한 돈 중에서 30원을 국방헌금으로 하고, 10원은 마을 야학회 자금으로 기부하였다.

그는 다년간 구장(區長)으로 봉직하며 오늘에 이르렀고 최근 몇 년간은 마을의 공려조합장을 겸해 면을 위해 크게 노력하였다. 항상 솔선해서 동민에게 모범을 보이며 충실히 직책을 수행해내었다. 이번 미담도 감격할 만한 것으로 비상시국 아래인 지금 구래의 누습에 사로잡혀 있는 민심에 큰 반향을 주고 있다.

82. 출정군인에 감격한 부인회, 가마니 짜기 헌금을 내다

충남 공주군 장기(長岐)면 마암(磨岩)리 당동(唐洞)부인회

이들은 전쟁 발발 이후 시국 인식을 충실히 하고 많은 활동을 하였는데 지난 2월 부인회장 이상은(李相恩)은 공주읍에서 입대하는 고원시(高原始)의 출영 광경을 보면서 크게 감격하였다. 그날 집으로 돌아가 회원들에게 위의 일을 말하고는 자신들도 황국신민으로써 후방 국민다운 의무로 국방헌금을 하자고 논의한 결과 가마니를 짜서 각 1인당 1매씩 거출한 5원 61전을 국방헌금으로 내었다.

83. 소년의 뜨거운 정성

충남 대전부 욱정(旭町)공립심상소학교 소년적십자단 토반(兎班)
54명 대표 6학년 방을선(方乙仙)

본교 소년적십자 토끼반 반장 방을선 외 54명은 1939년 12월 1일의 애국일을 전후하여 10여 일간 각자 용돈과 학용품을 절약해서 "비행기의 부속 하나라도, 군함 제작에 필요한 철 조각 하나라도 보태자"라며 지난 2월 12일 오후 3시 "일본정신발양주간(日本精神發揚週間)"에 《중선일보사(中鮮日報社)》를 통해 국방헌금하였다. 후방의 어린 국민이지만 참으로 기특한 행동이었다.

84. 면의 헌금을 한 사람이 도맡음

강원도 원주군 문막(文幕)면의 이언변(李彦釆)은 마을에서는 상당한 자산을 가진 사람인데 예전에는 무척 빈곤하여 시골에 있는 폐 농가에 살았다. 오랫동안 끈기있게 근검절약하면서 오늘에는 남들이 부러워할 정도로 행복하게 살고 있다. 이번 전쟁으로 강원도에서 애국기(愛國機)를 헌납한다는 소식을 듣고 면장을 방문해서 이렇게 말했다.

"저는 옛날 아주 가난했는데 점점 좋아져 지금 그럭저럭 행복하게 살고 있습니다. 이것은 전부 국가의 음덕으로 저의 재산도 일본의 정의와 평화라는 음덕에서 나온 것입니다. 옛날의 조선이라면 도저히 지금과 같이 안락하게 지내는 것은 꿈꿀 수도 없었을 것입니다. 그렇기 때문에 저는 국가를 위해 정성을 다하지 않을 수 없습니다. 중국이 계속 포악한 행동을 자행한다면 저의 재산이 무슨 소용이겠습니까?"

그러면서 면의 모집 예상 금액 400원을 도맡아 헌납하였다.

85. 친아버지의 회갑연을 폐지하고 국방헌금

평남 평원군 양화(兩花)면 옥정(玉井)리 김윤제(金允濟)

그는 상당한 재산을 가지고 생활이 안정된 사람이다. 원래 찢어지게 가난한 빈농의 아들로 태어나 아버지가 농사하면서 근검저축하여 조금씩 나아져서 오늘에 이르렀다. 소학교를 졸업한 후 집안 일을 이어가기 위해 노력하는 모범 청년으로 이름이 났다.

전쟁이 발발하자 마을 구장이던 아버지와 함께 주민의 활동을 돕고 솔선수범했는데, 지난해 12월 20일 아버지의 회갑을 맞아 축하연을 열려고 했으나 시국이 크게 걱정되는 상황이라 잔치를 하지 않고 국방헌금으로 300원을 군청을 경유해 헌금하였다. 이 특별한 행동에 일반인들의 칭찬이 마르지 않았다.

86. 연말 떡쌀을 절약해 헌금

경기도 김포군 양촌(陽村)면 도사(道沙)리의 농촌진흥회원 일동은 출정 군인의 음덕으로 즐겁게 양력 설을 맞이하고 있다고 생각하고, 작은 성의라도 표하고 싶었다. 이에 전쟁터에 있는 황군에게 설날을 축하하려고 찹쌀을 절약해서 판 7원 20전을 황군위문금으로 내고자 양촌면장을 통해 헌납 수속을 밟았다.

87. 정군의 헌금

경북 영일군 청하(淸河)면의 정성도(鄭聖道)는 정미업체를 운영하는 청년이다. 평소 무척 검약하는 사람이어서 다른 사람과 교제도 하지 않고 오로지 일만 하였다. 그래서 인색한 사람이라는 악평도 들었는데, 시국이 점차 중대한 상황에서 그는 면사무소를 방문해, "약소하여 부끄러울 따름이지만 국방에 보태주세요"라며 금일봉을 내었다. 관계 공무원은 하필 정성도라는 사람이 한 일이라서 문득 놀랐지만 어쨌든 감사하게 수령하였다. 그가 돌아가고 나서 봉투를 뜯어보고는 또 한번 놀랐는데,

"이봐 자네, 자네는 저 정미소의 정군을 알지? 그 정군이 헌금을 다 했어."

"에이, 정말?"

"정말이래도, 게다가 그가 얼마를 헌금했을 것같아?"

사무소 사람들이 생각해 볼 때 인색가라고 불리는 정씨의 돈이기 때문에 무척 적은 금액이라고 생각하고 있을 때, "정군이 30원을 헌금했다네!"라고 관계자가 말했다. 보통 부자에게 30원은 작은 돈이지만 예를 들은 정군은 절대로 그렇게까지 부자는 아니었기에 참으로 대단한 일이었다. 일동은 어리둥절하였다. 그러면서 이윽고 시국에 따라 형성된 국민적 자각이 그 정도로 크구나 라는 생각에 다들 깊이 감격하였다.

88. 가마니 한 장씩이 18원이 되다.

충남 서천군 화양(華陽)면 장상(長上)리 리민 일동

이 마을은 1933년 농촌진흥운동 이후 군·면의 지도를 착실하게 받아 갱생의 분위기가 농후하며 착착 효과를 나타내고 있어 조선총독부 및 도(道), 군(郡)의 표창까지 받았다. 리민은 당국의 후의에 감사하고 있었다. 전쟁 이후 후방의 보국에도 이따금 활동하고 있었는데 특히 여가를 이용해 가마니를 각 집마다 1개씩 만들어 판 18원 40전 중에서 3원 30전은 위문주머니를 만들고, 나머지 15원 10전은 국방헌금하였던 것은 참으로 시의적절한 생업보국이었다.

89. 가난한 이의 등 하나

경남 거창군 거창읍 조선부인(朝鮮婦人) 장송열(章松烈) 외 18명

거창모범림사업소에서 일용직으로 일을 하고 있는 이들 동동(東洞)부인근로단원은 혹서기에도 분투하는 황군장병의 노고에 감사하면서, 국민한 사람으로서 국방의 한축을 제대로 담당하지 못함을 유감스럽게 생각하여 위문금 1포(包)를 거창군수에 내었다. 이들 부인들은 일당 20전에서 30전 정도의 낮은 임금을 받으면서도 일부는 저금을 하고 나머지는 거출하였던 것이다. 참으로 시국에 처한 조선부인의 진실한 국가 관념의 증표라 할 수 있다. 시국이 점점 긴박해져 거국일치를 강조하는 요즘, 가난한 사람의 등(燈) 하나도 귀한 데, 참으로 이 미담은 각 방면에 많은 감동을 주었다.

90. 구장(區長)이 사례금을 국방헌금

충남 대전부 대흥(大興)정 제4조장 나카무라 후지지로(中村藤次郎)

그는 6년간 마을의 구장이었고, 그간 열성적으로 정내(町內)의 일을 지도하고 이끄는데 노력했다. 전쟁 발발 후에는 밤낮 후방의 원호에 쉴 틈 없이 활동하였다. 때마침 구랍(舊臘)으로 구장 퇴임일이 다가왔다. 그래서 정내(町內)에서 사례금으로 75원이 모였는데, 그는 개인적인 욕심에 매이지 않고 바로 대전헌병대를 방문해 전액 국방헌금으로 기탁했다.

91. 소방조원(消防組員)의 경작 헌금

충남 홍성군 결성(結城)면 용호(龍湖)리 소방조원 15명

위의 소방조원 조성갑(趙聖甲) 외 14명은 10월 25일 벼베기 지도장려를 겸해 하루동안 공동으로 벼 베기를 하고 받은 임금 8원 10전을 국방헌금으로 헌납했다.

92. 매월 국방헌금을 힘써 행함

평남 성천군 삼흥(三興)면 묘산(卯山)리 박금룡(朴金龍)

그는 무척 궁핍해서 조그마한 초가집에서 살며 그날그날 생활도 힘들었고 건강도 좋지 않았다. 행상을 하고 있었는데 이번 전쟁 이후 시국을 제대로 인식하면서 진실로 눈물이 날 정도로 분투하여 절약을 하였다. "후방 국민의 의무는 국방헌금을 내는 것이다"라며 매월 50전 혹은 1원을 전쟁이 시작된 달부터 지금까지 빠지지 않고 헌금해오고 있다. 후방의 미담은 종종 있었지만 그와 같이 극빈한 사람이 오늘날까지 무려 27개월 동안 매달 헌금했다는 것은 전적으로 애국의 지성(至誠)에서 온 것이라 할 수 있다.

93. 연료를 절약해 헌금

황해도 해주군 금산(錦山)면 냉정답(冷井畓)동 오덕춘(吳德春) 외 26호의 동민은 이미 절미(節米) 헌금, 기타 헌금을 해오던 차였다. 이번에 다시 연료절약을 계획하여 오덕춘의 집 앞에 절약연료유치장(燃料節約置場)이라고 쓴 목찰(木札)을 세우고 이곳에 연료를 모아서 판매한 대금 3원 20전을 국방헌금으로 내었다.

마을 부인도 전쟁이 발생하자 시국에 대한 인식을 철저히 하고 근검절약하면서 매월 1전 저축을 해오고 있는데, 그 중 일부인 1원 80전을 국방헌금하였다.

94. 노임을 공제저금해서 헌금

경북 영일군 포항읍 포항(浦項)동 이인근(李仁根)

그는 나뭇꾼이다. 1937년 전쟁이 발발했다는 말을 듣고 전쟁에는 충분한 경비가 있어야 한다고 생각하고 그 후 자기 노임 중에서 생활비를 줄이고, 남는 돈을 저금하였는데 그것을 인출하여 "국방비로 헌납해 주십시오"라며 1938년 7월 11일 읍사무소에 와서 관계 공무원에게 내밀었다.

"전쟁이 일어났어도 우리들은 조선 사람이기 때문에 마음껏 나라를 위해 애쓸 수도 없어 참 유감입니다. 모든 일에 나라를 생각하고 지금부터 낼 수 있는 한 저축이라도 해서 전쟁이 끝날 때까지 몇 번이고 더 국방헌금을 하겠습니다."

그러면서 2원 44전을 헌금했는데, 이후에도 2회에 걸쳐 8원 62전을 헌금하였다.

95. 사방공사 노임을 헌금

경남 합천군 묘산(妙算)면 묘산면 의용단장 윤두식(尹斗植) 외 단원

이들은 1938년 8월 17일 오전 4시 묘산면주재소에 집합해 사카이(酒井)순사부장의 인솔로 연일 사방공사장에서 근로하고 받은 노임 6원을 단장 윤두식의 찬조금과 보태서 총 10원을 만들어 헌금하였다.

96. 부인 야학 회원의 뜨거운 정성(赤誠)

　　장기전을 치러야 한다는 각오를 더한층 굳건히 하고 있는 이 가을. 황해도 해주의 욱정공립심상소학교에서 지난해 5월 15일부터 7월 15일까지 2개월간 문맹인 부인에 대한 국어강습 야학회가 열려서 큰 성과를 거두었다. 거기에 참가한 150명의 부인은 각기 계층이 망라된 사람들로 연령도 11세부터 최고 43세까지 고루 분포하고 있다. 시대의 발전과 황국신민다운 자각으로 매일 밤 열성적으로 공부를 하여 국어에 관한 한 본래 모두 백지였지만 2개월이 지난 후에는 간단한 것은 국어로 말할 정도가 되었다. 마지막 7월 16일 밤, 2개월간의 모든 지식을 동원해서 글을 지었는데, 서투른 문장 임에도 눈시울을 적실 정도로 뜨거운 정성을 보여주어 참으로 감동적이었다.

　　회원 중 김부인(특히 성명은 비밀로 하길 희망하는)은 국어교본 중에서 금차회(金釵會)[8] 이야기에 관심을 쏟아 사소한 것이라도 국방헌금한다면서 간직하고 있던 금반지(가격 약 30원)를 빼서 헌납하였다. 또한 43세의 허부인(성명은 비밀)은 정성어린 위문주머니를 만들어 기탁했다. 또한 전체 회원들이 힘을 합쳐서 갹출한 약 44원을 국방헌금으로 내는 등 후방 보국의 굳건히 마음으로 감격하면서 헤어졌다.

---

8) 애국금차회(愛國金釵會)는 1937년 조직된 여성 친일단체이다.중일 전쟁 발발 직후인 1937년 8월 20일 윤덕영의 부인 김복수가 회장이 되어 결성했다. 이 단체에는 조선귀족인 민병석, 이윤용 등 구 친일 세력의 부인들과 김활란, 고황경, 송금선, 유각경 등 신교육을 받은 여성계 인사들이 참가했다. 설립 목적은 일본군의 중일 전쟁 수행을 지원하기 위한 국방헌금의 조달과 원호 등이다. 출정하는 일본군을 위한 환송연을 열고 참전한 병사의 가정을 위문하거나 조문하는 기능도 있다. 애국금차회는 경성여자고등보통학교에서 열린 결성식에서 금비녀를 비롯한 장신구와 현금을 즉석에서 모아 국방헌금으로 헌납하였고, 이 광경은 동양화가 김은호가 <금차봉납도>라는 그림에 묘사했다.

97. 전첩(戰捷)에 감동하여 절약 헌금

경기도 김포군 군내(郡內)면 화변(化邊)리 동변(東邊)농촌진흥회원은 대장진(大場鎭), 묘행진(廟行鎭)[9] 등 상해방면전첩봉축제에 참가하여, 시국을 맞는 후방 국민다운 책무를 다하고자 작은 것이라도 헌금하려고 쌀 1되씩 생활비를 절약해 만든 16원 57전을 헌납하였다.

98. 우리들의 헌금은 이때까지만

경북[10] 사천(泗川)군 사남(泗南)면
사천공립심상소학교 직원 아동

관민 합동의 국민정신작흥조서(作興詔書)의 봉독식(奉讀式)을 계기로 비상 시국에 대한 인식을 높이고자 교장선생님 이하 직원과 아동들이 봉공회(奉公會)를 조직하고 이후 매월 근로 혹은 절약으로 1전씩 봉공저축을 수행하여 봉공의 정성을 할 것을 계획했다. 그리하여 이번 달까지 5개년 간 봉공저축을 계속하면서 "작금의 긴박한 상황을 생각하면서 봉공을 위한 우리들의 작은 뜻이라도 바치겠다"고 하였다. 이때까지 총 100원을 국방헌금으로 헌납함으로써 후방국민다운 뜨거운 정성을 보였다.

99. 구(舊) 정월을 폐지하여 헌금

경기도 고양(高揚)군 송포(松浦)면 구산(九山)리와 행정(杏亭)리의 나카무라(中村)농촌진흥회에서는 양력 설을 시작했는데 구정은 회원 모두가 면내에서 있는 토목공사에 출역했으며, 여기서 받은 임금은 아래와 같이 국방헌납하였다.

---

9) 상해 부근의 지명으로 1937년 10월 20일에 이 지역을 일본 육해군이 폭격하였다.
10) 경남의 오기

행정농촌진흥회 35인 15원

중촌농촌진흥회 24인 7원 33전

100. 소학교 아동의 헌금상자 설비

황해도 평산(平山)군 용산(龍山)공립심상소학교 아동 일동은 교장의 지도를 받고 일반주민에게 비상시국상황을 인식하게 함은 물론, 모든 채널을 통해 신중히 연구하여 시국의 추이를 예의 파악하고 현재의 난국을 극복하려는 후방 국민다운 보국 활동에 매진하고 있다. 그 구현을 위하여 아래의 사업을 계속하고 있다.

1. 헌금상자의 설치 : 올해 4월부터 학교 양쪽의 승강구에 준비하여 아동들이 자발적으로 학용품절약, 근로보수 등으로 작은 금액이라도 자유롭게 헌납할 수 있게 하였다. 그 성적이 양호하여 7월 말까지 4원 40전이 들어 왔고 그것을 헌금하였다.

2. 애국저금의 실시 : 지난해 여름 전쟁 발발과 동시에 시국의 중대성에 감안하여 직원과 아동이 한 덩어리가 되어 후방국민다운 뜻을 가지고 지난해 9월부터 1주일에 1전씩 저금하여 오늘까지 한명의 미납자도 없이 우편저금을 하였다. 저금액은 7월 말까지 67원 20전에 달했다.

3. 기타 국방헌금품(아동일반 34원, 생산물에 의한 것 5원, 위문주머니 30개, 담배 카츠도키(カチドキ) 5원, 위문문 250부)을 내고 또 학교에 신단(神壇)을 설치하고 자발적으로 매일 빠짐없이 등교와 동시에 배례를 하며 황군의 무운장구를 기원하는 등 진실로 눈물어린 후방 보국의 열성을 보여주고 있다.

101. 결혼비를 절약해 국방헌금

경기도 수원군 수원읍 구천(龜川)정 구경회(具瓊會)는 지주이다. 전쟁이 터지자 이전에도 30원을 국방헌금 했는데, 이번에도 다음과 같이 말 하면서 헌납을 하였다.

　　"이번 전쟁이야말로 영원한 동양평화 건설의 대성전으로, 전쟁 상황에 있는 우리 반도의 동포는 진실로 내선일체(內鮮一體)가 되어 후방을 지키는 황국신민의 본분을 털끝만치라도 손상하지 말고 시국에 잘 대처해야 한다"

　그리고 참된 내선일체는 먼저 혼인에서 이루어진다고 믿고 그의 장남인 구자준(具滋俊)과 아이치현[愛知縣][11] 출신의 구로미야 하나코(黑宮花子)의 혼담을 진행하여 1938년 8월 5일의 길일에 간소하게 결혼식을 올렸다. 이때 절약한 100원을 국방헌금으로 수원군 국방회의장을 경유해서 수속을 취했다.

102. 저축한 동전 10원

　　　강원도 인제(麟蹄)군 인제면 남공립소학교 6학년 이봉림(李鳳林)

　그는 5학년부터 급장을 했다. 5학년 때는 동급생을 선도하여 근로 작업을 해서 모은 땀의 결정체 5원을 국방헌금하여 사람들을 감격시켰다. 6학년이 되어서는 다른 집에서 일하면서 학비를 벌어 생활하고 있다. 푼돈은 반드시 저금통에 넣어 저금했는데, 올 3월까지 한푼 한푼 모은 동전이 10원 가량이 되었다. 육군기념일인 3월 10일 이것을 가지고 등교하여 헌금을 신청했다.

　강원도 인제군은 산이 많기로 유명한 산골이다. 군인이라고는 본 적도 없는 사람들만 산다. 더군다나 한창 놀고 싶은 어린아이가 그것도 한 때

---

11) 아이치현은 혼슈 중부 지방 서남부, 태평양에 면한 현으로 현청 소재지는 나고야(名古屋)이다.

의 생각이 아니라 1년 동안 저금한 10원을 냈다는 것……. 그 묵직한 동전보따리에 교장 선생님도 울컥했다고 했다.

103. 받은 급료를 헌금

경북 경주군 감포(甘浦)읍 감포리 감포읍사무소 급사

김정래(金貞來)

그녀는 감포읍 감포리 509번지에 살며 잡화상을 하고 있다. 올해 5월 읍사무소의 급사로 일하게 되었는데, 당년 15살로 온순한 아가씨이며 그늘이 없고 기운넘치게 활동하여 직원 모두로부터 사랑을 듬뿍 받고 있다. 채용된 첫 달 급료가 6원 72전(일괄계산)인데, 다음날 읍장에게 "적지만, 국방헌금으로 보내주십시오"라며 금일봉을 제출하였다. 읍장이 이것을 받아 보니 어제 지급된 급료봉투 그대로였다. 읍장은 깊이 감격해 헌금의 동기를 상세히 물었다.

"나는 학교의 선생님과 그밖의 여러 훌륭하신 분들로부터 전쟁 발생 이후 군인이 자신의 생명을 내놓고 최전선에서 국가를 위해 힘쓰고 있다는 사실을 여러 번 들었습니다. 나도 일본국민으로서 그런 말을 들을 때마다 비록 몸은 후방에 있더라도 그에 상응한 임무를 해야 된다고 항상 생각했습니다. 어린이였을 때는 아무런 수입도 없어 단지 생각만 하고 그쳤습니다만, 다행히 이번에 읍사무소의 급사로 채용되어 처음으로 급료를 받았습니다. 참으로 적어서 부끄럽지만 국가에 대한 작은 봉공이라도 하고싶다는 생각으로 아버지와 어머니와 상의했습니다. 양친께서도 그러한 선행을 하고 싶어 하셨는데, 10원 미만도 헌금할 수 있는지 읍장과 상담해서 어떻게든 낼 수 있도록 하라고 기쁘게 승낙을 받았습니다. 이제 저도 평소의 염원을 이루게 되어 기쁩니다. 차마 날이 밝는 것도 기다릴 수 없었습니다."

천진난만한 소녀의 국가에 대한 지성과 봉공에 읍장은 너무나 감격해서 신속히 헌금 수속을 취하였다. 그녀의 모범적 행위는 장기적인 성전 아래에 있는 후방 국민에게 강한 자극제가 될 것으로 보인다.

104. 진휼구조금을 헌금

충북 충주군 이억면(利抑面)[12] 장성(長城)리의 이순례(李順禮, 82세), 김복동(金福同, 73) 등 두 할머니와 대소(大召)리의 서명숙(徐明淑, 69세) 세 사람은 늙어서 거동조차 어려운 노인이다. 보살펴 줄 가족도 없는 박복한 신세여서 은사진휼자금(恩賜賑恤資金) 궁민구조(窮民救助) 규정에 의하여 도움을 받고 있었다. 그러다 지난 8월 17일 1937년도 제2분기 구조미(救助米) 대금으로 1인당 7원 72전을 이류면장으로부터 받았다. 그때 전쟁에 관한 이야기를 면장으로부터 듣고는 3명의 노인들은 크게 감동받았다.

"우리들은 광대무변한 천황 폐하의 은혜로 이렇게 밥이나마 먹을 수 있게 되었으니 이 얼마나 감사한 일인가?. 우리들은 사회에서도 성가신 쓸모없는 사람들인데 참으로 감사하지 않을 수 없다. 이렇게 특별하신 천황폐하를 위하여 우리 황군은 난폭한 중국과 전쟁을 하고 있다. 국민으로서 국가를 받드는 열정에 무슨 귀천 빈부의 차별이 있을까? 그러므로 우리들은 매일 3홉을 2홉 5작으로 줄여 남긴 5작 정도를 반드시 국방비로 헌납하여 우리들의 진심과 감사의 마음을 보여주고자 한다."

이런 뜻의 이야기를 하면서 세 할머니는 각각 1원씩 헌금을 내었다.

---

12) 이류면(利柳面)의 오기.

105. 서당의 아동이 가마니를 판매한 돈을 국방헌금

평남 용강(龍岡)군 다미(多美)면 서적(瑞赤)리
광숭(廣崇)서당 아동 23명

이들은 전쟁이 발발하면서 "우리들은 황국의 제2세이다. 자라서 충실한 신민이 되어 나라에 의무를 다하더라도 현재는 그렇게 할 수 없기 때문에 근로작업을 해서라도 돈을 모아 극방헌금을 내야겠다"라고 합의하였다. 이에 방과 후 가마니짜기 작업을 하여 판매한 대금 2원을 1938년 12월 5일 다미면을 통해 국방헌금으로 헌납하였다.

106. 숙영비를 황국위문금으로 헌납

평남 강동군 고천(高泉)면 열파(閱波)리 황두성(黃斗星) 외 52명

이 마을에서는 지난 12월 17일 평양 72연대가 겨울 혹한 행군훈련을 하려고 숙영을 했는데, 숙영비로 68원 95전을 받았다. 이 중 쌀값의 반액을 뺀 잔액 44원 75전을 황국위문금으로 헌납하려고 강동군청에 신청했다.

107. 매 장날의 매상금을 국방헌금

평남 중화(中和)군 중화면 낙민(樂民)리 이병근(李丙根)

그는 느낀 바가 있어 전쟁 1주년을 맞아 매번 장날의 매상금에서 약간씩 저금해왔다. 1938년 마지막 장날부터 1939년 2월 13일까지 저금한 것이 30원이 되자 국방헌금으로 헌납했다. 이처럼 그는 후방국민다운 의무를 다하면서 지역에서도 모범이 될 만한 일에 힘쓰고 있다.

108. 수렵한 노획물의 매각금을 국방헌금

평남 중화군 중화면 낙민리 옥승빈(玉升彬)

속세의 사람들이라면 흔히 쾌락적인 것에 관심을 두는 법인데 옥승빈은 수렵(狩獵)으로 보국하려는 마음을 항상 가지고 있었다. 평소 일로 다망하지만 틈이 생기면 수렵을 나가서 노획한 것을 팔았는데, 모아보니 55원에 이르러 1938년 2월 23일 국방헌금으로 내었다.

109. 소학교 아동이 학용품을 절약해 국방헌금

평남 중화군 중화면 장현(章峴)리 사립 경의(敬義)학교 생도 일동

이들은 전쟁 발발 이후 시국의 중대성을 자각하고 이에 모범을 보이고자 학용품을 절약하여 조금이라도 국방에 보탬이 되려는 마음으로 모은 6원을 국방헌금하였다.

110. 폐품 매각 대금을 국방 헌금

평남 중화군 신흥(新興)면 상삼(上三)리 최정식(崔鼎植)

그는 이번 <일본정신발양주간> 중 전 기간을 통해 제일 열심히 행사에 참가해 일반의 모범이 되고자 했는데, 이 기간 중 각종 폐품을 정리 매각한 7원을 국방헌금으로 내었다.

111. 시국 좌담회에 감격한 부인회원의 헌금

황해도 해주군 월록(月祿)면 용정(龍井)리 양지동(陽地洞)부인회는 관

할 주재소에서 개최한 시국좌담회에 가서 최전선에서 신명을 다하는 황군의 활동 상황과 보국 미담을 들었다. 그러면서 후방 보국의 임무가 무엇인지 생각하게 되었고, 불타는 애국심을 견딜 길 없어서 앉은자리에서 20전~30전씩 갹출하니 3원 70전. 이것을 국방비로 써 달라며 관할 주재소에 기탁했다.

112. 임금의 일부를 국방헌금

황해도 해주군 월록면 장둔(長屯)리 소미(小美)동 김성원(金聖元)는 전쟁 이후 관할 주재소원 및 해당 면직원에게서 혹서를 무릅쓰고 신명을 바쳐 전선에 서있는 황군의 활동 상황과 애국 미담 등을 듣고 불타는 애국의 열정을 누를 수 없었다. 이에 자신은 생계가 별 신통치 않지만 4월 10일 국방비로 써 달라며 자신의 임금 중 1원을 관할 주재소에 기탁했다.

113. 금주 금연을 해서 헌금

황해도 재령(載寧)군 상성(上聖)면 청석두(靑石頭)리의 이명순(李明淳) 외 41명은 제2회 <국민정신총동원> 주간을 맞아 서로 합의하여 그 기간 동안 금주와 금연을 해서 만든 12원 18전을 헌금했다.

114. 특별한 군국의 할머니

"무명의 전사자 어머니에게"라고 하면서 300원을 국방헌금한 사람이 있었다. 부산경찰서에서 자세히 조사해보니, 이 사람은 부산부 내남빈동(內南濱町) 2-8번지에 사는 미야모토 키미(宮本キミ, 54세)라는 할머니였다. 그녀는 '경사스러운 집'[13]이라는 꼬치집을 운영하면서 출정병사의 송영

---

13) 원문에는 吉の家이라고 되어 있다.

(送迎), 전사자의 유골 송영(送迎) 때마다 한 번도 빠진 적이 없는 군국의 할머니였다. 그녀가 부산애국부인회 회원이라는 사실이 알려지면서 일반 사람들에게 큰 감동을 주었다.

115. 월례회 저금의 일부를 국방 헌금

황해도 해주군 월록면 삼림(森林)리 분토(粉土)동 공려부락은 1933년 <갱생지도부락 설치요강>에 의해서 만들어졌다. 부락민은 일치단결해서 우수한 성적을 내고 있어 지난해 4월 공려부락이 되었는데 이후 당 부락위원장 김규선(金圭善)은 "부락민에게 시국인식을 심어주는데 크게 노력하고 있다. 이에 황군의 활동 상황과 분전고투하는 모습, 그리고 후방 각지의 애국미담 등을 들은 부락민은 종래부터 해오던 월례회 저축 중에서 10원을 국방비로 써 달라며 4월 19일 자발적으로 관할 주재소를 찾아 헌금하였다."

116. 매일 1전씩 저금해 헌금

평남 대동(大同)군 재경(在京)면 석화(石花)리에 거주하는 김승호(金承鎬, 63세)는 심각한 시국 상황을 잘 인식하고 있는데 가족이 일곱명이나 되고 무척 가난하게 생활하는 사람이다. 그럼에도 폭염 아래서 혹은 혹한을 무릅쓰고 밤낮없이 싸우고 있는 황군에게 무언가 위문하는 것이 국민다운 의무라고 생각하여 황군위문금으로 쓸 수 있도록 전쟁 이후 매일 1전씩 저금하였다. 그리고 마침내 2원을 모아서 대동 경찰서를 통하여 헌납하였다. 그는 공공 사업에는 솔선하였다. 지난번 공동우물개선사업에도 수고가 무척 많았는데 이처럼 그는 마을의 모범인물로 알려져 큰 칭송을 받고 있다.

117. 각리 구장이 가마니 대금을 국방 헌금

평남 강서군 수산(水山)면 각리(各里) 구장(區長) 13명

이들은 멀리 중국의 광한활 들판에서 악고투를 하고 있는 황군을 사모하여 올해부터 생산한 가마니 가운데 매일 5매씩을 팔아 국방헌금으로 해오고 있다. 4개월간 헌금 총액은 총 12원 80전. 가마니 매수로는 360매에 달한다.

118. 쓸모없는 비용을 절약해 국방 헌금

평남 강서군 함종(咸從)면 함종리 허종(許琮)

그는 이번 전쟁에서 황군이 악전고투하고 연전연승함으로써 후방 국민들이 안심하고 편한 밤을 보내고 있다고 여기고 성전(聖戰)의 목적을 관철시키려는 국가 정책에 부응하고자 하였다. 이에 1938년부터 후방후원에 힘쓰고 <경제전강조주간>에서 주창된 연말연시 허례 일소를 위하여 가족들과 논의하였는데, 그 과정에서 절약한 3원을 국방헌금으로 내었다.

119. 농촌 부인의 애국적인 정성

황해도 해주군 월록면 군만(群蠻)동 강영희(姜永熙)의 부인 이씨 외 13명은 저축이 중요하다고 여겨서 절미(節米) 저축을 해오고 있다. 이번 전쟁 발발 이후 시국좌담회 라든가 여타 기관에서 알려주는 황군의 활동 상황을 듣고 깊이 감격한 나머지 저금 중 3원 20전을 국방비로 써달라며 4월 20일 관할 주재소에 가서 헌금하였다.

120. 금주와 절식하는 애국노인

조선솥파는 행상으로 그날그날 입에 풀칠하며 살고 있는 한 빈곤한 노인이 노후의 유일한 즐거움인 술을 끊고 절식(節食)해서 매일 50전씩을 모아서 헌금한 일로 각계를 감격시킨 미담이 있다.

평남 성천군 삼홍군 묘산리 홍승헌(洪承憲) 집에 유숙하는 박금용(朴金龍, 60세)이 그 사람인데, 전쟁 이후 황군의 분전에 감격해 2원을 삼홍면 사무소에 내었다. 그는 "이후에도 매월 금 50전씩을 절식해서라도 헌금하겠습니다"라고 했는데, 도군사원호회도 시국에 처한 조선인의 귀감이라고 감격했다.

121. 사례금을 헌금

경북 영주군에 사는 안영식(安榮植)은 ≪조선민보≫ 영천 지국의 배달부이다. 8월 1일 오후 6시 경 배달을 마치고 집으로 돌아오는 도중에 읍내에서 현금 80원이 든 지갑을 주워서 즉시 경찰서에 신고하였다. 다음날인 2일 지갑 주인이 영주면 고현(古峴)리 김덕영(金悳榮)인 것으로 확인되었다. 김덕영은 매우 기뻐서 사례로 10원을 안씨에게 주었는데 안영식은 "지갑을 주은 것을 돌려드린 것이니 사례를 받을 정도는 아닙니다. 부디 이 돈을 국방헌금으로 해 주십시오"라고 말하며 받은 돈을 경찰에 제출하였다.

이것을 본 김덕영은 "안영식의 도움으로 돈을 어렵지 않게 찾았습니다. 안씨가 국방헌금을 한다면 나도 10원을 헌금하겠습니다"라고 하면서 그 자리에서 10원을 헌금하였다. 서장 이하 여러 사람들이 두 사람의 기특한 행위에 감격하지 않을 수 없었다.

122. 행상 수입의 일부를 헌금

경남 동래군 사상(沙上)면 엄궁(嚴弓)리 양재임(梁在任) 외 89명

이들은 매일 조개를 잡아 부산 일대에서 소매행상을 다녔는데, 적은 수익으로 근근이 그날그날의 생활을 해나가는 상황이었다. 전쟁이 발발하자 이들은 국가를 위해 봉공해야 할 때라고 하면서 회장 양재임의 발의로 자발적으로 행상수입의 일부와 감자로 점심을 대신하여 아낀 돈(행상 여성은 점심으로 주로 감자를 먹는다) 3, 4전씩을 모아서 국방헌금으로 갹출했다. 그 결과 18원 60전 정도 모아졌는데, 회장 양재임이 대표로 면사무소에 가서 국방헌금으로 기탁하여 관계 공무원을 감격시켰다.

123. 매월 헌금을 계속하는 진흥회원

충남 아산(牙山)군 탕정(湯井)면 권태(權太)리 진흥회원 일동

이들은 전쟁 발발 이후 여러 차례 시국에 관한 강연을 듣고 감동하였다. 그리하여 회원들은 음주 · 흡연의 철폐, 기타 쓸모없는 비용의 절약, 근로시간 연장 등으로 수익을 얻으면 애국일마다 각기 국방헌금 또는 황군위문금으로 내기로 약속하였다. 1937년 8월부터 매달 실행하였는데, 1938년 말까지 71원 31전에 달했다. 지금도 그 일을 하고 있다.

124. 회갑 축하 비용을 헌금

충남 당진(唐津)군 송악(松嶽)면 지시(池市)리 한백헌(韓百憲)

그는 1938년 11월 10일, 61번째 탄생일에 자손들이 성대하게 환갑잔치할 것으로 예상하여 '시국이 이러한데 이같이 성대한 환갑연을 여는 것

은 부당하다'고 하면서 하지 못하게 하고 비용 중에서 30원을 황군위문금으로 헌납하였다.

125. 재봉임금 및 물품 매각금을 국방헌금

평남 진남포(鎭南浦)부 공립고등학교 여학생

이번 전쟁이 일본 국민에게 준 충격은 매우 크며 특히 자녀들에게 끼친 감동은 실로 컸다. 여학생들은 대부분 휴가를 이용해 국방헌금 운동을 벌였고, 지난 8월 6일 벌어들인 돈 113원 71전을 헌금하였다. 그 내역은 다음과 같다.

기(記)

3원 6전 : 보습과 생도 7명의 제봉 임금

51원 14전 : 4학년 전체 방취제(防臭劑), 소금, 사과, 양갱, 모란대 판매 이익금

5원 30전 : 2학년 17명이 신문·잡지의 판매 및 용돈 절약으로 모은 돈

25원 51전 : 뜻있는 1학년생 13명이 화초 및 실을 판매한 대금

20원 : 전교생도 두건 및 먼지털개 제작하여 판매한 대금

이외에 천인침(千人針) 21매, 위문주머니(慰問袋) 99개, 어수입대(御守入袋) 250개

126. 비누와 편지지를 판매한 이익금을 국방헌금

평남 평양부 내지인(內地人)소학교 아동
타바타 카즈오미(田畑一臣) 외 22명

전쟁 발발 당시 여름방학 중이었고 소집 군인의 출정 환송으로 부민들이 편안할 겨를이 없었다. 이것을 본 어린 아동들의 가슴에는 깊은 감명이 일

었는데, 우리들도 국방헌금에 조금이라도 도움이 되자고 하면서 친한 친구들과 더불어 무더위를 무릅쓰고 비누, 편지지 등을 팔러 다녔다. 발생한 이익금을 국방헌금으로 내려고 부청에 신청한 8조 소속 23명의 아동들. 그들이 낸 헌금은 총 30원 27전이었다.

127. 토목공사장에서 임금을 국방헌금

평남 중화(中和)군 양정(楊井)면 청년단원과 함께
양정공립보통학교 4, 5, 6학년생 아동

1937년 10월 중순 양정면에서는 어떤 청부인이 모래 반출, 깔판 작업 등 도로 수리를 청부받았다. 그런데 그 시점이 공교롭게도 농번기라서 노동자를 구할 수 없었다. 그래서 청부인은 크게 걱정했는데, 이 소식을 들은 양정면 청년단원은 모여서 논의한 결과, 이 일을 자신들이 인수하고 거기서 노임을 받아 헌금하기로 하였다.

한편, 양정공립보통학교의 4학년 이상 고학년 아이들은 3학년 이하의 아동들이 추수 후 이삭줍기를 해서 헌금을 하였다는 소식을 듣고서 크게 감격하였다. 그래서 자신들도 이 작업에 참가 신청하여 청년단과 합류하였다. 청년단은 아침 일찍부터 시작하고 학교 아동은 방과 후부터 일몰 때까지 협력하여 3일간 모래 작업을 완료하였다. 이에 그동안 번 노임 25원씩 모두 50원을 국방헌금으로 내었다.

128. 황군에게 감사해서 국방헌금

경기도 양평군 갈산(葛山)면 양근(楊根)리 함평애(咸平愛)

그녀는 잡화 행상을 해서 생계를 유지하고 있는 올해 50세의 노파이다. 태어난 곳은 경기도 광주군으로 17살 때 같은 동네의 안종구(安鍾九)와 결혼해 빈궁한 생활 속에서도 장남인 인호를 낳고 행복한 하루하루를 보내고 있었다. 인호가 3살이 되었을 때 남편은 무슨 생각을 했는지 무단가출해서 전혀 소식이 없었다. 어린 자식을 안고 길모퉁이에서 지내게 된 그녀는 생계를 위하여 지금 살고 있는 양평군[14]으로 와서 다른 집 고용살이하면서 세탁이나 주방일을 맡았다. 혹독한 가난으로 겨우 입에 풀칠이나 하면서 인호의 양육에 전념했다. 집 한 채 없는 빈한한 세입자였는데, 그나마 인호가 훌륭히 자라서 지금 20살이다. 지난 1월 경 그동안 소식 없던 남편이 지금 중국 텐진에 있다는 소식을 들었다. 그러자 인호는 얼굴도 모르는 아버지가 그리워서 직접 방문하려 텐진으로 갔다. 인호가 출발한 후 아들로부터 아무런 편지조차 없자 함평애는 텐진 방향의 먼 하늘을 바라보며 남편과 아들을 걱정하고 있었다.

그러던 중 노구교사건(蘆溝橋事件)[15]이 돌발하여 조만간 텐진은 전화에 휩싸이게 되었다. 두 사람의 신상이 걱정된 함평애는 아침마다 신사를 참배하고 황군의 전승과 두 사람의 무사귀환을 빌었는데, 어느 날 아침 인

---

14) 원문에 양주군(楊州郡)으로 잘못 기록됨

15) 루거우차오는 베이징 남서쪽 교외의 융딩강[永定河]을 가로지르는 루거우교[蘆溝橋] 왼쪽에 있는 소도시로, 여기에 쑹저위안[宋哲元]의 제29군(軍)의 일부가 주둔해 있었다. 1937년 7월 7일 밤 펑타이[豊台]에 주둔한 일본군의 일부가 이 부근에서 야간연습을 하고 있던 중 몇 발의 총소리가 난 후 사병 한 명이 행방불명되었다. 사병은 용변 중이어서 20분 후에 대열에 복귀하였으나, 일본군은 중국군측으로부터 사격을 받았다는 구실로 펑타이에 있는 보병연대 주력을 즉각 출동시켜 중국군을 공격하여 다음날인 8일에 루거우차오를 점령하고 중국군은 융딩강 우안(右岸)으로 이동하였다. 최초의 10여 발의 사격이 일본군의 모략에서 나온 것인지, 중국의 항일세력에 의한 것인지는 분명치 않으나, 7월 11일에는 중국측의 양보로 현지협정(現地協定)을 맺어 사건은 일단 해결될 것 같았다. 그러나 일본정부는 계속 강경한 태도를 보이면서 군대를 중파(增派)하여 28일 베이징·텐진[天津]에 대한 총공격을 개시하였다. 이를 계기로 루거우차오 사건은 전면전쟁으로 확대되어 중·일전쟁으로 돌입하였다. 중국측에서는 이 사건을 계기로 제2차 국공합작이 이루어지고 항일(抗日)의 기운이 높아졌다.

호로부터 한통의 편지가 왔다. 기다리고 기다리던 편지였다. 편지에는 전쟁 발발 이후 황군은 연전연승 파죽지세로 중국군을 격파해서 톈진도 전부 평온하게 되었으며, 머무르던 동포는 황군의 두터운 보호 아래 생명과 재산도 안전하게 보존되고 있으며, 자기도 아버지를 만나 잘 지내고 있기에 안심하라는 내용이 있었다.

그녀는 새삼스럽지만 남편과 아들이 안전한 것도 모두 황군의 음덕이라고 감격하고는 평소 행상으로 모은 5원을 양평경찰서의 사토(佐藤)서장을 방문하여 국방헌납하였다. 그녀는 그간의 자초지종을 말하며, "정말로 작은 금액인데 감사의 표시입니다. 국방헌금으로 부탁드립니다"라고 하였다. 사토 서장은 그녀의 어려운 살림살이를 알고는 "귀하의 뜨거운 정성(赤誠)은 참으로 감격스럽습니다. 달리 현금을 많이 할 부자도 많이 있기 때문에 이 돈을 가지고 돌아가서 생활비로 쓰는 편이 좋지 않겠습니까?"라고 하면서 두 번, 세 번 만류하였다. 그러나 그녀는 '제발'이라고 하면서 끝내 그 돈을 놓고 갔다.

129. 도토리, 콩을 모아 판 대금을 헌금

황해도 재령군 장(長)공립보통학교 5학년 최진환(崔鎭煥) 외 7명은 지난해 10월 하순경부터 일요일마다 도토리를 모아 판매한 3원 10전과 학용품을 절약한 돈 등 총 3원 28전을 국방헌금으로 납부하였다. 또한 같은 학교(5학년생) 여학생 손선화(孫仙嬅) 외 5명은 일요일을 이용해 밭에서 땅에 떨어진 콩을 모아서 판 40전과 잡초를 뽑아 얻은 노임 그리고 학용품 절약 등으로 얻은 74전 등 총 1원 14전을 헌납하였다.

130. 길가의 폐품을 모아 판 대금을 헌납

황해도 수안(遂安)군 성동(城洞) 공립심상소학교 아동 중 일부는 등·하교의 시간에 길가의 빈 통조림 깡통, 버려진 양철 조각 등 폐철을 주워 모았는데, 이번에 판매금 1원 31전을 헌납하였다.

131. 270원의 금제품을 헌납

충남 공주 국방부인회원 17명

공주 국방부인회에서는 시국이 장기전으로 이어지자 후방국민답게 한층 견인지구(堅引持久; 굳게 참아서 버팀)할 수밖에 없다고 생각하였다. 이에 회원 17명은 1938년 12월 19일 금반지, 금비녀, 기타 금제품 19돈(匁) 등 시가 270원의 물건을 국방 헌납하였다.

132. 빈곤한 가정에서 점심을 거르고 헌금한 부인

충남 대덕군 유성(儒城)면 봉오(鳳鳴)리 김만성(金萬成) 여사

그녀는 남편과 별거한 후 아들 2명을 키우며 술을 팔아서 겨우 생활을 하고 있었다. 전쟁 이후 시국 강연, 좌담회 등에 참가해 시국의 중차대함을 확인하면서 지난 1938년 4월부터 점심을 먹지 않고 힘껏 생활비를 절약하면서 저금을 해오고 있었다. 올해 3월 말까지 저금한 금액이 20원에 달했는데, 기탄없이 국방헌납을 위해 유성주재소에 기탁했다.

133. 가마니를 짜서 헌금

경기도 김포군 고촌(高村)면 인향(仁香) 진흥회원 일동은 현 시국의 중

대성을 감안하여 후방국민으로서 작은 정성이라도 보이고자 서로 합의해서 가마니 1매, 2매씩 짜서 판 돈 6원 40전을 고촌면장을 경유하여 국방헌금 신청을 하였다. 김포군 김포면 감정(坎井)리 1구에서는 69호의 영세농민들이 시국이 중차대함을 인식하여 비록 영세농민이라도 후방 국민다운 정성을 다하려고 가마니 1매씩 내어 판 돈 8원 89전을 국방헌금하려고 하자 군청에서 수속을 대행해주었다.

134. 농촌진흥회원이 보여준 미담

경기도 수원군 양감(楊甘)면은 수원군 관내에서 가장 교통이 불편한 벽촌이지만 면민들은 시국 인식이 출중하고 생업보국에 매진하고 있다. 면민 중에서는 국방헌금 및 휼병금 등을 내는 사람도 많았다. 이번에 면내 28명의 농촌진흥회원 들은 황군을 위문하려고 1전, 2전씩 모았더니 120원 80전에 달하여 황군위문금으로 헌납 신청하였다.

135. 사례금을 전부 헌금한 소학생

충남 홍성군 결성(結城) 공립심상소학교 아동 452명

1938년 12월 5일 결성면 읍내리에 사는 이데구치 마사요시(出口正好)가 입영할 때 이들은 열성적으로 환송하였다. 출정병의 아버지 이데구치 카즈유키(出口和之)는 감사한 나머지 사례금으로 10원을 교장에게 주면서 "아동들에게 연필 한자루라도 나눠달라"고 하였다. 그러자 각 학급 급장들은 협의하여 12월 27일 받은 돈을 교장을 통해서 애국헌금으로 헌납하기로 하였다.

136. 강습소 아동의 이삭줍기 헌금

충남 서산(瑞山)군 서산면 오남(吾南)리 사설학술강습생도
박병일(朴炳日) 외 30명

이들은 시국하 후방국민의 책임이 중대하다는 사실을 통감해 여가를
내어 추수한 들판의 낟알을 모아서 판 돈 3원을 황군장병의 위문 헌금으
로 내었다.

137. 의류 제조 임금을 헌금한 부인

충남 홍성(洪城)군 홍성면 오관(五官)리 이용희(李容姬) 외 27인

이들은 여러 보도를 통해 황군이 연전연승하는 것에 감격하고 아울러
악전고투를 계속하는 노고에 감사하면서 풍족하지 않은 살림이지만 의류
제작으로 받은 임금을 국방헌금하려고 저금해두고 있었다. 모인 돈이 4원
이 되자 1938년 2월 22일 경찰서에다 국방헌금 수속을 부탁하였다.

138. 여생도의 후방 봉사

충남 대전 일광(日光)학원 제6학년 방주분(方主粉, 15세),
박금주(朴錦珠, 13세)

두 사람은 나라를 위해 무엇이라도 하려고 협의하여 지난 2월 1일(애국
일)부터 이틀간 방과 후마다 학용품을 절약하여 모은 돈으로 편지지와 봉
투를 구입하여 식사도 잊고 저녁 9시경까지 행상을 하여 수익금 41전을
담임 교사를 통해 헌금을 신청하였다.

139. 심부름해서 받은 돈을 국방헌금

황해도 연백(延白)군 호남(湖南) 공립심상소학교 5학년생
이승식(李承植)

그는 머리가 좋다. 지난해 8월 21일 돈 20전과 다음과 같은 편지를 동봉하여 교장에게 제출하고는 자못 기쁜 얼굴로 돌아갔다.

"저는 전쟁이 시작된 때부터 황군의 용맹한 이야기를 들었고 한편으로 후방 미담에 대해서도 들었습니다. 저는 아직 소학생으로 무엇 하나 나라를 위해 진력할 수가 없습니다. 그나마 제가 쓰는 물건도 절약하려고 했는데 좀처럼 잘 되지 않았습니다. 지난 8월 어떤 사람의 심부름을 해서 10전을 받았고 지금까지 저축한 것을 모아보니 20전이 되었습니다. 너무 적어 부끄럽지만 국방헌금으로 내고 싶습니다."

140. 환갑 축하비용을 헌금한 구장

충남 부여(夫餘)군 내산(內山)면 운치(雲峙)리 구장(區長)
신현철(申鉉哲)

그는 근면하고 곧으며 동정심이 많을 뿐 아니라 애국심도 강한 구장이다. 1917년 구장 취임 이후 22년간 마을 주민의 복리증진을 위해 쉬지 않고 노력해 마을 주민의 신망이 두터웠고, 면협의회 의원으로 당선되었다.

봄에 자기 임야의 나무를 팔 때 30원 정도의 수익이 있었는데 20원을 국방헌금으로 냈다. 또한 올 3월 19일 환갑을 맞았지만 잔치를 간소하게 하고 비용을 절약해서 10원을 황군위문금으로 헌납하였다. 이에 일반인들은 풍족하지 않은 그가 수차례 헌금한 사실에 크게 감동하였다.

141. 환자를 돌보고 받은 임금을 헌금

황해도 연백(延白)군 호남(湖南)공립심상소학교 5학년생

이은순(李殷純)

그녀는 순수하고 동정심이 많은 아이로 9월 3일 교장선생님께 60전을 가지고 가서는 "약소합니다만 제가 가져야할 돈이 아니기에 국방헌금 해 주세요"라고 하였다. 그 내용은 다음과 같다.

> "우리 집 가까운 곳에 환자가 있습니다. 손이 없어서 제가 자전거를 타고 연안(延安)까지 심부름을 가거나 간단한 일을 도와주기도 했습니다. 환자가 완쾌되었는데 저도 기뻤습니다. 그런데 어느 날 저의 집에 찾아왔고 '아플 때 여러 가지로 고마웠습니다. 덕분에 완쾌되었습니다. 뭔가 사례하지 않을 수 없지만 가난하여 해드릴 것이 없네요'라고 하며 이 봉투를 내놓았습니다. 저는 '답례를 바란 것도 아니었습니다'라고 말씀드렸습니다만, 제가 받고도 마음이 편하지 않습니다. 그러니 국방헌금으로 내 주십시오."

교장선생님도 그 심성을 칭찬하며 헌금 수속을 대신하였다.

142. 조의금의 일부를 헌금

경기도 수원읍 고등정(高等町) 199-1번지 고(故) 오동근(吳動根)의

아버지 오원영(吳元泳)

경기도 수원읍 세류정(細柳町) 423 고(故) 육준영(陸俊榮)의

의형(義兄) 지청동(池靑同)

두 사람은 과거 수원군 수원읍 세류정 근처에서 모내기를 하던 중 부근에 있는 저수지에서 물에 빠진 사람을 구조를 하다 익사한 마을청년 육준영과

익사자인 수원 신흥공립심상소학교 4학년 오동근의 유족이다. 이번 일로 각 방면에서 조의금을 받았는데 유족들은 "시국이 이러하니 국가를 위해 국방헌금으로 해 주세요"라고 하면서 조의금 중에서 10원씩 수원군사후원 연맹에 내었다. 연맹에서는 유족의 호의를 받아들여 헌금 수속을 하였다.

143. 학동들이 보여준 미담

전북 장수(長水)군 계내(溪內)심상소학교 제3학년 김찬기(金贊起)

그는 전쟁 이후 학교에서 시국 관련 훈화를 듣고 황군의 분투에 대하여 큰 감동을 받았다. 사전에 실시하였던 학동저금 7원 중 5원을 즉시 헌금 수속하였다. 전교 아동들은 그의 아름다운 행동에 감동하여 자발적으로 위문금과 국방헌금을 하고자 했다. 이에 3학년 이하 아동은 각자 집에서 볏짚을 기증받았고, 4학년 이상은 방과 후 교대로 새끼꼬기[繩綯]를 하여 가슴 벅찬 활동을 이어갔다. 헌금액이 30원에 달하여 학부형을 감동시켰다.

144. 노인의 국방 헌금

충북 진천(鎭川)군 읍내(邑內)리 이호신(李鎬臣)

그는 진천에 있는 몇 안 되는 호농(豪農) 중의 한 사람인데 8월 25일 진천경찰서에 출두하여 서장과 면회하면서 다음과 같이 말하였다.

"황군이 중국 상하이에 있는데 용맹은 귀신을 울게 할 정도입니다. 황군이 그렇게 최전선에서 보국진충(報國盡忠)을 다하고 있는 이 가을에, 우리 후방의 국민은 국방헌금 밖에는 달리 애국심을 보여줄 수 있는 것이 없습니다. 적은 돈이지만 받아주십시오."

그러면서 1,000원을 내었다. 그는 백발의 60세로, 경찰서 문을 나오는 그의 얼굴에는 정말이지 감격으로 가득했다.

145. 가난한 아이의 국방 헌금

황해도 연백(延白)군 호남(湖南)공립심상소학교 심(尋) 5년생

박천규(朴千圭)

그의 가족은 이전에는 조선 남부에서 살았다. 그런데 불황으로 현 주소로 이주하였고, 해남(海南) 농장 소작인으로 생계를 꾸리고 있던 차였다. 빈곤했지만 그 자신 학구열이 왕성하였는데, 마침내 어른들도 그의 간절한 소원을 알고 취학하게 하였다. 학교에서는 평에 주석(主席)이라 불리면서 5학년이 되어서 급장도 되었는데, 공적인 일에는 솔선하여 평소에도 재학생의 모범이 될 정도로 특별한 명망이 있었다. 전쟁 이후에도 자신의 임무를 다하면서 수업료를 비롯하여 각종의 비용을 야간작업으로 충당하고 있었다. 심상소학교 4학년 때에는 15전을 솔선해서 헌금하였고, 올해 8월에는 휴가기간 동안 남의 집에서 일하여 번 돈 30전을 헌납했다. 8월 어느 날, 그의 친구들도 교장의 '1일 전사(戰士) 이야기를 듣고 감격하여 폐품을 모아 벌인 75전을 "약소하지만 아무쪼록 국방헌금으로 해 주십시오"라고 하면서 교장을 통해 헌금 신청하였다. 그러면서 "전에는 충분히 헌금하지 못해서"라면서 칭찬을 부끄러워하며 기쁜 모습으로 돌아갔다.

146. 참으로 따뜻한 연고(年雇) 노동자의 헌금

충남 청양(靑陽)군 비봉(飛鳳)면 양사(養士)리 연고(年雇)노동자

허남동(許南同, 40세)

본적은 전북 정읍군 입암(立岩)면 적지(赤池)리로 고향에 부모와 처자를

남겨두고 떠도는 사람이었다. 연고 일자리를 얻어 1년 품삯으로 그날그날 생활하였는데, 지난해부터 비봉면 양사리의 윤홍섭에 고용되어 있었다. 그런데 지난 25일 10원을 가지고 비봉면장을 만나고는 이렇게 말했다.

"저 자신은 본 면(面)에 거주하면서 특히 시국 강연회에서 이번 전쟁의 상황을 듣고 성전(聖戰)의 의의를 잘 알게 되었습니다. 제 한 몸이라도 무사하고 일이라도 할 수 있는 것은 오로지 천황 폐하의 존엄 아래 있는 황군의 음덕 때문이라는 것을 알게 되었고, 이에 오늘 받은 1년 계약금 중 일부를 황군의 음덕에 만분의 일이라도 갚는 마음으로 내고 싶습니다."

그러면서 뜨거운 마음을 담아서 헌납 신청을 하였다.

제5장

기타 미담

제5장 기타 미담(其他の部)

1. 자치회원 일동의 선행과 헌금

황해도 연백군 호남(湖南)공립심상소학교 6학년 자치회원 일동

지난 6월 상순 모심기가 한창일 때, 염전(鹽田) 공사를 해야 하는데 인부를 도저히 구할 수 없었다. 그런데 당시 가족 중 누군가 갑자기 병이 나고, 제대로 벼조차 자라지 않아서 깊이 탄식만 하는 어떠한 가정이 있었다. 이런 딱한 사정을 안 자치회 회원들은 그 가정을 돕는 방법을 상의하였다. 그들은 방과 후 3일 간 정성을 다해 1년 지을 농사 준비를 다해주었다. 그 집 주인도 눈물로 자치회에게 감사하면서 금일봉을 주었으나 일동은 엄중히 거절하였다. 그렇지만 주인의 절실한 염원 때문에 반액인 5원만 받아 본면의 주재소에 국방헌금으로 내었다. 그 사실을 알게 된 관청 직원은 눈시울을 적시며 감격하였다. 그 이후 학교에서는 잇달아 헌금하는 아동이 증가하고 있다.

2. 군마용 건초의 채집 제조

"최전선에서 활약하는 것은 군인들뿐만이 아니다. 운송은 군마가 하기 때문에 군마에도 사료를 주어야 한다"면서 대덕 군청에서는 청초(靑草) 및 건초의 생산수량을 지정하였다. 이에 특별히 철로변에 사는 부락 사람

들이 퇴비용 건초를 필요로 했지만 지정 수량 이상으로 양질의 청초를 납부하여 열렬한 정성을 다하였다.

또한 대덕군은 건초도 각 면마다 할당하였다. 특별히 탄동면은 건초 1천 관을 지정받았는데, 면사무소에서는 각 리 구장을 모아 회의한 결과 리별로 제조하기로 하였다. 그런데 그 중 구장 3명은 "우리 부락은 건초 재료가 비교적 많아서 1천 관 모두 우리가 맡겠습니다"라고 했다. 그러면서 각자 부락민에게 건초 헌납의 취지를 설명하였고 부락이 총동원하여 건초 작업을 하기로 하였다. 이들의 설득에 부락민들도 크게 찬성하면서 각 호별로 남자는 건초를 베고 부녀자와 노인은 마당에서 베어온 건초를 선별 건조하여 질 높은 건초를 생산하려고 다양하게 노력했다. 마침내 완벽한 1천관의 건초를 만들 수 있었다. 그러면서 부락사람들은 실로 황군에 대한 감사의 마음으로 이룬 것이라고 했다. 이 외 부락에서도 다음의 수집을 준비하는 의미에서 호당 10관씩 채취하기로 했다.

3. 경신(敬神)의 지정(至情)

충남 대전부 욱정(旭町)공립심상소학교
제 6학년 남자(대홍정 582) 김익태(金益泰)

그는 대전헌병대 군속 김종한(金鍾漢)의 셋째 아들로 성격이 온순 쾌활하였다. 스승의 말을 잘 따랐으며 노력하는 아동이었다. 교장한테 신사참배가 왜 중요한 지 이야기를 듣고 보본반시(본을 받들고 되돌려 갚음, 報本反施)의 정성을 다하고자 1937년 4월부터 매일 아침 대전(大田) 신사를 참배하고 경내를 청소하였다. 전쟁이 일어나자 황군의 무운을 빌며 경건한 마음으로 1년 10개월 동안 비가 오나 눈이 오나 신사를 참배하여 황군의 무운을 빌고 경건한 마음으로 경내를 청소하여, 보는 사람들에게 감동을 주었다.

4. 금광에서 일해 헌금한 아동

전북 김제군 봉산면에 사는 윤정인(尹廷寅)

그는 김제공립보통학교 4학년생으로 가난하여 수업료는 일요일에 부근 월천금광(月川金鑛)에서 일해 번 임금으로 내었다. 7월 30일 여름방학 중의 학교소집일에 교장선생님에게서 전쟁의 정황과 황군이 받는 고난에 대한 훈화를 듣고 감격하였다. 그러면서 반드시 자기 힘으로 헌금하겠다고 하여 이후 나흘간 월천금광에서 일하여 2원을 벌었다. 이에 담임선생님께 제출하여 애국기 구입용 헌금으로 헌납하였다.

5. 출정 중인 자가운전수의 가족에게 매월 수당 지급

황해도 사리원읍 구천리에서 운송업을 하는 아사우미(淺海爲槌)의 고용인 아무개 운전수가 지난 7월 8일 평양비행 제6연대에 입대하였는데, 그러자 가족(처자 3명)들은 생계가 막혀서 곤궁하였다. 그러자 아사우미는 출정 이후 매월 50원을 그 가족에게 보내는 등 출정자 가족의 보호양육에 힘썼는데, 사람들은 그의 독실한 행동에 감격하고 칭찬을 아끼지 않았다.

또한 출정자의 장남(당시 5살)이 장티푸스에 걸려 도립 사리원 의원에 입원 치료하던 중 사망하였다. 그러자 장례식 일체를 치러주어 또다시 부민을 감격시켰다. 또한 출정자 아내는 11월 22일 부의금 20원을 국방헌금으로 내었다. 이 소식을 들은 읍민들은 주인과 고용인 두 사람이 보여준 극진한 모습에 입이 마르도록 칭찬하였다.

6. 스승의 무운을 기원하는 마음

충남 대전부 욱정 공립심상소학교 5학년
정태희(鄭泰喜), 남도현(南道鉉), 이인성(李寅成), 강석보(姜錫寶),
4학년 이종승(李鐘承), 김홍래(金興來), 고영환(高榮煥)

지난해 ○월 ○일 담임선생님인 세도(瀨戶)교사가 소집되었다. 그러자 이들은 비록 어린이지만 스승이 소집된 사실에 크게 감격하였는데, 같은 반 아동들은 매일 아침에 대전(大田)신사를 참배하고 선생님의 무운장구를 비는 동시에 후방의 소국민다운 의무로 경내를 청소하기로 하였다. 당시는 엄동설한, 특히 아침 추위는 눈물마저 흘리게 하는 경우가 몇 번이나 있었다. 처음과 중간은 한 개 학급이 참가했는데 게을러지기 쉬운 것이 사람의 마음. 나중에는 겨우 한 두 사람으로 줄었고, 결국 마지막까지 약속을 지킨 사람은 위의 정태희(鄭泰喜) 외 여섯 용사였다.

7. 출정황군을 환송영한 아동, 돌아오는 길에 사망

평남 평원군 공덕면 상2리 264번지 사립 한홍(韓興)학교 2학년
안정이(安貞坨) 1927년 3월 16일 생

1. 본인의 가정 상황

그는 출생과 동시에 아버지가 돌아가시고 어머니 홀로 키운 불쌍한 아이. 현재 어머니, 형제, 자매 등 여섯 가족으로 소작농을 하며 빈한한 생활을 하고 있다.

2. 학교에서 출정장병 환송영 상황

사립 한홍학교는 경의선 어파(漁波)역에서 동쪽으로 약 2리 정도 떨어진 농촌에 있다. 전쟁이 발발하여 황군이 출동하자 무운장구를 빌고 아동들에

게 애국심을 고취하고자 7월 ○○일부터 8월 ○일까지 매일 전 학생을 인솔하여 역에 나가 출정하는 황군을 환송하였다. 그 후 매주 월, 토요일마다 환송식을 하면서 아동에게 시국인식을 고취하여 큰 효과를 거두었다.

3. 본인 사망 당시 상황과 전후 조치 상황

사망 일시는 9월 20일 토요일이었다. 아침부터 비가 오자 교사는 "오늘 1, 2학년들은 환송식 가는 일을 중지한다"고 했다. 그런데 안정이는 "선생님! 군인들은 비에 젖으면서 저희들을 위해 전쟁을 계속해오고 있습니다. 그러므로 저희가 비 때문에 일을 할 수 없다는 것은 군인들에게 대단히 면목이 없는 일입니다"라고 말하며 선두에 용감하게 섰다. 교사도 어쩔 수 없다고 생각하면서 함께 나가서 오후 6시 40분발 최종 열차까지 배웅하였다. 일을 마치고 이전과 같이 반장이 인솔하여 집으로 돌아가던 중이었는데 갑자기 폭우가 쏟아졌다. 그래서 안정이는 고모한테 가리라 생각하면서 반장과 헤어졌다. 그런데 반장과 헤어진 지 약 1km쯤 되는 길가에서 불행하게도 심장마비를 일으켜 사망하였다. 가족들은 아마도 고모집에서 있을 것이라 생각하고는 안심했던 모양이다. 그러나 다음날 아침 비보가 전해졌고, 일시에 전 가족과 전교생은 슬픔에 빠졌다. 이틀이 지나고 교장 이하 전 아동이 모여서 장례를 치렀다. 그 후 3개월간 토요일마다 해당 조(組)의 어린이들은 안정이의 묘를 참배하였고, 기일(忌日)에는 전교생이 묘를 참배하였다.

8. 공휴일을 없애고 얻은 수입을 헌금

황해도 곡산군 곡산면 남천리 최초득(崔初得, 32세)은 이발을 생업으로 삼았는데, 전쟁의 중요함을 통감하고 지난해 9월 17일 공휴일에도 쉬지 않고 영업을 하여 그날 수입금 5원 85전을 국방비로 헌금하였다.

9. 헌신시국 인식에 노력

경남 고성군 고성면 성내동 김용수(金龍水, 27세)

그는 고성군청의 면작(棉作) 지도원인데 성품이 온후 정숙하여 근무 실적도 우수하였다. 1937년에는 58원 36전을 내어 전쟁 출동군인 유가족 위문금으로 내었다. 지난 7월 14일에는 고성에서 출동하는 군인 환송식이 있었는데, 이때 황국안도(황국을 지키는 담벼락, 皇國安堵)의 중책을 지고 용장무비하게 출정하는 장병들에게 깊이 감동하였다. 그러자 김용수는 7월 22일부터 면작지도하는 짬을 이용하여 대가면 송계리 이쾌규(李快奎)의 부인 박점이(朴点伊) 및 대가면 유흥(柳興) 간이학교 훈도(薰陶) 김형기(金炯基)의 부인 이훈삼(李焄三)의 도움을 받아 면 내 각 집의 부인에게 전쟁 발발에 관한 시국 인식을 드높이고자 폭염 속에서 분골쇄신하고 있는 우리 출정 장병의 신고간난(辛苦艱難)의 모습을 알리며 거국일치의 정신을 진작하게끔 하였다. 그러자 부락의 부녀자들은 감동하면서 곤궁한 중에도 20전, 30전 또는 1~3되 보리라도 출정장병에게 주고 싶다고 하면서 모았다. 이처럼 몸은 공직에 헌신하면서도 틈틈이 벽촌까지 시국인식의 보급에 헌신하니 참으로 애국지성에 불타는 후방의 부인이라고 해야 마땅할 미담이다.

10. 소학교 아동의 군용건초 헌납

평남 개천군 봉동면 봉하 간이 학교 아동 32명

이들은 황군의 활약에 감격하여 1938년 10월 25일 건초 1묶음씩 지고 6리나 되는 산길을 넘어 군청까지 가지고 와서 헌납하였다. 마치고 바로 개천신사를 참배한 후 도보로 학교로 돌아오는 등 주변에 큰 감동을 주었다.

11. 군용미로서 현미 2만 5천 가마니를 헌납

매년 2,500가마니를 10개년 간 분납

황해도 봉산군 사인면 월산리 김치구(金致龜)는 성품이 근면하여 30여 세에 약 3원 50전으로 시작하여 많은 재산을 모았다. 현재 재산이 몇 만원이나 되는 입지전적인 인물인데다가 한편으로는 공공심도 풍부해 교육사업 및 각종 공공사업에 많은 돈을 투자하였다.

그는 항상 당대에 이렇게 많은 돈을 벌 수 있었던 이유는 무엇보다 치안이 완벽하기 때문이라고 하면서 국은에 깊이 감동하면서 기회가 되면 금품을 국가에 바쳐 성은의 만분의 일이라도 보답하겠다고 생각했다.

마침 전쟁이 발발하고 충용한 황군의 활약에 감격하면서 기회가 왔다고 보고 이번 전쟁은 길어질 것으로 예측하고는 약 10개년 간 매년 2천 5백 가마니를 군용미로 헌납할 것을 결의하였다.

12. 군마를 사랑하라고 큰 소리로 높이다

경남 양산군 양산면 다방리 원동 공립 심상소학교 아동 일동

이들은 '군마를 사랑하자, 국력을 키우자'라는 표어아래 매일 휴식시간 동안 부근 산야에서 청초를 베어 운송 차량 한 대 분량 정도 모아서 역으로 가져가는 일을 게을리 하지 않고 실천하였다.

13. 사재를 사용하여 육군 병원 병실을 증축

평남 평양부 창전리 38번지−7호 주대덕(朱大德)

그는 전쟁이 발발하여 전선에서 많은 부상병이 오자 평양 육군병원에는 병실이 협소하여 치료에 지장이 있음을 알았다. 이에 충성스러운 부상 장병을 위하여 병실증축을 위한 기부 신청을 하였는데, 이에 군 당국이 허락하자 사재 1만 5천원을 내어 1938년 5월 22일부터 공사에 착수하였다.

14. 거금의 사재로 각종 후방 후원사업을

평남 평양부 선교리 24번지 하라타(原田貞輔)

그는 수양단(修養團) 평양 지부장으로서 오랫동안 사회정화 운동에 힘을 쏟아왔다. 이번 전쟁이 발발하여 자기의 셋집에 거주하던 나카(仲), 오쿠이(奧井) 등 두 사람이 응소하게 되자 전별하면서 집세도 면제(그해 12월 소집해제까지 계속해서)했으며 이 수시로 남은 가족들을 방문하여 도와주었다.

또한 출동부대가 평양역을 통과할 때에는 50개들이 담배 50상자(시가 150원) 및 통조림 30통씩 9일간(시가 54원) 제공하였고, 모리모토(森本) 부

대, 마쓰이(松井)부대가 평양에서 야영할 때에는 50명의 장병을 위하여 자동차를 제공하고 청일전쟁(1894), 러일전쟁(1904) 당시의 전적지를 안내하면서 연초, 도시락 등 60원어치 물품을 제공하였다. 출정부대 환송에 사용할 군가를 위해 스스로 작시(作詩)하고 205원을 투자하여 가사 6만 매를 인쇄하여 배포한 다음 합창함으로써 황군의 기운을 고무시켰다.

각 가정을 방문하여 사용하지 않는 단선(團扇) 및 선자(扇子) 등 부채류를 모아 출정군사에게 주었다. 역전에서 환송하는 사람 중에는 국기가 없는 사람도 있다는 것을 알고 20원을 들여 종이국기 2천 개를 만들어 배부하였다. 수양단 평양지부장이었던 그는 단원과 함께 매월 1일 및 15일 두 차례 황군의 무운 장구를 기원하러 평양신사를 참배하였다.

평남 군사원호연맹 주최로 출정가족위안회가 열렸을 때에는 30원씩 두 번에 걸쳐서 위문금품을 내었다. 자기 돈 25원을 들여서 두번이나 평양육군병원에서 예술인을 불러 부상병위안회를 개최하는 등 그는 전쟁 이후 출정부대 환송영 및 백의용사나 무언(無言) 용사(전사자; 역자)의 개선 출영 혹은 고별식 자리에 빠진 적이 없었다.

15. 환송인에게 자비로 국기를 제공하여 출정황군의 기운를 고무

평남 평양부 욱정 10번지 위리억(韋利億)

그는 전쟁으로 황군이 출정할 때면 항상 역전에서 환송하였다. 특히 1937년 7월 ○○일 서평양 역에서 환송하는 사람들에게 자기 돈으로 국기 5천 본을 구입하여 나누어 주었다. 같은 달 서평양 역전에 자비로 천막을 치고 환송인의 휴식처를 만들었으며, 20일부터 약 2개월 정도 매일 10원씩 내어서 7명의 음악사를 고용한 다음 역 앞에서 출정군인의 환송연주를 하도록 하여 황군의 사기를 고무시켰다. 또한 통과 군인에게 담배 30개를 나누어 주는 등 후방 원호에 온갖 정성을 다하여 부민들에게 큰 감동을 주었다.

16. 애국근로소년단원의 후방 원호

평남 개천군 조양면 조양공립보통학교 애국근로소년단

이번 전쟁 중 조양면에서는 한 사람의 응소자도 없었다. 그래서 출정군인의 씩씩한 자태를 볼 기회도 없었던 이 학교 450명 아동은 매일 훈화 혹은 당국이 발간한 시국독본을 통하여 어린 혼이었지만 애국심을 불태고있던 차였다.

때마침 이웃한 덕천군의 응소자가 조양면을 통과한다고 하자 감격하여 환송연을 하였고, 그 후 8월 1일에는 학부형 400여 명과 같이 무운장구 기원제 및 국기게양식, 시국강연회 등을 개최하였다. 6학년을 중심으로 애국근로소년반을 조직하여 씩씩한 애국운동의 첫걸음을 내디뎠는데, 그 후로 본 운동은 다른 학생에게도 퍼져서 마침내 9월 6일 애국일 때 전교생 450명으로 모아 애국근로소년단을 결성하였다.

(1) 봉사근로작업

아동은 애국보국 정신으로 날로 분발하고 서로 격려하여 '생업보국'과 '애국근로'의 기치로 애국 띠를 두르고 열심히 활동함으로써 보는 사람들이 크게 감격하게 한다.

(2) 전교 근로일의 실시

매 일요일은 전교 가정근로일로 정하고 1학년부터 6학년까지 전원 최선을 다하여 근로 작업을 하며 신탄(薪炭) 채집 혹은 다른 집을 돕거나 혹은 건초(乾草) 채집 및 싸리비 제작 등 각각 힘닿는 한 열심히 일하고 소득은 헌금하였다. 다시 매 토요일을 근로일로 정하여 방과 후 전교 교사가 나서서 계속해서 근로를 해오던 차이다.

(3) 애국복권의 배부

대중들의 시국인식 심화와 더불어 일면 근로소득을 헌금하겠다는 목적으로 애국 수건 1,000매를 판매했다. 이 일에 나선 아동들은 열심히 시국 해설을 하면서 매진하였다. 이번 가을 수확철을 맞이하여 면내에 구석구석을 일장기가 그려진 수건과 머리띠를 두르고 일하여 후방 농민다운 자세를 보임으로써 시국에 각성한 농민들이 더욱 생업보국에 힘쓰게 사기를 돋구었다.

(4) 쌀 절약 및 학용품의 절약

식사 때에도 공부 할 때에도 항상 황군의 힘든 투쟁을 염려하여 한 톨의 쌀이나 한 장의 종이라도 아껴 작은 것이라도 헌금할 수 있도록 노력하였다.

(5) 산발과 세탁

소득을 헌금하겠다는 목적으로 '바리깡' 2대를 가지고 방과 후 마다 성황리에 이발을 하였고, 한편, 여학생은 걸레를 만들거나 세탁을 하였는데, 봉사할 때 냇가에서 들려오는 애국의 다듬이 소리는 산속깊이 메아리쳐 마치 애국의 부름처럼 느껴져 대중을 감격시켰다.

(6) 그 외

6학년 아동과 담임교사는 전쟁 발발 이후 매일 새벽 공자묘에 가서 무운장구를 기원하였고, 그곳의 미화 작업을 실시하여 신들이 노니는 신성한 경내의 면모를 일신하였다. 항상 아동들은 장날에 시국강연을 하고 군가를 불러 대중에게 큰 감동을 주었다.

(7) 헌금상황

1. 휼병금 152원 53전
2. 출정군인 유족에게 금 5원
3. 위문주머니 3개
4. 봉사 작업
 (1) 도로의 수리 및 청결 예금 1원 50전

(2) 공자묘 및 참배도로 청소 예금 1원
5. 근로작업
(1) 농사일(벼 베기, 좁쌀, 콩, 피, 옥수수, 수수 등) 금 40원 85전
(2) 신탄 판매금 금 29원 67전
(3) 개간사업에 근로 금 10원
(4) 빗자루 제조 판매 금 2원 76전

17. 진심어린 환송영

본적 와카야마현(和歌山縣) 신미야시(新宮市) 신미야동 398번지
현주소 황해도 풍산군 토성면 아사노(淺野)시멘트 사택

직공(채굴계 소속)인 고지마 세이치로(兒島清一郎)의 아내 고지마 나오
(兒島ナ키)는 9월 24일 오전 7시부터 송영식의 접대 당번으로 가서 출정하
는 장병에게 차를 나누었다. 그러던 중 그날 오후 7시 6분 풍산역에서 수송
열차에 있던 출정병사가 맥주를 구한다는 이야기를 들었다. 그녀는 급히
달려가서 역에서 약 1정거리(100미터 정도)에 있던 이동주(李東周) 잡화점
에 가서 맥주 6병을 구입하여 돌아오던 중 10여 칸 지나 이마이(今井宇一)
집 근처였다. 그런데 갑자기 몸이 안 좋아 의사를 불러달라고 하고 가지고
있던 맥주는 옆에 있던 동료에게 빨리 전해달라고 부탁하였다. 그러면서
"저는 시멘트 회사의 고지마라고 합니다" 라면서 그 자리에서 졸도하였다.
같이 있던 이마이(今井宇一) 와 히라야마(平山勝一)가 급히 의사와 가
족을 불러 응급조치를 했다. 다시 도립 사리원병원에서 치료받고 자택으
로 갔지만 뇌출혈로 그날 오후 1시 경 사망하였다. 고지마 여사는 7월 20
일 경부터 열차 통과마다 당번이 아니라도 자발적으로 마동역(馬洞驛)에
나가서 환송영에 정성을 다해 왔다. 그녀가 남편 고지마 세이이치와 슬하
의 1남 5녀를 남기고 급사하자 사람들이 크게 동정하고 있다.

18. 개선하여 월급을 주어 가족의 편의를 돌보다

황해도 신천군 신천읍 교탕리에는 국산정미소라는 미곡상회가 있는데 신천읍내에 거주하는 자산가 최익모(崔益模), 오순필(吳順弼) 및 신천군 복부면 서호리 정규황(鄭圭黃) 등 세 사람이 공동출자하여 경영하였다. 여기에는 오이즈미 기요시(大泉喜義)라는 일본인이 고용되어 정미공장의 기계운전을 담당하고 있었는데 그는 예비역 육군 상등병이다.

전쟁이 발발하자 매일 눈만 뜨면 출정할 날만 기다리고 있었다. 지성이 하늘에 통하였는지 그의 소원을 들어 주어 지난 10월 평양부대로 입대하여 사나이다운 체면을 세웠다. 국산정미소 경영진은 '오늘까지 충실하게 가게에서 일하였기 때문에 그가 출정시키는 일은 국산정미소의 명예'이며 '출정군인인 그를 후원한다면 전장에서도 사기가 넘칠 것'이라고 하고, '오이즈미가 돌아올 때까지 그의 남은 가족에게 종전의 오이즈미가 받던 월급 50원을 매월 지급하여 가족 3명을 돌보겠다'고 결의하고 현재까지 잘 실행하고 있다.

게다가 주인 최익모는 오이즈미가 출정 후 호신용 일본도나 권총 등 무기가 없어서 불안하다는 편지를 가족에게 보낸 사실을 알게되자 80원을 내어서 일본도를 사서 보냈다. 조선인과 일본인이 서로 주종(主從) 사이였지만 이와 같은 아름다운 미담이 있다는 사실을 전해 들으니 그야말로 진정한 내선일체의 진수로서 감격하지 않을 수없다.

19. 학동이 92식 고사중기관총 헌납

황해도 서흥, 수안, 신계, 곡산 등의 4군의 초등학교 아동 11,240명은 1937년 10월부터 올해 3월까지의 6개월 간, 한 사람이 매월 3전씩 갹출하고, 또 위 4개의 군에서 학교 생산물 매각 대금으로 한 학급 당 35전을 갹출한 총 2,359원으로 92식 중기관총 1기를 사서 헌납하였다. 이러한 헌납

계획을 달성하고자 모든 아동에게서 작업 또는 절약을 통하여 돈을 염출하기로 하고 학용품 절약 및 댑싸리(山萩)의 열매나 상수리나무의 열매 채취, 걸레 만들기, 수기의 제작, 짚세공, 추세공, 임육지 작업, 이삭줍기 등의 근로로 번돈을 모았다.

이와 같이 소소한 작업으로 소득을 올려서 시국에 공헌하게 되니 교육적 효과 또한 참으로 크다고 볼 수 있다. 순진한 학동의 헌납으로 만들어진 고사기관총이 우리들의 하늘을 지킨다는 것은 참으로 의미가 각별하다고 할 수 있다.

20. 학동의 군마에 대한 봉사

경남 합천군 합천면 합천공립심상소학교 4년생 이상 학생

이 학교의 교장선생님은 시국의 중대한 사정을 알고 보국의 정성을 다하고 특히 전장 최전선에서 황군을 돕는 군마에 대한 봉사를 위하여 지난 해 여름 방학을 이용하여 4학년 이상 학생들에게 자기 체중의 3분의 1에 상당하는 건초를 채집하라고 지시하였다. 마침내 모은 수량이 7백 관에 달해가까운 대구로 운반하여 헌납 수속을 했는데, 학생들은 연일 폭염 아래서 경쟁적으로 좋은 품질의 건초를 채집하려고 경쟁하는 등 뜨거운 노력으로 일반을 감격시켰다.

21. 군마용 청초의 채집헌납

황해도 평산군 안성면 설현리에 사는 배현필(配顯弼)은 전쟁이 발발하자 무더운 날씨임에도 한번도 빠지지 않고 환송영에 참석하였는데, 군마를 위문하려면 청초를 줘야만 한다고 생각하여 열심히 부락민을 설득하였다. 부락민도 그 취지에 찬성하여 매일 아침 일찍 청초를 채집하여 소

달구지, 소, 지게에 싣고 일장기를 휴대하여 약 1리 정도 떨어진 물개역
(物開驛)으로 나가서 환송영에 나섰다. 특히 극빈했음에도 사과와 담배
등을 구입하여 통과 부대 장병에게 주는 등 부근의 민중에게 큰 감동을
주었다.

22. 출정군인의 환송을 독려

황해도 연백군 온정면 금성리 최용환(崔龍煥)과 함동찬(咸東贊)은 전쟁
이 발발하자 시국상황을 제대로 인식하고 여러 부락민에게 그런 상황을
깨닫게 하는 일에 분주하였다. 출정군인이 역을 통과할 때마다 부락민을
독려하여 환송하였는데, 지금은 모든 부락민이 시국인식에 정통하여 특
히 생업보국에 정진하고 있다. 이는 두 사람의 노력에 의한 것으로 일반
사람들의 칭송이 자자하다.

23. 검의 형, 청진기의 동생

형은 정의의 검을 쥐고 북중국의 성전(聖戰)에 참여하고, 동생은 동포
를 치료하고자 야전 병원의 일손으로 삭풍(朔風) 날리는 황량한 북중국에
서 활약을 하는 그야말로 조국애로 불타는 조선 동포 집안이 여기있다.

○○부대 근처에 사는 이응준(李應俊) 중좌의 동생이자 강원도 금화군
의 공의 이영준(李永俊)은 "형이 포연과 탄비(비오는 듯한 총탄) 사이로
중국을 응징하고자 최전선에 서서 나라를 위해 한 몸 바치고 있는데 나만
후방에서 안전하게 사는 것은 참을 수 없다"고 하면서 청진기를 가지고
북중국으로 급행하였다. 이후 천진, 북원, 태원 등지를 약 2개월 동안 순
회하면서 야전병원에서 손을 거들었다. 존경받는 의료보국의 임무를 다
하면서 애국의 형제들이 (누락)의 입장에서 뜨거운 활약을 보이고 있다.

또한 이영준은 "혹한의 전선에서 군인이 질병에 걸리면 안 된다"고 하

며 향리 사람들에게 호소하여 위생 마스크 40개를 모았다. 모은 것은 지난 18일 의부(義父)인 프랑스 의학전문학교 교장을 통하여 군 애국부에 헌납 수속하였다.

24. 병든 부인의 "개선가" 대금 모집

황해도 재령군 재령읍 유화리에 거주하는 정찬유(鄭讚裕)는 도내에서 유명한 자산가의 부인이었다. 하지만, 평소 병약하여 병상에 누워있는 날이 많았다. 그러자 스스로 국방부인회에 입회하여 각 회원에게 환송할 때 필요한 연초인 '개선가(かちどき)' 대금을 모집한 결과 마침내 570원 55전을 모을 수 있었다.

25. 군인 숙박요금으로 고사기총 헌납

서울 동서헌정(東西軒町; 오늘날 장충동)에서는 군대의 숙영에 기뻐하면서 정(町)내 각 호(戶)가 정성으로 환대하여 많은 장병들에게 깊은 감동을 주었다. 장병의 숙영지로 지정되는 것은 후방의 국민의 명예이며 또 환대는 당연한 의무라고 보는 자연스러운 열정의 발로였다. 군 당국에서 지급한 숙박료 및 재료는 전부 고사기관총 구입용으로 헌납하기로 하여 정(町) 총대(오늘날의 동장)인 나카무라(中村都一)가 경성부 군사후원연맹을 통해 2,359원을 헌납하였다.

26. 군국 노인의 성심

마을에 명예롭게 응소하는 용사가 출발한다는 소식을 듣고 감격하여 늙은 몸을 어렵사리 이끌고 험한 산길을 넘어 환송하러 온 어떤 노인이 있었다. 그 노인은 용사를 보자 길바닥에서 쭈그려 앉아 가지고 온 사바리(サバリ, 사발)에다 신주(神酒)를 한잔 부어 주고는 "국가를 위해 훌륭

한 일을 해주서"라며 격려하였다. 용사는 물론 함께 환송 나온 사람들도 감격해 눈물을 흘렸던 참으로 훌륭한 군국 미담이었다.

미담의 주인공은 전북 정읍군 산내면에 사는 유태인(劉泰仁)이라는 75세 노인으로 평소 용변조차 보기 힘든 불편한 몸이었다. 같은 산내면 종산리에 사는 금복(今福)이라는 청년이 응소하여 출발하려고 하자, 아침 일찍 나서서 1리(里)가 넘는 산길을 걸어 금복이 통과하는 도로에서 기다렸다. 그가 통과하는 모습을 보자 길가에 정좌해서 사바리(사발)에다 신주 한 잔을 따라 올리고는 "부디 나라를 위해 훌륭한 행동을 해주십시오"라고 소리 내어 울면서 고개 숙여 격려를 했다고 한다. 그러자 금복이 감읍하여 일사보국(一死報國, 죽음으로 나라의 은혜에 보답한다)을 맹세하였고 환송하는 사람들도 그런 정성에 크게 감격하여 그 아름다운 군국 미담을 이웃에게 널리 전하였다.

27. 김 할아버지의 선행

1939년 봄의 끝나가는 2월 2일 오후 개성 경찰서의 접수대에 언뜻 80살은 되어 보이는 노신사가 나타나서는 이렇게 말했다.

> "나는 개성부에 사는 자인데 지금 전쟁이 쉽게 끝날 것 같지 않으니 장기 전쟁에 대비하여 국민에게 뭔가 종종 지도를 하고 있는데 뭐니 뭐니해도 전쟁에는 돈이 제일 긴요합니다. 저는 늙어서 오늘 죽을지 내일 죽을지 모르니 이것을 헌납하고 싶습니다."

그러면서 금반지(시가 100여 원 상당)을 두고는 이름도 알려주지 않고 돌아갔다. 이 숨은 미담의 주인공을 알아보니 고려정(高麗停) 주인 김용희(金龍禧)였다. 모두들 이 이야기에 감격하였다.

28. 무인(武人)의 모범 아내

황해도 신천 온천에 쌍엽(雙葉)이라는 음식점은 재향군인인 무라지마 (村島晃君)라는 사람이 운영하고 있었다. 원래 정직했던 그는 음식점 주인답게 언제나 신선(神仙)처럼 나가히바치(長火鉢)[16] 옆에서 책상다리를 하고서 찾아오는 손님에게 정성껏 대접하였다. 한 때는 상당히 번창하였다. 그러나 외상 거래가 많아서 자본은 커지지 않았고, 외상값도 제대로 거두지 못해서 급기야 경영에 어려움을 겪게 되었다. 그러던 중 소집 명령이 떨어졌는데 공교롭게도 그때 무라지마는 평북 위원군의 깊은 오지에 가 있었다. 집에 있던 부인 미요카(美代香)는 만일 남편이 응소일자를 놓치면 큰일난다고 생각하여, 급히 전보를 쳤지만 하나같이 반송되었다.

걱정이 된 나머지 남편의 응소준비를 꼼꼼히 해놓고는 둘째 아이를 데리고 남편이 간 곳으로 가려고 했다. 그 때, 무라지마에게서 "전해 들었소, 한 군데만 들르고 곧장 가겠소"라는 답장이 왔다. 그제서야 안심하여 가슴을 쓸어내렸다. 평양으로 남편이 오는 날이었다. 급히 아이를 등에 업고 또 손을 잡고 남편의 봉공대(奉公袋)를 갖고서는 평양역으로 마중나갔다. 때마침 응소 대열에 있는 무라지마를 만났고, 남편은 다음 날 아침 무사히 입대하여 대일본제국 군인으로서의 본분을 다할 수 있게 되었다.

부인 미요카는 내조가 지극하고 군인 부인으로 그때그때 닥친 일을 잘 처리하여 주변의 칭찬이 마르지 않았다. 특히 조선인과 일본인 사이의 친근함을 넘어 이제 여성들도 이처럼 국가의 비상시국아래서 남자와 같이 한 뜻으로 애국심에 불타고 있다는 사실에 칭송이 자자하다. 이처럼 후방을 지키고 국가를 수호하는 일을 적극 실천하는 모습을 보고 감동하지 않는 사람이 없었다.

한편, 이전부터 음식점에서 외상값이 많아서 몇 번 재촉하여도 돈을 내

---

16) 직사각형의 목제 화로(서랍이 있으며, 거실에 두고 씀).

지 않는 사람이 있었다. 그런데 그 사람이 다음과 같이 위문장을 쓰고 외상값 전부도 보내왔다.

"그동안 대단히 실례했습니다. 저는 부인의 남편께서 출정했다는 사실을 전혀 몰랐습니다. 늦게나마 송구하오나 그동안 뿌려놓았던 외상값 전부를 지불하고자 합니다. 적은 돈이지만 50전은 남을 것입니다. 아이들에게 과자라도 사 주면 좋겠네요. 아무쪼록 건강 조심하십시오. 안녕히 계십시오."

이 소식을 들은 사람들은 '대단한 일본인'이라면서 기뻐하였다. 또한 외상값을 아직 내지 않은 사람들은 일본인이건 조선인이건 앞다투어 갚게 되면서 전선에서 수고하는 황군 무라지마도 안심하고 분투할 수 있게 되었다.

29. 수훈을 세우는 군견에게 고기라도

경기도 인천부 욱정 소학교에 다니는 키쿠치 유코(菊地優子)는 인천 지역 헌병대를 방문하여 다음의 편지와 함께 1원을 헌금하여 담당자를 감격시켰다.

"병사들이 어려움이 많은데, 헌병대 세퍼트가 철침을 두르고 파수꾼이 되어 대단한 활약을 하고 있다고 들었습니다. 참으로 기뻤습니다. 그래서 이들 군견에게도 작은 정성이지만 고기라고 사주시길 바랍니다."

30. 애국기(愛國機) 구입을 위해 15전을 헌금

전북 완주군 상관면에 사는 윤선림(尹仙林)[17]은 올해 15세로서 상관면

---

17) 수선림(手仙林)의 오기.

에 있는 용암 간이학교의 2학년이다. 학교에서 교사로부터 애국기 헌납에 관한 전북 도(道) 당국의 취지와 계획을 전해 들었다. 이것을 들은 아이는 감격하여 작은 돈이라도 헌금을 하고 싶었지만 너무 가난해서 한 푼조차 아쉬운 형편이었다. 이렇게 걱정을 하고 있던 중 자기가 직접 일을 해서 헌납하겠다고 결심하였다. 그러던 어느 일요일 아침, 같은 마을에서 과수원을 경영하고 있는 오타 기요이(太田淸)가 외출하려는 것을 보고는 "아저씨, 김을 매는데 인부가 필요하지 않겠습니까?"라고 물었다. 그러자 오타는 "아 자네, 학생이군. 한번 일해 보게나……"하면서 흔쾌히 허락하였다. 하루 김매기를 하여 15전을 받고는 기뻐하며 귀가하였다. 다음 날 이 돈을 애국기 전북호 구입비용으로 헌금하였다. 실로 가난한 자가 만든 일등 감격의 헌금 미담이었다.

31. 아동의 노동 헌금

경북 영주군 평은(平銀)공립소학교에서는 이번 전쟁이 중대화되자 어떤 방법으로든 후방의 정성을 표현하고 싶다고 하여 직원과 학생 일동 110명은 우리 면을 통과하는 중앙철도 부설 공사장에서 8월 1일부터 3일까지 사흘간 일해서 번 100여 원을 그대로 애국기 헌납 대금으로 교장선생님을 통하여 군 당국에 헌납하였다.

32. 국기를 배부

황해도 금천군 구음리에 사는 윤흥선(尹興善)은 부락 사람들에게 시국상황을 인식시키고자 여러 가지 노력을 하였다. 당시 역에서 장병 환송영을 하는 사람들은 대부분 빈곤해서 국기를 지참할 수 없었다. 그래선지 환송영에 나와도 왠지 통과 도로에 우두커니 서서 있는 모양새라서 그는 무척 개탄하였다. 그래서 자비를 털어서 국기 200개를 구입하여 송영하는 사람들에게 배포하니 그로부터 국기도 없이 환송영에 나오는 사람이 없어졌다. 또한 환송영에 나오는 사람도 급증하여 성대한 송영이 가능하게 되었다. 참으로 독실한 사람이다.

33. 깊이 간직하고 있던 짚을 헌금

충북 괴산군 청안면 효근리에 사는 임갑산(任甲山)과 그의 아내 정음전(鄭音全)은 가난한 부부였다. 어느 날 청안면 면장이 군마용 여물 짚을 매집하려고 마을에 출장을 왔고 그의 집에도 들렀다. 그때 공교롭게도 남편이 없었다. 그러자 면장은 아내인 정음전과 이야기를 하면서 짚을 사겠다고 했다. 그러자 그 아내는 가지고 있던 짚 약 15관을 내어주며 이렇게 말했다.

> "저희는 가난해서 돈으로 나라에 헌신하지 못하고 있습니다. 하지만 적은 양이나마 짚으로라도 전투지역에서 활약하는 군마의 먹이로 사용될 수 있다면 이것보다 좋은 일이 있겠습니까? 대금은 생각하지 마시고 반드시 전쟁에서 승리해 주세요."

그러면서 면장이 주는 대금도 받지 않는 등 애국의 열의를 불태웠다.

34. 떨어진 이삭을 모아 군마에게 짚을

경기도 시흥군 신동면 사립 홍동학교에 재학 중인 아동들은 이전부터 황군장병의 충용한 활약과 이에 대한 전국 각지의 열렬한 후원과 위문 사례를 전해 듣고는 뭔가 국민으로서 성의를 표하고 싶었다. 그러던 중 지난 해 7월 보리 수확기에 4백여 학생들이 학업 이외 시간 동안 부근 논밭을 배회하며 떨어진 이삭을 주워 모았는데, 모은 보리가 1섬 4말 5되나 되었다. 그러면서 전투 지역에서 활약하는 군마의 노고에 답하는 의미에서 모은 보리를 먹이로 헌납하겠다고 면장에게 알렸다. 그러자 면장은 8월 13일부로 조선육군창고에 헌납하였다.

35. 미친 듯한 의기와 열의

충남 예산군 신양면 만사리에 사는 윤인석(尹仁錫, 당시 63세)은 현재 서울 신교정(新橋町)에 집숙소를 구하여 서울과 예산을 오갔다. 전쟁이 일어나자 서울역에서 60세가 넘은 동지 9명을 모아 출정군인 환송영을 해서 일반 민중에게 큰 감동을 주었다. 이번에 고향으로 돌아와보니 신문에 황군들이 닥친 고난과 장병수송 상황에 관한 기사가 있었다. 애가 탄 그는 9월 17일 오전 7시 예산군청을 방문하여 국방헌금으로 벼 200섬(시가 3,000원)을 헌납하여 관민을 감격시켰다.

36. 국기 매상 대금을 헌금

충남 천안군 천안읍 내리에 있는 히라야마(坪山)잡화점주인의 어머니 에다 리우(戶田リウ, 80세) 할머니는 손수 국기를 만들어 판 돈 23원 1전을 황군위문비로 헌납하였다. 그러면서 "지금 이후로는 국기의 판매 대금은 모두 위문비로 내겠다"고 하였다.

37. 방호단 활동에 감격하여 헌금

충천 괴산군 상모면 온천리 광부 조상국(趙相國, 35세)

그는 지난해 9월 4일부터 '중선(中鮮)지구방공훈련'을 위해 수안보 경방단원이 밤낮없이 또한 호우 중에도 열심히 활동하는 것을 보고는 감동하였다. 그래서 자신은 "아무런 학식도 없고 국가를 위해 쓰일 기술도 없으나 그동안 근근이 모은 5원이지만 수안보 방공비의 일부로 써달라"라고 경방단 단장에게 헌납하여 일반민을 감격시켰다.

38. 귀환용사에게 이발 봉사

대전부 내 이발소는 일본인 경영 6호, 조선인 경영 22호였고, 종업원 수는 모두 57명이다. 이번에 북중국 전선에서 귀환하는 용사들에게 무료봉사하겠다고 하면서 향군대전분회에 연락하였다. 이들 업주와 종업원들은 이날 하루 개별적으로 휴업하고는 이발기구 및 도시락을 지참하여 ○○에 모였고, 오전 8시 반부터 오후 2시 반까지 계속하여 용사 전원의 용모를 아름답게 만들었다. 지금 당국에서는 이들의 활약에 무척 감사하고 있다.

39. 황군위문과 가뭄 피해 구제에 1천 5백원

평택의 자산가로 원로인 이성열(李成烈)은 평택 경찰서에 출원하여 "우리들이 이렇게 무사히 생활할 수 있는 것은 첫째로 황군용사 덕분이어서 감사하고 있습니다. 지난해 가뭄 피해 때문에 수확이 적지만 약소함에도 황군의 위문금으로 내려 하오니 조치해 주시길 바랍니다"라고 하면서 500원을 헌금하였다. 이어서 그는 군청의 모리야마(森山) 군수를 방문하여 군내 가뭄 피해 재해민 구제금 및 가뭄 피해 구제 사업비로 사용하라고 금 1천원을 내었는데 모리야마 군수 및 서장도 그의 선행에 매우 감격하였고 일반 주민도 그의 아름다운 선행에 칭찬을 아끼지 않았다.

40. 피가 물든 국기를 위문품으로

충북 청주군 청주읍 청수정 만춘당 약방 허순길(許舜吉, 17세)

그는 항상 스스로 고용살이하는 몸이라 후방 행사에 적극 참가하지 못하였다. 나아가 국기조차 게양할 집 한채도 없는 것도 황국신민으로서 치욕이라고 생각하고 있었다. 그래서 하다못해 자기 손가락이라도 잘라서 황군의 무운장구를 빌려고 <그림>과 같이 피 묻은 국기를 만들어 7월 29일 황군위문품으로 보냈다. 이에 일반인들이 그의 기특한 마음에 크게 감격하였다.

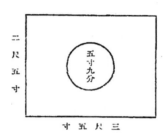

41. 북중국 자위단원들의 국방헌금

북중국 노태(蘆台) 지역 고덕리 자위단원과 부인들은 최근 농촌 지역에서 잡초를 베어 노태진(蘆台鎭)에 매각하고 또한 부인들이 쌀을 절약하여 얻은 6원 10전을 이 지역 경찰분서장에게 국방헌금을 하겠다는 의향을 비쳤다. 그러자 지난 23일 조선총독부 타카지마(高島) 파견원이 외사부에 보고하였다. 그러자 당국은 조선반도에서 이주한 농민들이 보인 이러한 행동은 참으로 칭찬받아 마땅하다고 하면서 크게 감격하였다.

42. 유실물 되돌려 주어서 얻은 사례금을 헌금

충북 괴산군 괴산면 동부리 노연진(蘆然珍)

그는 유실물을 주워서 주인에게 돌려주어 사례금으로 3원을 받았는데, 사사로이 쓰지 않고 즉시 국방헌금했다.

43. 소학생이 든 피 묻은 국기

충북 진천군 문백면 문백공립심상소학교 5학년
김수만(金壽萬, 18세)
조영호(曺營鎬, 18세)
김영수(金英洙, 16세)
최병석(崔炳奭, 16세)

이들은 문백면 옥성리에 있는 사방공사(砂防工事) 공사장의 사방수 노
구치마츠노부(野口末信, 23세)가 출정하려고 할 때 마땅히 응소자의 무운
장구를 빌고 후방 소국민의 열성을 보여주기 위해 각자 손가락을 잘라 <그
림>에 나오는 것과 같은 피에 물든 국기를 만들어 출정자를 격려하였다.

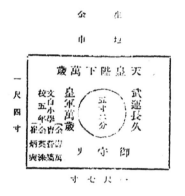

44. 화광(和光) 교단에서 깨끗한 재물을 헌금

사회사업 단체로서 많은 활동을 하는 경기도 경성(서울)의 화광원에서
는 해마다 거행하던 수행을 올해도 밤마다 계속했다. 그 과정에서 올려진
정재(淨財) 중에서 30원을 국경위문 기금으로, 다른 30원은 국방헌금으
로, 또 다른 30원은 남조선(南鮮) 가뭄피해 의연금으로 헌납하기로 하고,

지난 25일 사회부 주임 하야카와 미치오(早川道雄)가 직접 가지고 가서 수속을 의뢰했다.

45. 소학생 폐품 회수대금 헌금

충북 충주군 충주읍 교현(校峴)공립심상고등소학교 학생 일동

이들은 소년적십자단(少年赤十字團)을 조직하여 7월 이후 휴일(休日)과 제일(祭日)을 이용하여 3학년 이상 아동을 몇 개의 반(班)으로 나누어 폐품을 수집하였다. 그 결과 호응이 많아서 좋은 성적을 얻었고 폐품 매각대금 45원 33전을 국방헌금으로 내어 일반인들로부터 좋은 평가를 받았다.

46. 고사기관총 헌납

충북 음성군 음성 연초 경작조합 경작자 1,421명
경작조합 직원 35명

이들은 지난해에도 고사기관총 2정을 헌납하였는데 올해 다시 7,977원을 갹출하여 고사기관총 2정을 조선군사령부에 헌납하는 절차를 밟고 있다. 지난 11월 3일 경사스런 메이지절을 맞이하여 조선군에서 히라이 정(平井) 대위가 임석한 가운데 헌납식을 거행하였다.

47. 떨어진 이삭을 모아 국방헌금

임진(臨津)소학교 아동

경기도 임진공립심상소학교 6학년인 김종덕(金鍾德, 17세)은 성적이 우수하고 현재 학년 급장을 맡고 있으며, 살고있는 장산리(長山里)의 학우단

장으로서 급우 및 하급생을 지도하고 직원의 신뢰를 두텁게 얻는 등 모범이 되고 있다. 지난 여름(1939년 여름으로 보임; 역주) 역사상 유래없는 가뭄이 들자 우리 반도(조선)는 두려움에 떨었다. 이에 천황폐하께서 칙사를 보내고 또 거액의 내탕금을 주시니 크게 감격하였고 이에 우리들 농촌거주자들은 논밭에서 낱알 한 알이라도 남지 않고 모아서 헌납하는 것이야말로 그 크신 마음을 받드는 바른 길이라 여겼다.

이에 하급 학생들의 도움을 얻어서 지난 가을 추수 이후 매일 등교하거나 귀가하는 도중 혹은 여가를 이용하여 약 3주 간 논에 떨어진 이삭을 주웠다. 그 결과 많은 이삭을 주고, 매각금 5원을 얻자 기뻐하면서 군위문금으로 헌납하기로 하고, 다음의 편지를 첨부하여 파주경찰서에 기탁하였다. 이러한 시국 아래서 학생들이 그렇게 마음을 모았다는 사실에 칭송이 자자하였다.

떨어진 이삭을 모으다

장산리학우단장 김종덕(金鍾德)

여기 들어있는 3원은 우리 장산리 학우단원 일동이 오랫동안 떨어진 이삭을 주워서 마련한 돈입니다. 어느 날 저녁 하교하는 길에 마을 친구들과 이런 저런 이야기를 하던 중 저는 친구들에게 올해 이같은 큰 가뭄 때문에 외람되게도 천황폐하께서 보낸 칙사가 조선에 건너와서 조선 사람의 형편을 조사하러 돌아보고 있으며, 그와 함께 폐하께서 많은 돈을 내려 보내셨고 (이러한 마음에 보답하여) 이에 우리들은 (추수 이후) 들판에 떨어져 있는 이삭 하나라도 그대로 버리지 않도록 하자고 했습니다. 아마 많이 줍지는 못하겠지만 오늘부터 (힘을 모아서) 떨어진 이삭을 모아서 국방헌금으로 내는 것이 어떻겠냐?고 제안을 했습니다. 그러자 친구들이 흔쾌히 동의해 주었습니다. 또한 생활을 잘 모르는 하급생들에게도 잘 타일러 많은 하급생들이 떨어진 이삭 모으기 작업에 마음을 다하여 등하교 시간에 하나하나씩 주워 모았는데, 그러하길 무려 3주일, 참으로 힘들게 모았습니다. 약소합니다만, 최전선에서 고생하는 병사들을 위해 써주세요.

48. 학용품을 절약하여 헌금

충북 괴산군 소수면 소수공립심상소학교 학생 일동

이들은 교사로부터 시국에 관하여 소식을 듣고 크게 감격하여 학용품을 절약하여 황군위문금을 갹출하기로 합의한 후 지난 12월 27일 그동안 모은 것이 2원 77전이 되자 헌금하였다.

49. 도토리 열매를 팔아서 헌금

충북 청주군 일면 형동리(荊東里) 양국촌서당 아동 12명 대표
이정희(李貞熙, 8세)

이들은 교사의 시국 강연에 감동을 받아 부근 임야에서 '도토리'를 모으니 2말 5되나 되었다. 이를 매각한 2원을 지참하여 구장과 함께 (청주) 경찰서에 가서 국방헌금했다.

50. 서병협(徐丙協) 등의 독지

경기도 시흥군 남면 군포 우편소장 서병협 외 8명은 연말에 맞아서 허례를 하지 않고 모은 20원을 부상병위문금을 내려고 지난 16일 영등포 경찰서에 기탁하였다.

51. 일일전사(一日戰死)의 헌금

월명(月明)광업소원의 아름다운 선행

충북 월명(月明) 광업소 주임 마츠다(益田)는 전쟁 발생 이후 하루하루 죽음을 각오한다는 일일전사(一日戰士)의 마음을 가지고 있다. 자주 자신의 종업원들의 하루치 임금을 모아서 헌납, 당국의 칭송을 받았다. 황기 2,600년(1940년)의 벽두인 지난 1월 6일 마츠타는 옥천경찰서를 방문하여 종업원 2백여 명의 하루치 임금(최고 10원~최저 40전) 120원 50전을 헌금하여 당국을 크게 감격시켰다. 또 옥천경찰서 무도부(武道部)에게도 100원을 기증하였다.

52. 국방헌금 노인회

충북 괴산군 소수면 수리 강신호(姜信浩)

노령이 되면 식사량도 줄고 자연히 술과 고기를 가까이 하게 된다. 강신호도 예외가 아니어서 술이 유일한 낙이었다. 전쟁이 발발하여 물심양면으로 전국적인 총동원운동이 시작되자 그는 노인이 그저 무위도식하는 것이 잘못되었다고 통절히 느꼈다. 이에 비상시 하나의 봉공이라도 더해야 겠다는 생각으로 술을 끊고 지난해 4월에는 마을 50세 이상 노인을 모아서 '국방헌금 노인회애국반'을 조직하였다. 지난해 5월 30일에 60원, 8월 1일에 4원 50전, 8월 27일에 4원 50전, 8월 31일에는 6원 10전, 8월 말까지 합계 31원 10전을 국방헌금 했다. 지금도 계속하여 그때의 결의를 군건히 하고 있다.

53. 각 방면에 1,500원 기부

여수의 오츠카(大塚)

전남 여수읍의 타카세(高瀬) 농장의 상무이사인 오츠카 지사부로(大塚 治三郎)는 21일 아들인 고(故) 지이치로(治一郎)의 기일을 맞아 군사후 원연맹, 여수읍, 양 부인회, 여수경방단에 약 150원, 여수 재향군인분회, 여수동정소학교에 각 100원, 여수의용단, 여수기자단에 각 50원, 동경농 업대학, 북향리 소학교 등에 각 100원, 여수군 조라면 소작인조합 및 관기 리 소작인조합에 결혼의장도구 각 200원 등해서, 합계 1,500원을 답례 형 식으로 기증하였다.

54. 애국여장부

용사와 향군간부를 환대

경남 통영읍 요시노쵸에 있는 마루산(丸三)이라는 요정(料亭)의 여주인 (女將) 미하라 하루코(三原ハルヨ)는 이번 전쟁 이후 출정장병 환송영, 가 족위문, 전선용사 위문문, 위문주머니 송부 등 애국의 정성을 다하여 애 국 여장부로서 일반인에게 큰 감동을 안겨 주었다. 또한 그녀는 귀환하는 용사와 재향군인분회 간부들을 위해서 지난 1월 17일 오후 6시 감사의 위 로연을 개최하였다.

55. 환갑잔치 비용을 헌금

충북 괴산군 사리면 이곡리 백양동 윤창선(尹昌善)

현재 61세로 농사도 제대로 되지 않은 상황인데, 장남 윤종구(尹鍾求)

는 강원도 원주군의 중앙선 부설 공사장에서 일하고 있고, 차남 윤용구(尹用求)는 5년 전 만주에 건너간 후로 소식불통되는 등 일가족 7명이 모두 비참한 처지에 있었다. 올해 8월 8일은 윤창선의 회갑이었다. 세간에서는 회갑이면 고향이나 이웃 사람을 불러 일생일대에 볼 수없는 향연을 베푸는 풍속이 있지만, 그의 회갑일은 양식조차 없어서 잔치를 벌일 수 없어 온 가족이 크게 걱정하였다. 결국 회갑은 며칠 미뤄졌다. 그런데 지난해[18] 9월 10일 강원도에 있는 장남에게서 30원이 온 적이 있었다. 가족들은 기뻐하였으나 윤 노인은 이렇게 말했다.

"인생 70은 예로부터 드물다 60이 넘으면 내일이라도 죽을 수 있으니 쓸데없이 술과 음식으로 즐겁게 보내려고 한다. 회갑연도 그렇다. 지금 나의 형편은 그런 즐거움을 누릴 상황도 아니며 뿐만 아니라 시국을 생각하면 돈이 있다하더라도 회갑연을 할 수없다. 여태껏 61세가 되도록 나라를 위해 한 일이 없는데 어찌 이 돈을 회갑연에 사사롭게 쓰겠는가?"

환갑연 당일 윤 노인은 마음을 다잡고 면사무소에 가서 그 돈 30원을 국방헌금으로 냈다.

56. 단복을 새로 만들어 기증

지난번 일흥사(日興社) 사장이 좋은 뜻으로 경기도 소사경방단(素砂警防團)에 경호부원 단복을 기부하는 일로 주위 사람들에게 감동을 준 적이 있었다. 이번에도 같은 지역의 보흥상점(普興商店) 주인 이재건(李載乾)이 경방단원의 활약에 감격하여 소방부원 60명의 단복을 새로 만들어 기

---

18) 올해 8월이 61세 생일이라고 했는데, 이 이야기는 지난해의 이야기를 가져온 것이다. 올해 이야기인 듯 착각하면서 작성한 흔적이다.

중하려고 하였다. 그는 소사라는 동네가 옛날 가난하고 쓸쓸한 마을이었을 적부터 운송점 주인으로 활동하였고, 거기서 입신하여 빈곤(困苦)함에도 근면하게 수 십 년 하주(荷主)를 위해 활약하였다. 그런 노력이 헛되지 않아 고향 사람의 중망(衆望)을 모으게 되니 가업은 나날이 성장하여 마침내 커다란 부를 쌓았다. 운송점 외에 미곡, 비료, 잡화상을 경영하여 비상시국 하에서 물자배급에 노력했을 뿐만 아니라 항상 공공을 위해 노력하는 것을 꺼리지 않고 현재 향읍에서 추천을 받아 면 협의회 회원은 물론 기타 공직(公職)에서 활약하고 있는 입지전(立志傳)적인 인물이다. 이번 단복기부 건도 이 사람이 한 것이라서 더욱 의미가 있었고, 각 방면의 관계자들도 깊이 감동하고 있다.

57. 조금이라도 은혜를 갚으려 하다

충북 괴산군 감물면 검수리 박영진(朴英鎭)

그는 일곱 가족을 부양하는 순수 소작농으로 생활은 매우 빈곤하고 평소 면사무소의 지도 장려에 솔선하고 순응하는 온순하고 독실한 인물이다. 지난해 2월 22일 10원을 면사무소에 가져와서 국방헌금으로 기탁했는데, 동기와 출처를 물으니 어눌하지만 열의가 있는 어조로 다음과 같이 말하였다.

"저는 원래 순 소작농이었는데 1936년 여름, 역사상 유례가 없는 큰 홍수를 만나 가옥과 가구, 식량을 모조리 잃고 5인 가족이 겨우 몸만 피했습니다. 그러나 주인이 식량과 돈은 물론 집짓는 재목까지 주어 5명은 목숨을 부지하고 구제되었습니다. 저는 무능하여 그 은혜를 갚을 방법을 몰랐습니다. 그러나 주인은 그런 저를 '괘씸한 놈'이라 하지 않고 '이것저것 모두 나 때문에 된 것입니다'라고 하였습니다. 특히 지난해 겨울에는 짚매입 자금까지 빌려주어 가마니를 짰는데 상당한 벌이가 되었습니다. 가마니 대금에서 8원 70전과 일용임금에서 1원 30전을 합하여 10원이 되었습니다. 주인에게서 받은 은혜의 천분의 일도 안 되지만 조금이나마 은혜를 갚게끔 헌금하고 싶습니다."

58. 법양(法養)의 비용을 생략하여 헌금

수원군 수원읍 매산정에 사는 아이료 가즈마사(相良勝正)는 현재 원산(元山)중학 2학년인데 지난 해 9월 아버지가 죽은 후 매제와 여동생과 협력하여 어머니에 대한 효양을 다하고 오직 면학에만 힘썼다. 그런데 사는 곳이 너무 멀어서 아버지 기일에도 마음으로만 보탰는데 이번 겨울방학에는 수원으로 돌아와서 아버지의 법양(法養)[19]도 경건하게 치렀다. 그 과정에서 비용을 절약하여 모은 20원을 국방헌금으로 수원군군사후원연맹에 신청하였다.

소문에 의하면 아버지는 세무서에 근무했으며 항상 병으로 치료와 약값이 많이 필요했으나 집안 사정이 좋지 않았다고 한다. 게다가 가족이 많아서 아이료는 중학을 졸업할 때까지 학비가 많이 드는 시기였음에도 아버지의 유지를 받들어 이러한 미거(美擧, 아름다운 행동)를 보였으니 진실로 황기 2,600년이 시작되는 연초에 후방의 국민들에게 큰 감동을 주고 있다.

59. 빈곤한 소학생의 헌금

충북 음성군 원남공립심상소학교 6학년 안상묵(安相默, 15세)

그는 집이 가난하여 통학할 때 틈을 보아 땔나무를 채집하여 수업료에 보태고 있었다. 빈곤으로 1전 한 푼 헌금할 수 없었던 것은 황국신민의 치욕이

---

19) 죽은 사람의 명복을 비는 법회

라 여기면서 지난해 10월 15일부터 1주일 간 가정실습 휴가기간을 이용하여 벌채를 하여 번 돈 1원 40전을 국방헌금으로 내어 달라면서 신청하였다.

60. 소학교 학생의 위문주머니

충북 진천군 문백면 문백공립심상소학교 5학년
김수만(金壽萬) 외 3명

이들은 일요일에 사방공사에 참가하여 번 2원 31전으로 위문주머니를 만들어서 위문편지와 함께 황군 장병에게 보냈다.

61. 근로봉사 작업에서 번 돈을 헌금

충북 보은군 북면 화전리 김만배(金萬培) 외 부락민 일동

구장 김만배는 부락민의 신망이 두텁고 부락 사무에도 열정적이었다. 1937년 7월 전쟁이 발발하자 솔선하여 부락민에게 시국의 중요성을 인식시키고자 했으며, 후방에서 공연히 안일(安逸)만을 탐하는 것은 충성스럽고 용감한 황군장병에게 미안한 일이라고 하면서 부락민 전체를 모아 근로봉사 작업을 수행하여 거기서 나온 수입금 모두 국방헌금하였다. 그동안 수차례에 걸쳐서 낸 헌금은 무려 50원에 달한다.

62. 학술 강습회에서 아동이 위문주머니(慰問袋)를 기증

충북 보은군 마노면 갈평리 갈평리학술강습회 아동 일동

같은 마을 김원기(金元基)가 주최한 갈평리 학술강습회는 1933년 처음 문을 열었고, 이후 오늘까지 7년 동안 이어오고 있다. 교사 김원기는 언제

나 아동에게 시국의 중대함이나 또는 최전선에서 분투하고 있는 황군 장병의 고통에 대한 이야기를 계속 해주었고, 아동은 물론 부락민들도 이야기에 감격했다. 이에 아들들은 일상 생활에서 혹은 학용품을 절약한 것으로 황군장병에게 위문주머니를 보내기로 하였다. 비록 위문주머니 2개밖에 안 되지만 위문문과 함께 최전선에 잘 보내졌다.

63. 기원 2,600년을 맞아 헌금

충남 청양군 비봉면 양사리에 사는 이내학(李來鶴, 61세)은 노령임에도 애국심에 불타는 사람이다. 전쟁 이후 수차례 국방을 위해 또는 군사후원을 위해 혹은 최전선에서 힘겹게 싸우는 황군장병을 위해 헌납한 금액만도 92원. 이번에 다시 성전 3주년을 맞아 최전선에서 활약하는 장병의 신고(辛苦)에 감사하고, 신동아 건설의 깊은 의미를 알리며, 특히 기원 2,600년을 맞아 마땅히 국위(國威)의 번창과 황군의 무운장구를 기원하는 마음으로 10원을 국방헌금하였다.

64. 경방단원의 헌금

충북 괴산군 칠성면 도정리 칠성(七星)경방단 대표자
후카와 마츠타로(布川松太郞)

본 경방단원 일동은 칠성면 쌍곡리의 임도공사에서 하루 공동작업을 하여 받은 임금 16원을 모아서 국방헌금으로 냈다.

65. 목수 및 인부의 헌금

충북 영동군 영동면 계유리 이석호 외 27명

이들은 건설 중인 구세군 영동 병원공사에서 일하는 목수(大工)와 인부이다. 10월 15일 공휴일에 특별 노동을 하여 일당 35원 45전을 국방헌금으로 신청하였다.

66. 병기 헌납을 목표로 노력하다

후방 가정을 지키는 순한 아내와 딸. 이들이 자기들 손으로 근로봉사를 겸한 부업을 수행하여 국방헌금을 벌려고 지난 해 12월 20일부터 "애국 토란 가게"를 열었다. 불과 1개월 사이에 천 원가까이 헌금하여 후방 부인의 의기를 더높인 서울 죽첨정(竹添町. 오늘날 충정로) 1, 2가 애국부인회 분회. 본 부인회는 제2차 근로봉사를 통하여 국방화기(國防火器) 헌납을 계획했다. 그리하여 황군의 무운장구를 빌기 위해 1월 23일부터 죽첨정 2가 서대문 경찰서 근처에서 '애국의 떡집'을 열었다.

이런 씩씩한 여장부들의 목표가 달성될 때까지 해당 애국분회원 180명은 일치단결하여 가족처럼 친목을 도모하면서 특히 떡에다 바를 참기름도 개별 회원이 가지고 왔다. 분회장 코데라(小寺一念) 부인은 말했다.

"올해는 실로 뜻 깊은 황기 2,600년이라는 세계 역사상 크게 빛나는 해이다. 후방을 지키는 가정의 주부들은 더욱 시국에 대한 인식을 높여 가정을 훌륭하게 지키고 동시에 고귀한 황군 여러분들의 노력에 전력으로 봉공하지 않으면 안 됩니다. 이번 우리 회원 일동은 각 가정의 신전(神前)에서 무운장구를 빈 떡을 모아 애국 떡국을 만들어 뜻있는 분들의 지지를 받아서 수입이 생기면 헌납병기 대금으로 충당하려고 합니다. 회원 여러분도 비록 춥고 힘들 때지만 나라를 위해 기쁜 마음으로 베풀어 주세요."

67. 근로보국대의 헌금

충북 괴산군 칠성 쌍곡리 정이택(鄭履澤) 외 10명

이들은 서로 합의하여 근로보국대를 조직하고 8월 29일부터 9월 19일까지 21일간 임도개통 공사에서 나가서 받은 임금 28원 중 각자 생활비 16원을 뺀 12원을 황군위문금으로 헌금하였다.

68. 귀선(歸鮮)하여 헌금

충북 음성군 원남면 삼룡리 고물상 이병태(李炳泰)

그는 약 10년 전부터 일본에 도항하여 고물상을 운영하였다. 지난 번에 조상의 묘지를 돌보려 조선으로 돌아왔으며 고향에서 농산촌의 촌민(農山村民)까지 시국인식을 깊이 하며 생업보국의 열의를 불태우고 있는 모습을 보고 감격하여 20원을 국방헌금으로 내었다.

69. 애국 3인 여학생

겨울방학 중 직공으로 일하여 번 보수금을 국방헌금

혹한의 최전선에서 나라를 위해 신명을 바쳐 싸우고 있는 군인들을 생각하니 한가로이 신년의 분위기에 빠져있을 수 없다며 즐겨야 할 겨울방학을 희생하여 직공으로 근로봉사를 해서 번 돈을 국방헌금으로 낸 사랑스러운 애국 소녀가 있었다.

신의주 남고녀(南高女) 3학년인 고봉녀(高鳳女, 16세), 최명화(崔明花, 16세), 차기열(車基列, 16) 등이 바로 이들이다. 이들은 최전선의 차가운 바람 속에 열심히 근무하고 있는 군인들의 노고에 보답하려면 방학 중 평안과 안일만 탐할 수는 없다고 생각하였다. 이에 신의주에 있는 왕자제지의 여공으로 들어갔다. 이들은 전선의 고통을 생각하지 않으면 떠들수도 없다고 했는데 아버지뻘되는 직원들도 순진한 마음을 크게 칭찬하였다.

방학이 되자 지난해 섣달 26일 왕자제지(王子製紙)의 무타(牟田) 공장장을 방문하여 자신의 생각을 알렸고, 공장장도 그 마음에 감동하여 그날부로 종이 마무리공으로 일할 수 있게 해주었다. 그로부터 1월 15일까지 휴일이라고는 설날과 그 이튿날뿐이었고, 전후 2주간 매일 오전 8시부터 오후 4시까지 진짜 여공들 사이에 섞여 부지런히 일을 한 결과 왕자제지에서도 이들의 근로봉사 활동에 감격하여 약간의 상여금과 표창장을 주었다. 그런데 이들 여학생들은 상여금 전부를 신의주 헌병분대에 가져가서 국방헌금으로 신청하였다. 그에 대해 데라카도(寺門) 신의주남고녀 교장선생님은 이렇게 말했다.

"칭찬할 만한 아이들입니다. 방학 전에 그런 상담을 하기에 부형의 의향을 확인한 다음 좋다고 승낙하였습니다. 세 사람 모두 상당히 이지적이고 그러면서도 열정적인 감정의 소유자로서 성적도 우수한 모범생입니다"

70. 휴가 중의 노동임금을 헌금

충북 청주군 청주읍 청주상업학교 학생
4학년 김재철(金在喆)
2학년 김상현(金象鉉)

두 사람은 여름방학을 이용하여 하천공사 노동 또는 약 재료 채집 등으로 3원 3전을 벌어 국방비로 헌금하였다.

71. 경방단원의 헌금

충북 괴산군 청주면 청주경방단원 일동

단원들은 이번 농산촌보국일을 맞이하여 그 지역 주조공장에 벼를 운반을 한 후 얻은 수입 5원을 국방비로 써 달라며 헌금하였다.

72. 일장기에 혈서를 쓰다

꼭 지원병이 되려고 신청한 어느 청년

피로 물들인 일장기에 '천황폐하 만세'라는 혈서를 가지고 1월 20일 아침 황해도 남천(南川)경찰서에 나와 "어떤 일이 있더라도 꼭 지원병으로서 채용해달라"고 신청한 어느 청년이 있었다. 나카노(中野) 남천경찰서장은 그 청년의 생각을 살피더니 무척 감격했다고 한다. 그 사람은 평산군 안성면 출신으로 현재는 남천곡물검사소에서 사무원으로 일하고 있는데 항상 주변의 칭찬을 받는 성실한 청년이다. 노가타(猪方) 곡물검사소장도 다음과 같이 평가하고 있다.

"본인은 평소 '정말 일본인으로 성공하려면 군인이 되지 않으면 안 된다'라며 늘 군인을 동경하고 있었습니다. 매월 적은 급료지만 반드시 위문주머니에 한 개씩 또는 군용열차가 통과할 때엔 반드시 역전에 나가 진심으로 감사의 뜻을 보여주었습니다. 특별하게 저의 훈육에 따랐다고 할 수 없습니다."

73. 연극에 감격한 소년단원의 국방헌금

충북 진천군 문백면 봉죽리 소년단 조영용(曺榮鎔) 외 13명

이들은 지난날 진천경찰서에서 개최한 방공방첩 연극『애국소년』에 감격하여 8월 25일부터 3회에 걸쳐 '논 관개 노동'을 한 뒤 임금 2원 73전을 국방비로 써달라며 헌금하기로 했다.

74. 가정방공조합원의 위로금 중 남은 것을 헌금

충북 청주군 청주읍 본정 1가 제1구 조합원 대표 구장
사이토 도시키치(齋藤利吉)

이들은 지난번 가정방호조합에서 수행한 방공연습 이후 마을유지인 조합원에게서 위안비 36전씩을 받았는데 그 중 7원을 연습비용으로 내고 나머지 29원을 국방헌금했다.

75. 시국미담

여러 가지의 시국미담

◆ 충남 서산군 성측면 평리의 한명우(韓命愚) 외 28명은 3등도로(비가 오면 고이거나 하천이 범람하여 제구실을 하지 못하는 도로) 확장 공사장에서 일하여 임금 가운데 1인당 10전, 총 4원 90전을 헌납하였다.

◆ 청양군 사양면 구룡리, 양조업하는 호리우치 토키치(堀之內藤吉)는 조선육군특별지원병 사업자금으로 100원을 기부하였다.

◆ 청양군 비봉면 용천리 양조업하는 이준의(李俊儀, 45세)는 비봉학교에서 지원병 모집을 위한 청년대회가 있었을 때 군청의 비용으로 써 달라며 30원을 내어 공무원들을 감격시켰다.

◆ 청양군 비봉면 강정리 186번지 농사짓는 안두순(安斗淳, 24세)은 심한 가뭄으로 정월에 제사도 못 지내는 부락민 3여 호에 1호당 백미 5되를 기부하여 칭송을 받았다.

76. 시국좌담회 강화에 감동하여 국방헌금

충북 괴산군 청주면 선평리 선평교회 하기(夏期)아동 경학회 대표
추원묵(鄒元默)

이들은 경찰관 주재소원이 시국좌담회에서 강연한 내용을 듣고 크게 감동하여 각자 학비를 절약한 2원 10전을 국방헌금으로 냈다.

77. 소학교 부형회(父兄會)의 헌금

충북 청주군 부용면 부용공립심상소학교 부형회 회장
김단봉(金端鳳)

본 부형회는 8월 24일 정기총회의 결의에 따라 학교 교정에서 토성(土盛)[20]작업을 하고 수당으로 받은 20원을 국방헌금으로 내어 사람들을 크게 감동시켰다.

78. 찬란한 애국 가족

이번 성전(聖戰) 이후 반도(半島)의 애국미담은 끝이 없다. 요원의 불길 같은 반도의 일본인과 조선인 관민의 애국심에 군 당국은 크게 감격하고 있다. 특히 이번 전쟁 이후 온 가족이 똘똘 뭉쳐 후방 애국의 지성을 다한 사례가 있는데, 이 사실을 알게 된 군 당국은 크게 감격하였다.

---

20) (공사 따위에서) 흙을 쌓아 올림. 성토(盛土)

이 아름다운 애국 가족은 바로 서울 대화정(大和町) 1-33번지의 미야
모토 나오카즈(宮本直一) 일가로 아내 이쿠코(郁子), 장녀 미치코(道子),
차녀 케이코(敬子), 삼녀 요시코(吉子), 장남 후미키요(文淸, 15세) 등 6명
의 가족이다. 성전 발발 이후 아내 이쿠코는 가사를 잘 돌보는 한편 애국
부인회 대화정 분구의 반장 및 회계를 맡아 황군용사의 출정귀환 환송영
은 물론 최전선으로 보낼 위문품의 수집 알선에 헌신하였다. 그리고 일가
가 모두 나서서 출정하는 황군용사를 환송영하는 한편 온 가족이 협력해
수십 개의 위문주머니를 만들어 최전선의 용사를 위문하였다. 아울러 유
가족에 대한 위안과 격려에도 헌신했다. 그 중에서도 무로타니(室谷) 부
대 마츠오(松尾) 조장(曹長)은 지난해 공용(公用; 공적인 용무)으로 잠시
서울로 돌아왔는데 최전선에 서서 용사들이 용감하게 싸우는 이상 언제
죽을 지도 알 수 없는 몸이라고 하는 말을 듣고 그의 실형(實兄)을 고향에
서 불러 면회를 주선하는 등 애국의 열정을 보이고 후방의 봉공에 힘을
다하고 있었다.

79. 원산의 군국미담

원산부 춘일정 37번지의 타나카 한지로(田中半次郎)의 아들 오시지(多
息治)는 현재 000부대에 입대하여 군국(軍國)을 위해 봉공하고 있다. 이번
에 임관하여 처음으로 승급액인 77원을 아버지한테 송금했다. 아버지는
자기 경비를 절약한 23원과 합하여 100원을 원산 헌병부대에 가서 휼병
금으로 헌납하여 관계 공무원을 감격시켰다.

80. 1전을 저금하여 헌금

충북 괴산군 소수면 입암리 김원선(金元先)

그는 성냥, 과자류 등을 팔고 부인은 떡 행상을 하여 간신히 생활하고 있었다. 전쟁이 발발하자 시국 강화를 듣고 정말로 제국신민이 된 자로서 고마움을 느끼고 황군장병에게 감사의 정성을 드리고 싶었다. 이에 1938년 1월부터 매상금 중에서 매일 1전씩 저금하여 5월 15일에는 모두 1원 50전이나 되었고 이것을 곧바로 국방헌금하였다.

그 후에도 이들 부부는 시국의 풍파에 시달려 장사도 나아지지 않았고 생활비는 오히려 늘어났다. 하루 종일 한 푼도 매상을 올리지 못한 이 56세의 노인은 간신히 멀건 죽으로 연명하는 처지였는데도 1전 저금에는 손도 대지 않았다.

그러면서 1940년 5월 6일 다시 그동안 모은 1원 50전을 국방헌금하였다. 그 후로도 끊이지 않고 1전 저금을 계속하면서 "나이를 먹어 움직이지 못할 것을 대신해 그나마 작은 정성이라도 표합니다"라며 술도 담배도 끊고 한결같이 1전 저금을 즐거움으로 동전을 저금통에 넣으면서 싱글벙글 하였다.

81. 애국의 열정에 불타는 절미헌금

전쟁 이후 만포(滿浦)금융조합 이서(吏西) 지소는 후방 애국운동의 최선단(最先端)에서 애국에 불타는 손치헌(孫致憲) 부이사의 지휘 아래 임직원, 총대, 조합이 일치단결함으로써 어려운 시기를 잘 극복하고자 하였다. 그동안 강연회, 좌담회 등 각종 강연회를 비롯하여 대용품 장려를 위해 품평회, 경기회(競技會), 부인회, 야학회, 청년강연회 등을 열어서 좋은 성적을 올렸다는 사실이 몇몇 신문에 기사화되기도 했다. 또한 소속 부인회에서는 천인침을 비롯하여 헌금 운동을 전개하여 지금까지 1,000원 이상에 이르렀다.

이번에도 절미(節米)운동을 널리 장려하였고, 거민일치의 실천을 도모하여 국책에 적극 부응하였다. 또한 출정 장병이 고생(辛苦)할 것을 걱정하여 절미운동주간을 정하여 조합 및 그 가족은 물론 비조합원 등 약 4,000이 나섰다. 이에 아침과 저녁으로 2숟가락씩 절약하도록 독려하여 절미와 애국이라는 일석이조(一石二鳥)를 거두었다.

그 결과 옥수수 9섬 7말 9되 9홉, 좁쌀 1말 9되 3홉, 백미 3말 5되 7홉을 판 147원 8전을 국방헌금으로 만포진 소재 헌병분대에 보냈는데 이것은 전부 손치헌 부이사의 눈물겨운 노력의 결실이다. 일반 사람들은 그의 노력에 한없이 감사하면서 '자애로운 아버지같다'는 말도 하였다.

82. 과부의 헌금

충북 청주군 부용면 부용리 463번지 최현(崔鉉, 당 48세)

그녀는 부강(芙江) 시장에서 음식파는 과부인데 전쟁 이후 매월 10전, 20전을 모아 10원이 되자 때가 왔다면서 국방헌금하였다.

83. 후방 부인보국의 귀감

빛나는 황기 2,600년의 신춘을 맞았다. 놀랍게도 애국부인회 경기도 평택군 분회 부회장 겸 평택 분구장 그리고 국방부인회 평택읍 분회장으로 있는 메라 미사오(目良操) 부인은 전쟁 이후 출정 부대의 환송에 봉사하면서 항상 회원의 최선봉에 서서 모임의 지도정신(指導精神)을 보급하기에 힘쓰고, 더불어 사업을 수행할 때는 매년 잘 정립된 계획으로 여러 방면의 조직과 훌륭한 관계를 유지하였다. 그러면서 이른바 후방 부인의 활동에 적극 나서서 위문주머니 만들기, 출정가족의 위문 및 가업(家業) 거들기, 상이군인의 위문, 출정 응소 병사의 환영 접대 등 군인 후원 사업에 만전을 기하였다. 회원 전반에 애국저금의 장려, 폐품회수, 소비절약 생활개선, 국어보급 등의 '후방 부인 보국'을 위하여 헌신하는 등 부인회는 상당한 실적을 보였다. 이것은 무엇보다도 회원의 일치단결에 의한 성과였다.

특별히 메라 부인회장은 스스로 '한 사람의 후방부인 전사'라는 신념으로 침식(寢食)을 잊으며 멸사봉공(滅私奉公)의 정신에 불타 몸소 모범을 보였다. 부인의 뜨거운 정성은 능히 회원을 움직이는 원동력이 되었고 후방 부인 보국 활동에 만전을 기하는 힘이 되었다. 메라 부인은 조금도 자신의 성적을 과장하려 않았으니 오히려 오늘날부인의 이름은 회원들의 시국인식을 키우는 촉매가 되고 있다. 열성적으로 물자를 기증하고 겸양함으로써 일본 고래의 부덕(婦德)을 제대로 보여주는 부인상으로 열심히 행동하였다. 게다가 부인 보국의 책무를 완성하고자 국어 보급을 최우선으로 하여 국어강습회를 개최하니 특별히 좋은 성적을 거두었다.

한편, 경제보국의 첫걸음은 부인의 각성에 있다고 하면서 내선일체(內鮮一體)를 향한 부인회의 궐기를 촉구하여 허례허식 폐지를 독려하였다. 부인회 사업에 대해선 그 쇄신 방향을 강력하게 지도하고 부인보국을 위해 최선을 다하는 등 메라 부인의 행위는 회원은 물론 일반 대중의 신뢰를 모으기 족했고, 장차 부인의 노력으로 부인회도 더욱 발전할 것이라 여겨져 일반 사람들이 크게 칭송하고 있다.

84. 기원(紀元)에 관련된 흥아(興亞) 떡 2600개

빛나는 기원 2,600년을 생각하여 '흥아(興亞)의 떡' 2,600개를 전선에 있는 군대에 보낸 군국의 할머니가 나왔다. 이 할머니는 진남포부 명협정

(明峽町)에 사는 미야타 모토(宮田もと, 61세) 할머니인데, 지난해부터 재활용품을 만들어 팔아서 50원을 모았다. 어떻게든 뜻있게 써보자고 해서 올해가 기원 2,600년이나 된다고 하여 떡 2,600개를 전선에 보내려고 했다. 손자들이 세뱃돈으로 받은 20원이나 폐품을 팔아 모은 50원도 더하였다. 그런데 떡 2,600개를 만들려면 찹쌀 1석(110원)이 필요했지만 없었다. 장남을 ○○전선에 보낸 같은 마을 요시타 코헤이(吉田降平)가 사정을 듣고는 안마해서 번 돈 4원 50전을 할머니에게 기증하였다. 이러한 미담이 이어지면서 부족액도 채워졌다. 마침내 군국 신춘을 장식한 '흥아의 떡'을 전선을 향하게 되었다.

85. 빈자의 등 하나

충북 단양군 적성면 하진리 포목행상 장덕교(張德敎, 당 56세)

1937년 이후 부부가 함께 경기, 충남 각지에서 행상을 하면서 생활하였는데, 당시 후방에서의 생업봉사, 출정병 환송영 등을 보면서 시국 상황의 중대함을 깨닫게 되었다. 이에 우리들도 보국(報國)의 정성을 다하지 않으면 하늘도 돕지 않을 것이라 생각한 아내는 남편도 모르게 이익금을 모았는데 130원이나 되었다. 그 중 30원은 질병 치료에 쓰고 나머지 100원은 남편과 상의하여 국방헌금 하였다. 얼마 안 되는 이익금을 부지런히 저축해서 만든 헌금이라서 이런 이야기를 듣는 사람마다 크게 감격했다.

86. 경방단원의 독지

서울 도림정(오늘날 도림동) 177번지의 경방단원 정명연(鄭明然) 및 같은 동네 186번지 안순창(安順昌) 두 사람은 경방단에서 받은 수당 2원 50전을 헌금 하였다.

"이러한 비상시국 아래서 국가에 봉사하는 것은 우리의 당연한 의무로 스스로 해야만 하는 것이다. 그러므로 이 수당은 나의 것이 아니기 때문에 국방헌금으로 내려고 한다."

87. 은종이에 옥을 싸서 용돈을 보태다

인천 욱정(旭町) 소학교 6학년인 욱정 22번지 사는 모리 야스코(森康子, 14세)와 같은 동네 11번지 사는 하세가와 미요코(長谷川美代子)는 함께 폐품을 회수하고 담배 은종이를 모았다. 모아도 많지 않았기에 평소 용돈까지 합쳐서 총 2원 70전을 "국방비에 조금이라도 보태주세요"라면서 헌납신청하자 즉시 헌병대에 송부하였다.

88. 여가(餘暇)을 이용한 부인의 봉공

충북 괴산군 증평면 증평리 모리 요시에(森よし江, 당 21세)
하야시 노부코(林のぶ子, 당 23세)

두 사람은 시국(時局)에 처한 부인답게 작은 정성이라도 봉공하고자 여가를 이용하여 '몰²¹⁾ 세공'으로 만든 인형과 조화(造花)를 시장에 팔았다. 여기서 발생한 이익금 10원 15전을 국방비로 써달라며 지난 8월 2일 헌금하였다.

89. 응소하지 못한 사람의 국방헌금

충북 충주읍 금정 세이노 지로키치(成野二郎吉)

그는 7월 31일 응소했지만 귓병 때문에 소집해제되었다. 지방 관민의 열성적인 환송을 받고 응소한 몸이 봉공하지 못하는 것이 부끄러워 100원을 국방헌금하였다.

---

21) 1. 철사와 섬유 또는 금속 박편 등을 섞어서 꼰 끈 같은 것. 2. 장식 띠. 3. 인도산 견직물의 일종.

90. 유산을 국방헌금으로 유언

자기 죽음을 예견하고 재산 1만 원을 공공사업에 기부한다고 유언한 독실한 부인이 있었다. 함남 갑산군 혜산읍 혜산리 567번지(구시장)에 사는 동순덕(董順德, 43)은 자식도 없는 고독한 사람이었다. 하지만 성품이 착실하고 근면한 사람이었고, 최근에는 앞의 주소에서 자노메(蛇の目) 재봉틀 회사의 판매점을 경영하고 있었다. 그 자신 각고면려(刻苦勉勵)하여 피땀으로 모은 1만 원을 이전부터 수차례 동안 국방헌금했고, 또한 지니고 있던 금제품도 헌납하여 시국하 후방 부인의 모범이 되어 자신의 명예를 높였다. 그러나 며칠 전부터 불의의 명마를 얻어 병상에 눕게 되었는데도 어찌할 수 없는 자신의 죽음을 예견하면서 다음과 같은 유언을 남기고 23일 오후 8시경 사망하였다.

> "내가 죽은 후 내가 가진 1만 원은 누구의 손에도 넘어가지 않게 해주시고 모두 국방헌금과 서(西) 소학교의 강당 건축비로 기부해 주십시오."

유족이라고는 오직 한사람 언니 동춘심(薰春心).[22] 그녀는 함흥에서 급하게 병원으로 왔는데 여동생이 헌납하려고 했던 사실에 감읍하여 '반드시 유언에 따라 처리하겠노라'고 하였다. 사람들은 그녀의 고매한 공공봉사 정신에 깊이 감읍하고 있다.

91. 후방부인의 정성

충북 단양군 대강면 용부원리 오가와 시즈코(小川靜子, 당 38세)

그녀는 전쟁 이후 후방 봉사에 진력하여 존경받는 사람이다. 올 6월부

---

22) 위의 동순덕과 친자매인데 성이 다르게 표기되어 있어 한쪽은 오기임.

터 8월 1일까지 무더위에도 아랑곳하지 않고 남편이 관계하는 공사장 사람들과 일반 면민을 방문하여 최전선에서 당하고 있는 황군장병의 고난 상황을 앞장 서 설명하였다. 그 결과 173명의 동의를 받아서 갹출한 395원을 국방헌금하였다.

92. 여관업자의 헌금

충북 괴산군 청천리 여인숙영업 박밀양(朴密陽)

"우리들이 이렇게 안락하게 영업을 계속할 수 있는 것은 한 마디로 황군장병이 노력한 덕택"이라며 조금이라도 국가에 기여하고 싶다면서 지난 8월 17일 15원을 국방헌금하였다.

93. 한 외국인의 부상병 위문금

지난 1월 17일 오전 9시경 서울 서대문 경찰서를 방문한 한 외국인이 황군 상이병 위문금으로 500원을 내었는데 국적도 이름도 알려주지 않고 가버려서 서대문 경찰서에서는 감격하면서 그 사람을 찾는 중이다.

（續編）

半島の銃後陣 續編

財團法人 軍人援護會朝鮮本部

속편(續編)

1. 사례금을 그대로 나라를 위하여

충북 청주에서 지난 8월 20, 21일 이틀간 충북 경찰종합전람회가 열렸고 여기에 아마추어 방첩 연극인 「방첩(防諜)의 게이샤(藝者)」가 공연되었다. 방첩극에 출연한 요정 북일루(北一樓)의 아름다운 기생 요시오(義雄), 도키쿠라(時藏) 등은 지난 8월 31일 조선방공협회[1] 충북 청주지부 이치이로(一色) 지부장에게서 사례금으로 금일봉을 받았다. 하지만 "진실로 연극 「방첩의 게이샤」에는 나라를 위하여 그리고 자신의 본분을 다하려고 출연한 것일 뿐이기에 사례금 등을 받는 것은 참으로 송구스럽다"고 하면서 지난 9월 1일 애국일 아침 청주경찰서를 방문해서 "국방헌금으로 해 주십시오"하고 봉투도 열지 않은 채 그대로 기탁하였다. 이에 많은 사람들이 감격했다.

2. 탈상을 치루고 나서 헌금 2천원을 기부하다.

원산에서 고인이 된 원산매일신보 사장 니시타 츠네사부로(西田常三郎)의 57일 기일 법요식과 납골식이 지난 8월 9일과 10일 양일간 주법사(注法寺)에서 엄숙하게 집행되었다. 여기서 니시타(西田) 집안에서는

---

1) 1938년 조직된 국민정신총동원운동과 병행하여 일본 국체를 명백히 증명하고 공산주의 사상을 뿌리뽑을 목적으로 만든 단체.

부의에 대한 답례를 고민하였고, 답례하는 것은 때가 때인 만큼 하지 않
도록 하고 대신 원산과 함흥 지역의 국방 및 사회산업 단체 혹은 각 학교
등에 약 2,000원을 헌금 혹은 기부하여 사람들을 감격시켰다.

3. 기특한 여학생

개성부 호수돈여학교 학생 황순옥(黃順玉), 현종학(玄鐘學), 마영옥(馬
英玉) 등 세 명은 지난 8월 28일 오후 3시 경 북본정(北本町)에 있는 고려
자동차부 앞을 지나던 중 지갑이 떨어져 있는 것을 보고 주웠다. 그리고
바로 달려가 경찰에게 건네주며 "주웠습니다. 잃어버린 주인을 찾아서 돌
려주십시오"라고 했다.

담당자가 지갑 안을 조사해 보니 277원 13전이나 들어 있었다. 사연을
알아보니 부내 조선운송회사2) 사원이 잃어버린 것이었다. 분실한 본인을
불러서 현금을 돌려주었지만, 조선운송회사는 여학생 3명의 기특한 행위
에 감동해서 답례로 15원을 주었다. 여학생들은 이구동성으로 "떨어진
것을 우리들이 발견했을 뿐이지, 결코 사례 등을 바라고 한 일이 아닙니
다"라면서 사양하였다. 그렇지만 어쩔 수 없이 받게 되자 세 사람은 "이
돈은 받겠지만, 우리들이 사용할 수 없기 때문에 국방헌금으로 해 주십시
오"라면서 곧장 헌납하니 거기에 모인 사람들이 무척 감격했다.

4. 백의용사의 기쁨을 보고 감격의 금일봉

지난 9월 3, 4일 이틀간 경성부(서울) 군사후원연맹 주최로 부민관에서

---

2) 조선계 운송업체들이 1930년 발기인 총회를 열고 회사 설립 안건을 가결한데 이어
  회사의 경영진을 전원 선임해 조선운송업계를 대표하는 '조선운송(조운)'이 탄생하
  였다. 이렇게 탄생한 조운은 회사를 설립한 이후 통합에 찬성하는 군소 업체들을 지
  속적으로 흡수 합병한 결과 1930년에는 전국 주요 역의 41개 직할점을 두고 일제히
  영업을 개시하였다.

오오사카분라쿠좌(大阪文樂座)의 인형극단을 불러 백의용사와 함께 출정 응소 군인 유가족을 위한 위문공연이 있었다.

　3일 밤 공연 때 백의용사가 부상도 잊고 기예에 기뻐하는 모습을 본 어떤 부인은 관람하던 연극도 아랑곳 하지 않고 아이처럼 기뻐하는 상이용사의 모습에 눈물을 흘리며 위로의 마음으로 금일봉을 주최 측에 주었다. 주최 측은 물론 같은 장소에 장소에 있던 히로세(廣瀨) 대위 등 백의용사들은 크게 감격하였다. 그 부인은 자신의 이름도 알리지 않고 가버렸지만, 군사후원연맹에서 조사한 결과 부내 송월정을 운영하는 니시야마(西山) 부인이라는 정도는 알게 되었다. 하지만 이름까지는 알지 못했다.

5. 황국정신의 발로

　함북 길주군 동해면(東海面) 일하동(日下洞)에 사는 킨에코 미네야마(金江五峰山, 19세)는 육군특별지원병 제3기생(후기)에 합격했다. 입소 직전 병에 걸려 요양하던 중 불행하게도 지난 1일 불귀의 객이 되었다. 죽을 때도 역시 지원병다운 자세가 참으로 볼만 하였다. 그는 '천천히 동쪽 방향으로 단좌하고는 멀리 궁성을 요배하면서' 옆에 모인 사람들을 향하여 이렇게 말했다.

　　"일본 남자로 태어나 한번은 입대하여 한 목숨을 군국에 바치고 싶은 염원이 있었지만, 유감스럽게 입소조차 병 때문에 할 수 없다. 지원병이 되지 못하니 저 세상에 가서라도 유감스럽다. 동해면에서 좋은 날 입소하는 세 명의 친구들이 내 몫까지 대신했으면 한다."

　이처럼 뜨거운 군국의 혼을 남은 유언을 님긴 그는 "폐하 만세!"라는 만세 삼창을 하고는 숨을 거뒀다.

6. 성초(聖鍬)하는 청년의 뜨거운 정성이 담긴 헌금

혹서에도 만주 광야에서 여름 근로봉사 대원으로 성초(聖鍬, 큰 행적)를 떨친 반도 출신의 한 청년이 있었다. 그는 "프랑스령 인도차이나의 국경지대와 하이난(海南)섬에서 싸우고 있는 황군 장병들이 얼마나 힘들까"라고 생각하면서 애국심으로 쓴 한 통의 위문편지와 10원의 소액 우편환을 더한 위문품을 《경성일보사》로 보내왔다.

그는 경기도 양주군 구리면에 사는 야스타 준부(安田順奉)였다. 이번 여름 양주군 대표로 만주국 근로봉사대로 갔을 때 면민에게서 받았던 돈이었다. 편지에는 '한 여름 전선에서 활약하고 있는 용사를 생각하였습니다. 아무렇게나 쓸 수 없으니 전선의 용사에게 담배라도 보내고 싶습니다'라는 내용이 있었다. 시국(時局)을 빛낸 군국의 열성(軍國 赤誠)이 담긴 미담이었다.

7. 자숙자계(自肅自戒)의 열성

조선석유[3] 원산공장 종업원 일동은 강조주간 첫째 날인 지난 9월 5일 '일일전사(一日戰死)'제도를 시행해서 하루 동안, 자숙자계와 황군에게 감사하는 마음으로 조심스러운 생활을 하고 거기서 모은 825원을 국방헌금으로 원산 헌병분대에게 제출했다. 그러면서 조선석유 원산공장 서무계원들은 '건전한 생활은 금연에서'라고 하면서 앞으로는 절대 금연하기로 하였다. 만약 한 번이라도 위반한 사람에게는 1원을 위약금으로 받아서 헌금하기로 하였다.

---

3) 조선석유주식회사의 원산정유공장은 한국 최초의 정유공장으로 1935년 6월 일본에 의해 설립되었다. 연간 원유처리능력 40만 톤 규모로 1944년 일본에 의해 원산으로의 이전계획이 수립, 추진되는 도중에 광복을 맞게 되었다.

8. 인천호 건조에 헌금

인천부에서는 일찍부터 육·해군에 군용기를 헌납하려는 계획을 세우고 있었다. 이번에도 거액의 헌금자가 두 사람정도 오길 오래토록 소망하고 있었다. 마침내 인천호가 바람 소리를 내며 창공을 날아 돌아다니는 날도 임박했다. 먼저 인천부 국방부인회, 애국부인회에서는 이미 고급 기관총 2기를 헌납하여 애국의 열의를 보였다. 그 후 군용기의 헌납을 목표로 1전 저금을 장려하였는데, 현재 1만 원에 달하여 인천부청에서는 이것을 받아서 군용기를 위해 헌납할 요량이다. 7일 부내 본정(本町) 4가 아나마야(阿波屋)라는 금방의 주인인 카와바타 에이사부로(川端榮三郎, 37세)는 도회의원 무라타 사네(村田孚)⁴⁾와 함께 5만 원을 내면서 그 중에 2만 원은 인천부의 공공사업, 3만 원은 군사비로 헌납하였다. 그리고 자세한 용도처는 인천 부윤에게 일임하였다.

한편, 주안정(朱安町)에서 정미업을 하는 와타라이 키이치(渡會儀市, 65)는 3만 원을 헌납하였는데, 그 중 1만 원은 공공사업, 2만 원은 군사비로 내었다. 구체적인 용도는 부윤에게 일임하였다. 부윤은 이들 두 사람의 뜨거운 정성(赤誠)에 크게 감동하였다.

---

4) 村田孚(1879. 7. 14)는 일본 岡山市 六番町 4번지로, 러일 전쟁 때 헌병으로 출정, 조선 주둔을 명받아 1905년 7월 이래 仁川, 京城을 비롯하여 경남지방의 헌병대에서 근무하였다. 1909년 퇴관, 경찰관이 되어 경성, 개성, 인천 등에서 근무를 계속하였다. 仁川署에서 근무한 이유로 이후 주로 仁川府 山手町 2번지에 거주하였다. 1920년 퇴직 후 인천에서 대서(代書)업을 개시하였으며 寺尾組 仁川出張所長 인천 학교조합 의원, 마을위원, 재향군인회 인천분회 부회장,군수회 인천지부 상무이사 역임하였다. 30년대 중반에는 仁川物産株式会社 監査役, 仁川府会議員, 國粹會 仁川常務理事 仁川府會 의원 등이 되었고, 1940년경에는 도의원이 되었다. 취미는 승마, 바둑, 분재였다고 알려져 있으며, 강단이 있는 성격으로 의협심이 넘치며, 무슨 일이 생기면 반드시 발 벗고 나서 일을 처리하는 사나이라는 주위 평이 있었다고 한다. 참고문헌 조선인사흥신록, 조선공로자명감 [출처 : 국사편찬위원회 한국사데이터베이스 http://db.history.go.kr] 및 양준호,『식민지기 인천의 기업 및 기업가』, 도서출판 아진, 2009. 2. 23, 인천학연구원, 299쪽.

9. 2,600명에게서 26원을

어떤 출정 군인의 어머니가 기원 2,600년을 기념하기 위해 "황국의 흥폐(興廢)는 이 1전에 있다."라는 표어를 내걸고 2,600명에게서 1전씩 받아서 부산 충령탑 건설기금으로 기부한 미담이 있다.

부산부 대신동(大新町) 1가 141번지에 사는 니시무라(西村キク, 47세)의 장남 도시오(利夫, 24)는 현역 입대와 동시에 북중국 ○○전선에 가서 용감히 전투를 수행하고 있는데, 키쿠는 지난 2월 11일 건국일에 기원 2,600년을 기념하기 위해, 대신동 내의 집집마다 방문하여 1전씩 기부를 받았다. 마침내 2,600명을 모두 모아서 야노(矢野) 부산부윤에게 기탁하였다. 모은 26원은 지난 9월 7일, 부산부청 사회계에 와서 "부산충령탑 건설 기금에 보태 주십시오"라고 하면서 기탁하자 관계자들도 곧장 수속을 취하였다. 이같은 니시무라의 애국심에 대신동 지역 사람은 물론이고 부산부청 관계자들도 크게 감격하였다.

10. 점점 비행하는 인천호

지난 9월 7일 가와바타(川端), 와다아이(渡會) 두 사람이 거액을 헌금하였고, 9일 아침 인천부 미생동(彌生町)에서 잡화상을 하는 마키 도시치(槇利市)가 부청에서 나가이(永井) 부윤을 만나 군용기 헌납 자금으로 1만 원을 기부하였다. 이것으로 군용기 헌납 자금이 7만 원에 달했다. 이제 대망의 인천호가 창공으로 날아 갈 날도 얼마 남지 않았다.

11. 1년간 땀의 결정

오빠와 여동생이 노동 봉사로 만든 기특한 헌금.

부산 제3소학교 3학년인 사토 후미오(佐藤文男)와 여동생인 1학년 미키코(喜子)는 지난해 가을부터 올 여름방학까지 1년간 하교하는 길에 떨어진 유리나 고철 등을 주워서 고물상에 팔았다. 여기서 번 2원 30전과 집안 일 및 아이 돌보기 등으로 어머니에게서 1전씩 받은 1년치 돈 3원 65전 등 총 5원 78전을 지난 8일 부산 헌병분대에 국방헌금하였다.

12. 강연에 감격하여 귀금속을 헌납

조선군사령부 소속 히라이(平井) 대위는 지난 9월 5일부터 국경(國境) 지역으로 군사사상(軍事思想)의 보급을 위한 강연을 위해 출장을 갔다. 그때 중강진 경찰서에서 히라이 대위의 애국 투혼담을 듣고 감격한 중강진 거주자 토테 센로(土手仙郎)는 6일 지역의 헌병 분유대(分遣隊)를 방문하여 금, 쇠사슬, 금반지, 메탈 외에 귀금속 몇 점을 기탁하여 관계자를 감격시켰다. 그러면서 이렇게 말했다.

> "히라이 대위의 말을 곰곰이 듣고 보니 참으로 황국장병들의 소중한 노력을 알게 되었습니다. 비록 적은 돈이지만 전선 장병을 위한 휼병금으로 사용해 주세요."

13. 총후의 애국 소년

선혈이 낭자한 혈서에 2원 1전을 첨부해서 "작은 돈이지만 국방헌금으로 내겠습니다"라고 하면서 본정(本町, 오늘날 서울 충무로) 경찰서장 앞으로 송금한 애국소년이 있어 관계자를 감격시켰다.

서울 신당정(新堂町, 오늘날 신당동) 사는 김하동(金河洞), 가네미쓰 정효(金光正孝, 19, 조선인)[5]라는 반도 소년은 조선에 지원병 제도가 있다는 것을 알고 크게 감격하였다. 당시 충남 천안에 있는 고향에서 소학교

---

5) 가네미스는 光山 김씨가 주로 창씨한 일본식 성이다.

로 통학 중이던 가네미츠(金光)는 자신도 학교를 졸업해서 지원병에 나가서 당당하게 일본 군인이 되어 천황폐하의 명을 받들겠다고 하면서 신나게 공부하였다. 지난해 3월 고향의 소학교에서 우수한 성적으로 졸업하고 지원병에 지원하였다. 같은 해 7월 전형(銓衡)이 있던 날, 지원 학과도 체격도 양호해서 합격이 기대되었고, 이에 부모와 근처 이웃들로부터 상당한 부러움을 받았다.

하지만 왼쪽 귀가 잘 들리지 않아서 불합격되었다. 그는 군인이 될 수 없다는 사실에 비관하여 일시 자살까지 생각했다고 한다. 하지만 교장선생님과 면장의 격려를 받고서 군인만이 천황폐하를 위하는 것이 아니라는 사실 그리고 후방에 남아서 전선의 군인 못지않은 일을 하는 것도 나라를 위한 것이라는 사실을 알게 되었다. 그리하여 친척에게 부탁하여 서울에 와서 모(某) 회사에서 급사로 일하였다. 그러면서도 후방의 적자(赤子, 천황의 자손)로 국가를 위한다는 생각은 한 순간도 잊지 않았다. 이후 식사도 제대로 하지 않고 양말도 신지 않으면서 1전, 2전씩 모아 마침내 2원 1전이 되자 국방헌금으로 기탁했다.

14. 기쁜 애국 동심

경기도 광주군 도척 공립심상소학교 생도와 노곡리(老谷里) 부락 애국반원은 지난 여름방학 중 하루를 이용해서 오천(午川)에서 노곡리(老谷里) 부락까지 석유 1관을 운반하면 15전을 받는다는 소식을 듣고 1.5리나 되는 먼 거리지만 모두들 1관씩 옮겼다. 모두 36관을 옮기고 5원 40전을 받아서 지난 19일 휼병헌금으로 헌납을 신청하니 관계자가 무척 감격했다.

15. 분골쇄신 군사원호의 다함

전남 장흥군 장흥면 기양리에 사는 도다 키쿠유키(戸田菊之)는 조선에 이주한 이후 장흥면에 정착한 지 이미 20년 세월. 이제는 면내에서 중심 인물이 되었다. 각종 요직을 맡아 묵묵히 일하며 공공(公共) 봉사(奉仕)를 다하였고, 더불어 내선일체의 실천을 현양하였다. 특별히 이번 전쟁으로 항상 시국의 추이를 주시하는 지도자답게 군사원호 사상의 보급과 시국 인식의 앙양에 힘을 쏟아왔다.

1938년 10월 전남군사원호상담소가 설치되자 참여(參與)로 선임되었다. 그러자 생활이 어려운 군인 유가족을 구호하기 위해 타고난 의협심을 발휘하면서 동분서주하였다. 분골쇄신(粉骨碎身)해서 원호(援護)의 사명을 다하고 더불어 헌금, 위문주머니 등으로 헌납한 금액이 두드러지게 많았던 사실을 생각할 때 참으로 공로가 많은 사람이었다. 그의 군사원호 관련 행적을 정리하면 다음과 같다.

(1) 전몰장병 유가족인 아무개 집에 대해서 특별히 긴급한 원조의 손길을 내밀어 모씨의 둘째 딸의 일자리를 위하여 당국과 밀접한 연락을 취했다. 둘째 딸이 타이피스트(typist) 양성소에 들어갈 때 입소 수속을 대신하였으며 광주 지역의 요로 인사들과 접촉하여 좋은 조건으로 입소할 수 있게 도왔다. 둘째딸이 수료하였거나 취직하는 데에도 열심히 도왔다. 마침내 기대한 목적을 달성함으로써 수직 보도(授職輔導)의 열매를 널리 알리는 계기가 되었다. 또한 그 집의 생계를 지원하고자 담배 소매점을 열라고 종용하였으며 가족들과 긴밀히 연락하여 허가 과정을 열심히 도왔다. 마침내 개업하기에 이르렀으니 진실로 친척이라도 할 수 없었던 일을 몸소 실천하였다.

(2) 기타 특별지원병의 가족에게도 똑같이 원호의 손길을 내밀어 현재 생활이 빈곤한 특별지원병 모씨 가족에게도 종종 위문을 하였다. 또 모 특별지원병의 모친이 한센병(癩病)에 걸리자 의사를 알선하여 의료비 할인을 교섭하는 등 충심으로 원호를 다하여 참으로 반도인 계발(啓發)의 모델(敎本)로서 널리 칭송받기에 손색이 없었다.

(3) 장흥군 군사후원연맹에서는 평의원 자격으로 국방헌금이나 위문주머니 모집에 매진하였고, 평소 항상 다른 사람들에게 권유하였으니 그 성적이 현저하였다. 또한 자신도 고사용(高射用) 중기관총(重機關銃) 헌납을 위하여 100원을 기부한 것을 위시하여 군사후원연맹 사업자금이나 국방헌금 등에 직간접적으로 헌납한 것이 상당하였다. 장흥군 출신 입영 응소군인에게는 위문주머니 및 위문문을 수차에 걸쳐 발송하여 최전선에서 활약하는 장병들을 격려하였다. 이렇게 그가 보여준 행적은 참으로 총후(銃後)의 정화(精華) 즉, 후방의 참된 꽃이라고 하겠다.

(4) 전쟁 이후 각 방면에서 주최한 무운장구(武運長久)를 위한 기원제에는 쉬지 않고 참례하였고, 항상 솔선하여 황군의 안위와 무운장구를 기원하였다. 입영 응소군인과 출정 군속의 환송영 및 다른 지역 출신군인의 통과 때에도 험한 날씨나 먼 길을 마다하지 않고 항상 나와서는 '일장기(日章旗)'를 흔들며 격려한 것처럼 그의 헌신적인 감화와 행적은 타의 모범이 되기에 충분하였다.

16. 세 아이를 전쟁터로 보내고 생선 행상

영화로운 황기(皇紀) 2,600년이자 시정 30주년 기념일. 민간 공로자로서 조선총독에게서 표창을 받은 마츠모토(松本ヤス, 59). 그녀는 인천부 화방정(花房町) 2가 7번지에서 생선 행상하는 열녀였다. 야스는 1916년부터 작고한 남편 마쓰모토 쇼우에몽(松本初右衛門)과 함께 인천에서 터를 잡았다. 남편이 장티푸스에 걸려 사망한 다음 장남 마레스케(喜吉, 당시 21세)를 비롯하여 5명의 아이들을 키워야 했던 야스는 굳은 결심을 하고 장남을 황해도 지인의 농무(農務)자리에 보냈다. 장녀 코시요(당시 14세)는 식모살이를 시켰다. 당시 42세의 야스는 지인에게 빌린 50원을 밑천으로 생선 행상을 하면서 생활이 조금씩 안정되었다. 그러나 기둥이던 장남이 남편이 죽은 지 2주년도 되지 않아서 사망하여 크나큰 비탄의 눈

물을 흘렸다. 그렇지만 반드시 새벽 3시에 기상해서 하루종일 생선 행상을 하여 아이들 교육만큼은 남부럽지 않게 시킬 수 있었다.

둘째 가즈오(一雄)는 인천상업학교(仁商)를 졸업하였고, 다른 아이도 교육을 시키면서 세월의 풍파에도 아랑곳하지 않고 밤낮으로 일하였다. 가즈오는 인천상업학교 졸업 후 조선정미소에 근무하였고, 이번 전쟁 이후 현역에 지원해 현재 육군 중위로 근무하고 있다.

셋째 마사토(正兎) 넷째 아사오(朝男)도 흔쾌히 응소하였다. 특히 3남 마사토는 1938년 10월 ○○전투에서 명예롭게 전사를 하였고 4남 아사오군은 현재 북중국 전선에서 활약 중인 참으로 명예로운 가정이다. 야스는 이러한 역경 가운데에서도 죽은 사람에 대한 추선공양(追善供養)을 소홀하지 않은 보기 드문 절부(節婦)였다. 그래서 인천 명조사(明照寺) 부인회 및 마츠모토(松本) 전임 경기도지사로부터 표창을 받았고, 1939년 7월 26일에 있었던 1가족 3인 응소자를 낸 가정을 현창(顯彰)하는 행사에서도 경기도지사로부터 표창을 받았다.

17. 방공훈련의 다과료를 헌납

서울 앵정정(櫻井町 오늘날 인현동) 2가의 가정방화조합(家庭防火組合) 제10구 7반, 8반의 조합장 나카무라 케이타로(中村敬太郞). 그는 이번 방공훈련에서에 참가하였는데, 정회(町會, 오늘날의 동회. 주민센터)에서 조합원들에게 다과료 3원을 보내왔다. 조합원들은 이 돈을 국방비로 헌납하자고 하였고, 이들을 대표하여 조합장이 ≪조선신문사≫를 통해 헌금을 신청했다.

18. 공지이용으로 중기관총 헌납

군수자원의 증산과 군사사상의 보급 및 시국인식을 철저라는 기치아

래 전북 고창군의 전체 애국반원은 빈터(空地)를 이용하여 '애국고구마'
를 재배하였다. 매출이 2,200여 원에 달해서 92식 중기관총 1대를 헌납하
고자 했다. 오는 10월 12일 오후 1시부터 고창 소학교에서 히라이(平井)
대위가 참석한 가운데 헌납식을 거행하고 이후 4일 간 각 지구에서 군민
과 애국반원들을 모아서 대단위로 관람할 수 있게 하였다.

19. 여관에서 일하여 계속 헌금하다.

서울 남대문거리 5가에 있는 대동여관 목욕탕의 종업원 임태승(林台
承)은 전쟁 이후 급료와 손님에게서 받은 팁을 조금씩 아껴서 매일 저금
했다. 헌납은 이번이 10번째로 5원을 ≪조선신문사≫에 기탁하였는데 관
계 직원이 크게 감동하여 곧바로 수속하였다.

20. 감격의 멸공봉사

황해도 신막(新幕)에서 방공훈련을 하던 신막경방단(警防團)은 단장을
중심으로 일치 협력하여 어려움을 이기고 마침내 좋은 성적을 거두었다. 훈
련 중 어떤 사람은 아들이 위독하다는 소식을 들었는데도 귀가하지 않고 아들
의 죽음조차 비밀로 하면서 마지막까지도 자신의 임무를 완수했다는 미담이다.

미담의 주인공은 경방단 부단장 시미즈 마츠나리(淸水允成, 44세), 보
물인 외동아들 지로(次郎, 14세)가 9월 11일경부터 장염(腸炎) 중세로 치
료를 받던 중, 방공훈련을 하던 10월 5일 장출혈로 죽었다. 시미즈는 아들
의 죽음조차 비밀로 하고 마지막까지 자신의 임무를 다했다. 마침 훈련을
시찰하기 위해 신막에 온 나카노(中野) 고등과장은 이 사실을 전해 듣고
속히 그 집을 위문하였는데 시미즈는 단복을 착용한 채 부동자세로 선
채, 눈물 한방울 흘리지 않았다. 그 강건한 태도와 높은 책임감이야말로
단원의 모범이 되었으며 일반인을 깊이 감격시켰다.

21. 이 봉공에 감읍하여

반도인으로 성전(聖戰)의 방패가 되어 순국하였던 이태규(李泰圭, 경북 경산군 하양면 출신). 한 때 내지인(일본인)으로 호적을 창시한 다음 북중국 전선에서 활약하다 마침내 호국의 기둥으로 산화한 이 반도인의 의기와 긍지는 후세의 사표가 되었다. 죽은 다음 다시 호적 정정 재판을 통하여 다시 반도인이 된 그의 이야기는 전쟁의 그늘에서 핀 눈물겨운 내선일체의 실화이다.

이야기의 주인공인 이태규는 세 살 때 부모와 사별하고 형의 손에 키워졌다. 13살 때 나고야(名古屋)에서 꿀밤 가게를 하던 둘째 형님 봉출(鳳出)을 의지하여 도항하였고, 역전에서 화장품 가게를 하던 사노 쿠로우(佐野九郎)의 고용인이 되었다. 그 후 요코하마(橫濱)시 이세자키쵸(伊勢佐木町)에 있는 카츠우라 토미요시(勝浦富吉) 아래서 일하면서 믿음을 크게 얻었다.

18세 때 지진으로 고아가 된 그는 카츠우라의 알선으로 하야카와 오다(早川穩)이라고 호적을 만들었다. 21세 때 징병검사 결과 갑종으로 합격 후 ○○부대에 입영하였다. 지난 봄 일등병으로 대망의 정벌길에 올라 하북, 산동에서 참전하여 혁혁한 무훈을 거두었는데 안타깝게도 5월 9일 산동성 도현(陶縣) 왕장(王庄)의 격전에서 하복부 부상의 총상을 당하였다. 아픈 상처를 누르며 그는 이렇게 말했다.

> "진정 저는 반도인이지 내지인은 아닙니다. 폐하를 위한 충의를 다
> 하겠다는 일념으로 남의 눈을 속였기에 죄를 받은 것 같습니다"

비통한 반성을 통하여 모든 것을 참회하며 '천황폐하만세'를 외치고는 기쁘게 죽음을 맞이하였다. 귀신도 통곡할 이러한 이태규의 전사 사실을 전우를 통해 들은 형 이봉산(鳳山)은 "반도인이라도 보국(報國)의 뜨거운

정성(赤誠)은 다름이 없습니다"라면서 동생의 깊은 뜻을 헤아리며 최고의 명예를 전체 반도인에게도 나누어 주려고 요코하마 재판소에서 반도인으로 호적을 정정하는 수속을 밟았다.

22. 돈없는 부녀자 야학생의 열성(赤誠)

후방봉공강화운동6)에 관한 수많은 미담이 새로 나타나고 있다. 그 중에서도 반(反)국가사상을 가졌던 사람들이 전향한 애국 단체도 있는데 시국대응전선사상보국연맹7) 광주지부에서는 총후봉공강화운동(銃後奉公強化運動)을 통하여 서로 앞장서서 정신협력(挺身協力)하려고 했던 미담이 있다.

지난번에도 광주지부 목포분회 지도반원들의 혈서와 미담이 있었는데 이번에도 광주지부 광주분회에서 무일푼의 부녀자 야학생이 "생활고에 몰리더라도 애국(愛國)의 열정인들 변할 리 있습니까?"라면서 어렵사리 2전, 3전씩 모은 6원 94전을 "위문주머니라도 만들어 최전선으로 보내주십시오"라며 헌납신청서를 작성하였다. 또한 분회 연맹원들도 계속 위문금을 갹출하기로 결정하였다.

---

6) 1938년 4월 국민정신총동원연맹이 후방보국 강조주간을 처음 시작하였다.
7) 민족운동 또는 좌익운동과 관련된 사상 전력자 중 친일로 변절한 자 2,000여 명을 구성원으로 한 조선사상범 보호관찰소의 외곽단체로, 1938년 7월 24일에 부민관에서 결성되었다. 목표는 구성원들의 사상정화, 생활쇄신 및 항일운동가 포섭공작 등이었다. 본 연맹은 전국에 7개의 지부와 80여개의 분회를 결성한 뒤, 각 지역에 설치된 보호관찰소와 연계하여 활동하였다. 주로 보호관찰소에서 관리하는 사상범의 취업을 알선하는 등 전향을 촉구하고 감시하는 것이었다. 이밖에 중일 전쟁에 참전한 군인을 원호하고 신사참배 강요 정책에 호응하며, 부여신궁 건설에 협조하는 등의 활동으로 일명 '사상전'을 전개하였다. 기관지로 월간지 ≪사상보국≫을 발행하였다. 임원으로는 박영희, 박영철, 이승우, 고경흠, 한상건, 현제명 등이 참여했다. 이 가운데 박영희는 카프, 고경흠은 고려공산청년회와 조선공산주의자협의회, 현제명은 수양동우회 출신의 전향자였다.

23. 감동을 준 여급들

서울 명치정(오늘날 명동)에 있는 '바(BAR)77'의 종업원들은 지난해 9월부터 매월 7일을 '헌금의 날'로 정해서 화장품 구입대금이나 용돈 등을 절약하였다. 그날만 되면 어김없이 본정(本町, 오늘날 서울 충무로) 경찰서에 가서 국방헌금을 했는데 만 1년 동안 모인 돈이 568원이었다. 이들의 행동에 관계자들도 무척 감격하였다.

24. 황국신민의 뜨거운 정성(赤誠)을 다하다

전남 진도군 진도면 성내리 한명로(韓明盧, 55세)는 1906년 3월, 서울의 사립 양정의숙(養正義塾) 법률학교 1학년을 수료한 다음, 그해 7월 경성호남측량학교(京城湖南測量學校)를 졸업한 뒤 고향으로 돌아와 진도공립보통학교의 학무위원으로 선임되었다. 이외에도 전남 평의회원 등 많은 요직을 역임해 향토민중의 교화 지도에 노력하였다. 특별히 이번 전쟁 이후 1937년 8월 진도군 명륜당(文廟倫堂)에서 유림(儒林)대회를 개최하여 유림을 지도 계몽하고 고사용 중기관총 헌금운동을 시작하였다. 이에 각 방면에서 자발적인 헌금 미담을 불러와서 일주일도 안 되어 2,065원을 모아 헌납하였다.

본인은 항상 솔선수범하면서 애국을 피력하고 군사후원연맹 사업자금, 재향군인 사업자금, 대구애국관 건설비, 전남지주호 비행기 헌납자금, 황군장병 위문금 등으로 헌금한 액수만 800여 원에 달한다. 어울러 응소출정군인 유가족을 위문할 기회가 있을 때마다 참가하는 것은 물론 입영, 입대사가 있을 때도 빠짐없이 송영하여 출정자의 의기(意氣)를 북돋았다. 일반 대중을 잘 지도하여 유형무형의 감화를 주었고, 항상 전몰군인 및 출정군인 유가족의 신상관련 상담활동에 마음으로 임하는 등 군사원호에 특별한 노력을 다하고 있다. 또한 반도에 특별지원병제도가 공포

되자 마음깊이 감사하면서 지원병의 취지를 널리 선전하고 종용한 결과 진도군에서는 이미 660여 명의 지원병을 냄으로써 그 실적이 조선전체에서도 수위를 점하게 되었다. 이 같은 헌신적인 노력과 봉공하려는 마음은 타의 추종을 불허할 정도로 돈독한 것으로 진실로 황국신민다운 열성분자라고 불려도 손색이 없다.

25. 손에 손마다 위문주머니

서울 영등포동의 영등포 국방부인회에서는 최근 계속해서 괄목(刮目)할만한 활동을 해오고 있는데 이번에는 전 회원이 청소용 걸레를 만들고 폐품을 매각해서 모은 500원으로 위문주머니 100개를 만들어 전선의 장병에게 보내려고 대표 회원 30명이 용산휼병부에 가서 헌납 수속했다.

26. 지원병의 부인

육군특별지원병의 부인이 "남편이 열심히 임무를 수행하게 해 주세요"라고 기원하며 매일 아침 목욕재계를 하고 있다는 미담이 있다. 영월군 하동면 와석리 지원병 니지마 홍식(新島興植, 22세, 조선인 추정; 역자)가 지난해 12월 용감하게 지원병 훈련소에 들어가자 부인 고(高)씨(20)는 하루도 빠짐없이 남편의 무운(武運)과 임무완수를 기원하며 새벽 1시 자택에서 약 2블록 정도 떨어진 곳에서 정안수(井戶水)를 떠놓고 목욕해왔던 사실을 남편 홍식(興植)이 퇴소한 후에 알았다. 그 사실을 알게 된 군민들은 '그 부인에 그 남편이다'라면서 그 건실한 행동에 크게 감격하고 있다.

27. 휴일에도 일해 성금

부산부 범일동(凡一町)에 있는 다카세(高瀨) 합명회사 직포 공장의 직공

시게야마 카즈토시(茂山井和)는 직공 147명을 대표하여 북부산 경찰서에 찾아와서 국방헌금으로 123원 74전을 기탁했는데, 이 돈은 직공들이 휴일에도 일해서 모은 돈으로 진실로 '가난한 사람도 등(燈) 하나'라는 정신으로 낸 것이었다. 이에 북부산 경찰서 관계자들이 무척 감격하였다.

28. 병사의 집을 기부

반도 후방의 열성(赤誠)은 더욱 진실하고 뜨거워지는 듯. 서울 죽첨정(오늘날 충정로) 2가에서 광산업을 하는 김성호(金聖浩). 당시 국방부인회 조선본부는 예비 장병들의 안식소로 사용하고자 '병사의 집'이 있는 국방회관 건설을 계획하고 있었다. 그러나 자금 및 여러 가지 이유로 계획도 잘 진척되지 않고 있다는 소식을 듣자 김성호는 지난 10월 28일 조선군 애국부에 20만 원을 회관건설 자금으로 기부했다. 그는 일찍이 조선 체육향상비로 11만 원을 기부한 독지가였다. 그가 보인 미담에 사람들은 크게 감격하였다.

29. 보라, 이 지원병의 부인을

조국에 남편을 바친 지원병의 젊은 아내가 매일 아침 3리에 이르는 산길을 걸어서 남편의 무운장구를 기원했다는 군국의 젊은 부인이 보여준 미담.

경북 예천군 하리면 출신의 올해 제1기 입소의 특별지원병 히로타 휘환(廣田輝煥, 조선인 추정; 역자)의 부인인 원안(廣田遠安, 조선인 추정, 24세)은 남편이 입대한 다음 가난한 시부모를 밤낮으로 봉양하는 한편, 매월 1일 애국일에는 아침 일찍부터 험한 3리의 산길을 걸어서 예천신사를 참배하고 과일이나 여러 가지를 바치고 남편의 무운장구를 기원하고 있다. 이에 감격한 마을 주민이 그녀를 위로하자 "나는 군인의 부인으로 당연히 해야 할 일을 하고 있을 뿐, 상을 받을 정도는 아닙니다"라고 하였다. 마을 사람들은 이러한 진심에 크게 감격하였다.

30. 열성(赤誠)이 담긴 헌금

함북 명호(明湖)공립심상소학교 아동은 군인들의 노고를 걱정하여 그동안 위문주머니 8개를 만들어 헌납했다. 또한 지난번 추계군사연습을 위하여 나진(羅津)에 왔던 군인들에게 애국부인회 나진분회가 50원을 기증하자 부대에서는 "장병들은 그다지 돈이 아쉽지 않기 때문에 국방헌금으로 내어 주세요"라고 하자, 신속하게 헌금 수속을 밟았다. 또한 나진부 말광정(末廣町)의 시계상인 히로미 다쯔호시(博見龍星)는 조선 전통의 인습을 깨뜨려서 아내에 대한 부의금에 대한 답례를 하지않고 남은 돈 50원을 국방헌금했다.

31. 강습회원의 열성(赤誠)

경기도 보안과 내부에 있는 경기도 화약공업협회에서는 지난 10월 2일부터 2주간 화약강습회를 개최하였는데 수업할 때 회원 각각 1원씩 거출하여 국방헌금하기로 했다. 그리하여 총 28원을 모아서 헌금했다.

32. 군사후원에 진심으로 헌신

전남 목포부 대화쵸(大和町)의 아소 사꾸오(麻生作男)는 국민정신총동원 목포부 연맹의 이사장을 맡아, 입영응소군인 유가족 및 상이군인을 솔선하여 위문하는 이른바 '보호 위문'을 담당하였다. 매번 애국반원에게 국방헌금 및 위문주머니 모집을 독려하여 만든 위문주머니가 3,252대, 대금은 6,818원에 이르렀다.

1939년 "애마(愛馬)의 날"이 제정되자 두번에 걸쳐서 795원어치 사료대금을 헌납하였고, 무운장구 기원, 입영응소군인 환송 방면에서 기원제, 위령제 및 부민장을 할 때는 많은 회원들이 질서 정연히 참가했는데, 그

횟수가 수백 수십 회였다. 환송영 방면에도 특히 힘써서 160여 회에 달했다. 군사원호 방면에는 '모든 단체의 모범'이라고 일컬어질 정도이다.

33. 아파트 거주자의 뜨거운 정성(赤誠)

서울 죽첨정(오늘날 서울 충장로) 3가에 있는 토요타(豊田)아파트 가정방호조합원 50명은 신체제에 호응하여 솔선하여 생활쇄신을 도모하였다. 종래 지니고 있던 사치품, 고가품 및 폐품 등을 매각하여 현금 80원과 위문주머니 6개(1개 6원 50전)를 만들었다. 그리하여 지난 10월 28일 조선군 애국부를 방문하여 최전선 용사의 위문품으로 헌납하였다.

34. 혈서 쓴 애국 소년

넓은 하늘을 누비는 우리 육해군 장병의 투혼을 불러 일으키는 혈서와 헌금을 낸 소년이 있다. 부산부 초량정의 사립 부산초량상업학교 1학년인 이와모토 재봉(岩本在鳳, 16세, 조선인 추정; 역자)은 지난 10월 21일 대구 육군병사부에 "야마토 정신(大和精神)"이라 쓴 혈서와 함께 4원을 소액환으로 넣은 편지를 내고 갔다. 거기엔 이렇게 쓰여있었다.

"푸른 창공(蒼空)을 올려다 볼 때마다 비행병이 되어 호국의 방패가 되고 싶습니다. 내년에 반드시 합격할 것입니다. 여기 4원은 잡비를 절약한 것입니다. 국방헌금으로 해 주세요."

35. 죽어서도 나라 지키는 열성

황해도 황주. 작고한 이마무라 타미조(今村民藏)는 황주산업조합의 창립 공로자지만, 병이 나서 경성제국대학 병원(오늘날 서울대병원)에 입원하던 중 지난 7월 하순 타계하였다. 생전에도 이런 시국에서는 고도국방(高度國

防)이 절대로 필요하다고 생각하던 그는 유언으로 고사기관총을 조선군에 헌납하기로 했다. 그래서 지난 11월 1일 애국일 오후 3시 황주 명총(明總) 소학교 교정에서 고사기관총(국광호(國光號)) 헌납식을 거행하였다.

36. 노다(野田)의 열성

군산부의 에비스야(惠比須屋)를 운영하는 여주인 노다 하시(野田ハシ, 59세)는 지난 해 남편을 잃었다. 일손이 부족하자 열댓의 하숙인을 돈을 주어서 내보냈다. 근면한 그녀는 전송과 출영 등에 빠진 적이 없었고, 폐품회수나 위문주머니 모집 혹은 공동저금 권유 및 취집 등 충심을 다하여 활동했다.

현재 4조(條) 거리에 있는 시국부인연맹(時局婦人聯盟)의 회장으로 후방의 보호와 군사후원에 전력을 다 하는 등 모범을 보였다. 이번에는 이리(裡里) 방송국에서 '총후부인의 각오'라는 강연을 하여 많은 감명을 주었는데 그 열성적인 활동에 감격하지 않는 사람이 없었다. 누구라고 할 것도 없이 '군국의 부인'이라고 큰 칭찬을 하고 있다.

37. 회갑연 안하고 국방헌금

충북 제천읍에 사는 이수길(李壽吉)은 지난 10월 28일 제천 경찰서 수부(受附)에 100원짜리 현찰 1매를 가지고 와서 "나의 모친이 61세지만 정정하셔서 환갑 잔치를 하지 않고서 절약한 돈이오니 아무쪼록 국방비에 사용해 주세요"라면서 헌납 수속을 요청하였다.

38. 불립(佛立) 봉사단의 헌금

서울 본정(本町, 오늘날 충무로) 5가 학송사(鶴松寺) 소속의 불립(佛立)봉사단에서는 애국일마다 절약한 돈을 헌금해왔다. 그런데 단장이 여행 중에 있었던 제11, 12, 13회의 3차례 헌금을 모은 12원 10전을 어제 2일 단장 이마이 이쥬시(今井入重四)가 ≪조선신문사≫를 방문해서 기탁하였다.

39. 김씨의 기부

강원도 홍성군 고도면 김준규(金駿圭)는 부친 김병학(炳鶴)의 회갑 시점에 1,000원을 국방헌금하여 사람들을 크게 감격시켰다. 이번에도 다시 고도면 신사건립 자금으로 1,000여 원을 내었다. 또한 대마봉사전(大麻奉祀殿)과 관련한 외곽 단체에도 많은 돈을 기부하여 읍민을 크게 감격시켰다.

40. 어린 계집아이의 헌금

지난 10월 26일에 집행한 경성(京城)호국신사의 지진제(地鎭祭)에 동녀(童女)로 봉사한 경성 삼판(三阪) 심상소학교 6학년 코지마 노리코(小島倫子)와 마츠오카 테루요(松岡照代). 이 두 어린 여자아이는 봉사를 하고 나서 "영광스러운 임무를 완수하여 감격했으며" 그래서 평소에 모았던 잔돈을 저축하여 모은 10원씩을 지난 10월 31일 경성부(京城府, 서울시)에 가지고 가서 "경성호국신사 건립비용으로 써주세요"라며 기탁했다.

41. 천청(天晴) 군국의 어머니

전남 광주부 금정(金町)에 사는 요코야마 후데씨(橫山ふで, 46세)는 안마와 침구를 생업으로 눈 먼 아버지를 모시고 살았다. 생활이 어려웠지만 74세인 할아버지(자신의 아버지)를 지극 정성으로 봉양하였다. 4명의 자식에게도 좋은 교육을 시켰다. 그러면서 점차 나이가 들어 아이들의 보살핌을 받게 될 즈음 이 전쟁이 발발하였고, 3명의 남자들이 징집되었다.

그러자 생활난으로 노모는 수척해지고 눈 먼 아버지 또한 쇠약해졌다. 그래서 어린 딸을 데리고 예전보다 갑절 힘들게 살아야 했다. 그럼에도 최전선에서 활약하는 아들은 일본남자답게 본분을 다하였기에 이웃의 칭찬이 마르지 않았다.

마침내 장남, 차남은 소집해제를 받고 들어왔다. 그런데 부인은 성전 중에 나라를 위해 최후까지 싸우지 않고 귀환하는 것을 무문(武門)의 수치라고 하면서 셋째 아들에게는 두 형의 몫까지 봉공의 정성을 다하라고 하고는 아침 저녁으로 불단(佛壇)을 향해서 혹은 절 입구에서 정갈한 자세로 합장하는 등 군국의 어머니 모습을 차마 눈물 없이 볼 수 없었다. 진심으로 군인 어머니로서 아울러 현모(賢母)로서 널리 칭송될 만하다.

42. 빛나는 아동의 헌금

서울 효제(孝悌)심상소학교의 미하라 코지(三原弘二), 마츠모토 시게오(松本重雄) 등 두 아동은 마츠시타 간이쯔(松下勘一)선생님을 따라서 어제 11월 3일 정오경 ≪조선신문사≫를 방문해 이렇게 말했다.

> "학교에서 매월 폐품회수를 해서 저금한 돈인데, 모으고 모아서 그 중 일부는 경성호국신사(京城護國神社) 조영비(造營費)로 내고, 또 일부는 학교 안에 대마봉사전조거(大麻奉祀殿鳥居)8) 건조비로 헌금하였는데, 남은 돈 100원은 전교 2,350명의 뜨거운 정성이오니 국방헌금으로 해 주십시오"

신문사에서는 매우 감격해 곧바로 수속을 취하였다.

---

8) 대마는 이세신궁(伊勢神宮)이나 그 밖의 신사(神社)에서 주는 부적(符籍)의 뜻이고 봉사전은 사당, 조거(토리)는 신사 앞에 설치하는 기둥문으로 학교 안에 설치한 신사의 기둥문. 일제는 30년대 이후 대마를 넣은 신주단지를 모신 대마봉사전(大麻奉祀殿)을 도처에 만들었고, 이에 그것의 설립기념식인 대마봉사식(大麻奉祀式)을 거창하게 거행했다.

43. 군국의 현모

전남 여수군 삼산면(三山面) 거문리(巨文里)에 사는 요타 타키(米田タキ, 51)의 장남은 1938년 9월 응소하여 군복무에 힘쓰고 있었다. 하지만 불행히 나병(癩病, 한센병, 문둥병)에 걸려서 이듬해 2월 소집 해제되어 귀가했다. 그는 성전을 치르는데 최후까지 나라를 위해 봉공(奉公)하지 못하고 귀환한 것을 부끄러워하였다. 이렇게 된 것이 자기 책임이라고 느낀 어머니는 아들에 대한 고민으로 위장병에 시달렸다. 하지만 깊은 모성애가 담긴 정성이 통해선지 위독했던 장남의 병이 완치 단계에 이르렀다.

넷째 아들은 1938년 6월 해군에 지원해 고우미 병단(吳海兵團)에 들어가서 잠수학교를 졸업하고 잠수함에 승선해 형의 몫까지 활약하였다. 하지만 이듬해 2월에 병을 얻어, 병역 면제를 받고 ○○해군병원에서 치료 중 올해 5월 마침내 '만곡(萬斛)의 한'[9]을 남기고 사망했다.

부인은 장남에게 쏟았던 봉공(奉公)의 효험이 넷째에게도 나타나길 바랐지만 끝내 효과는 나오지 않고 죽었기에 무어라 변명할 말이 없다고 하면서 자식을 향한 무한한 사랑에 아파하면서도 이웃 사람에게는 일체 알리지 않고 비밀리에 부산에서 조용히 장례를 치렀다.

부인의 셋째 아들은 1939년 12월 입영하여 이듬해 용약정도(勇躍征途)에 나설 때 형제의 몫까지 진충봉공(盡忠奉公)을 다할 것이라고 가슴깊이 맹세하였다. 출정할 때는 부인은 위의 두 자녀가 병으로 제대한 사실을 부끄럽게 여겨서 성대하게 배웅하지 않고 단지 가족만 모아서 무운장구(武運長久)를 기원하였다. 이러한 사실을 이웃이 알고서 전한 것이었다. 그래서 면민들이 성대한 기원제를 치러주었다. 부인은 무운(武運)이 좋지 않았던 장남과 넷째 아들의 못다 이룬 한(恨)을 셋째 아들이 이룰 수 있기를 희망하였고, 별 탈 없이 봉공을 잘 할 수 있도록 밤낮으로 기도를 올리고 있다.

---

9) 아주 많은 분량(分量)의 한.

이처럼 이번 전쟁에 세 명의 아들을 군인으로 보내어 그 중 하나는 나병에 걸리고, 또 하나는 병으로 죽는 등 고난이 있으면서도 일본 남자의 본분을 다하도록 셋째 아들의 출정을 장려하고 자신은 후방의 부인답게 관의 지도에 순응해 가업에 묵묵히 종사하였다. 이른바 군국의 어머니로서 또 현모로서 아무리 칭찬해도 부족함이 없다.

44. 감격스러운 미담

서울 서사헌동(오늘날 장충동) 210번지 박기효(朴基孝)는 후방봉공강화운동에 관한 가와니시(川岸)중장의 강연을 듣고 매우 감동하고, 조선의 전체 상이군인에게 감사를 표하고자 과자류를 사서 보내달라고 2,500원을 지난 11월 2일 조선군사후원연맹에 헌납 신청하였고 분배할 곳도 의뢰하였다.

45. 상투 잘라 5천 원 국방헌금

황해도 재령(載寧)의 부농인 긴죠 웅석(金城應石, 71세, 조선인 추정; 역자)는 기원 2,600년 식전에 참열(參列)의 영광을 얻고 상경한 것에 감격해서, 오늘날까지 완고하게 자르지 않았던 조선 옛 풍속(古風)인 상투를 자르고는 국방헌금으로 5,000원 이상을 헌납했다.

46. 시국에 임한 환예회(丸제會)의 열성

인천부 화방정(花房町) 1-5번지에 있는 일본제분주식회사[10]의 대표자 오다 사사이찌(小田笹一)는 1938년 7월 이후 본인 외 34명으로 구성된 (머리 깎기 동아리격인) 환예회(丸제會)를 조직했다. 이들은 후방국민으

---

10) 1921년 일본의 미쓰이계통의 일본제분주식회사가 1919년 설립한 만주제분 진남포공장을 매수하여 인천, 진남포, 사리원 공장을 설립했는데 인천은 무네미(만석동) 매립지 위에 공장을 가동했고 소맥분을 생산한 이 공장의 연평균 생산량은 약 4만톤이었고 해방 후 대한제분으로 개칭하였다.

로서 자숙과 경계(自肅自戒)와 후방(後方)을 튼튼히 하는데 도움이 되는 일을 하리라 서약하고, 머리카락을 자를 때마다 한 사람이 한 번에 10전 이상을 거출하기로 하였다. 이렇게 모인 것을 매달 국방비로 헌납하기로 했는데, 현재까지 27회 금액으로는 103원 25전에 달했다.

47. 귀한 땀의 봉사로 황무지가 돌연 옥답으로

상이병사 위문이나 노동봉사로, 위문주머니를 발송하는 것으로 불꽃 같은 활약을 계속하고 있는 평남 사동(寺洞) 국방부인회. 이들은 이번 봄에 해군광업부 소유의 빈 땅을 무상으로 빌려서 60여 명의 회원이 제각기 풍작을 노래하며 수확하고, 이것을 회원들에게 시중 나락(벼) 값과 같은 값으로 분배해서 대금을 모아보니 102원 40전이었다. 회원들은 "이것은 사사로운 이익을 위해서 한 것이 아니다"라고 하면서 황군(皇軍) 위문금으로 평남 군사후원연맹에 헌금하였다. 연맹에서는 아름답고도 믿음직한 어머니라면서 회원들의 활동에 크게 감격하였다.

48. 익명으로 헌금

인천부 본정(本町) 3가 키타지마(北島) 약국의 점원 긴피라 타다오(金平忠雄, 27세)는 제국(帝國)의 군인(軍人)을 위하여 매월 수입에서 3원에서 5원씩 국방헌금하여 후방국민다운 보국을 완성하겠노라 결심하고는 1940년 3월부터 매월 익명으로 헌금하였다. 한 때 인천부 화수정 출신의 출정군인 가족인 와다나베 야나에(渡邊やなゑ)가 부인병을 얻어서 시내 니시노이리(西野入)병원에서 수술을 받은 결과 출혈이 심했다. 이에 급히 수혈해야 한다는 사실을 알고는 "군인 유가족을 보호하는 것은 후방 국민의 당연한 책무"라면서 스스로 수혈 신청을 하였다. 중태에 빠졌던 부인은 수혈을 받아 회복하였고 1개월 후에는 퇴원했다. 긴피라 타다오(金平忠雄)가 보여준 숨겨진 미담에 사람들은 크게 감격하였다.

49. 소녀의 뜨거운 정성

경남 마산고등여학교에서는 국화향 그윽한 메이지절(明治節)이 포함된 창립 25주년 기념식전을 11월 2일부터 4일까지 사흘간 성대하게 거행했는데, 같은 학교 500명의 소녀들은 근검절약한 500원을 국방헌금으로 내고자 마산 헌병분견대에서 수속을 밟았다.

"성전이 시작될 때 황군 병사인 여러분들이 용장무비(勇壯無比)한 분전에 힘쓰고, 매서운 추위와 더위를 견디어 임무를 다하려고 고생하는 모습은 신문을 통해 혹은 라디오를 통해 또는 선생님 이야기 등을 통하여 우리 마음을 울렸습니다. 이렇게 생각할 때 후방의 우리들도 비록 몸은 전쟁터에 없지만 일선의 용사 여러분에게 짐이 되지 않도록 전쟁 당초부터 학교와 가정에서 물자를 절약하고 폐품회수를 하는 등 적더라도 물건을 만들고자 노력하면서 깍은 연필 한 자루도 낭비하지 않게 주의하고 있습니다. 우리들은 전쟁터에서 고생하시는 군인들을 생각하면서 매월 애국일에는 간이도시락으로 끼니를 해결하고, 셋째 주 일요일에는 간식을 먹지 않으면서 3전, 5전씩 모아 저축했는데, 그것이 모이고 모여서 500원이 되었습니다.

본교는 올해 개교 25주년으로 전교가 모두 기뻐하고 있습니다. 이 기쁨을 맞이할 수 있는 것도 모두 황실의 은혜이며, 황군 용사 여러분께서 주신 선물입니다. 감명 깊고 의미 깊은 이 날을 맞이하여 이 돈을 국방자금으로 헌납하고 싶습니다.

이것이 곧바로 무기가 되어 전쟁터에서 위세를 떨칠 것이라는 상상만 해도 가슴이 크게 울리는 듯합니다.

우리들도 약소하지만 봉공(奉公)의 일부라도 보탬이 될 것이라고 믿으니 무엇보다 기쁩니다. 부디 잘 살펴주기길 간절히 원하옵니다.

1940년 11월 1일
마산고등여학교 생도 일동
마산헌병 분견대장 전(殿)

50. 믿음직한 애국심

인천부 빈정(濱町) 7번지 미야케 코지로(三宅幸次郎)는 주소지에서 텐트상(商)을 하는데, 전쟁 이후 수십 차례 총 595원 28전을 헌금하였다. 이 돈은 모두 황군이 중국 주요도시를 점령할 때 혹은 출정 및 연습부대가 인천에 숙영할 때 숙박료로 사용되었다고 한다.

그때 그는 "황군장병을 숙박하게 하고 환대하는 것은 전쟁에 임하는 후방의 국민의 당연한 책무이니 요금으로 받아서 사용할 수 없다"라면서 헌금했다. 그는 국가 관념이 왕성한 사람으로 "자기 재산을 개인적으로 사용하지 않고 모두 국가의 것이 되도록 하고자 생계에 필요한 돈 이외는 모두 국가를 위하여 헌금하는 것이야 말로 국민다운 의무이다"라면서 이러한 미담을 만들었다.

51. 가난한 자의 일등이기(一燈二基)

충북 청주군 사천면(四川面) 사천리(斜川里)의 신부락(新部落) 애국반원인 토요하라 히로시(豊原弘) 외 13명은 국가가 비상시에 처한 이 가을, 마음에서 우러난 돈을 나라에 바치고자 절미저축을 결의했다. 그리하여 71일 째인 지난 31일 현금으로 바꾼 6원을 조선방공기재비로 써 달라며 청주경찰서에 기탁하였다.

같은 지역 미원면 미원리 송정(松亭)부락연맹 제9애국반원 소속 12명은 방문한 서커스 공연을 보는 것을 참고 입장료의 반액인 30전씩 모은 3원 60전을 지난 달 31일 청주경찰서에 방공기재비로 써달라며 기탁하였더니 관계자가 감격의 눈물을 흘렸다.

52. 가난한 자의 뜨거운 열성

인천부 만석동(萬石町) 소재 조선기계제작소[11]의 히라누마 다이세이

---

11) 1937년 6월에 설립된 일제 강점기 대표적 기계 공장으로 광산용 기계 생산업체로

(平沼大成, 18세)는 견습 직공으로 매월 15원의 수당을 받아 가정 살림을 도왔는데, 용돈만큼은 헌금하고 싶었다. 이에 수당을 받은 올 4월부터 매월 50전씩 헌납하고 있다. 그가 이렇게 하기로 결심한 동기는 평소 염원하던 육군특별지원병에 지원하려 했으나 가정형편으로 부모님의 반대가 커서 단념했기 때문이었다. 지원병 못간 아쉬움을 후방 봉공으로 갈음하려는 것이었다.

53. 어린 학생의 뜨거운 정성

평남 강서군 기양(岐陽)소학교에서는 지난 11월 1일 애국일, 생도를 총동원하여 폐품회수를 실시하였다. 이것을 매각한 7원 48전을 11월 5일 평남군사후원연맹의 활동자금으로 헌금하였다.

54. 애국 부인회 분회(愛婦分會)의 병기 헌납

서울 황금정(오늘날 을지로) 1-192번지에 거주하는 애국부인회 분구장 야쓰모토 나츠(安本ナツ). 그녀는 같은 마을 애국부인회 회원과 함께 고사기관총 1대분인 3천 원을 헌납하려고 경기도에 신청을 하여 지난 5일부로 허가가 떨어졌다. 그리하여 급히 애국부인회 회원의 기부를 모아서 기원 2,600년(1940년) 국민봉사일인 11월 10일 조선군에 헌납하는 수속을 밟았다.

55. 애국의 군고구마 가게, 올해에도 개점

후방에서 쌀 절약운동의 일환으로 나아가 근로봉사에 의한 존귀한 땀의 결정을 나라를 위하여 바치고 싶다는 애국의 일념으로, 지난해 말 서울 죽첨정(오늘날 충정로) 12가의 애국부인회원이 나섰다. 회원들은 서대

시작하여 일제 말기 잠수함 건조까지 이루어졌다.

문 십자로에 있는 신풍당(神風堂) 점포 일부를 무상으로 빌려서 군고구마 장사를 시작하였다. 상호도 "애국고구마"라고 하여 서울에서 큰 인기를 얻었는데, 뜻있는 사람들에 의해서 군고구마가 날개돋인 듯 팔려나가 불과 2개월 만에 이익금이 400여 원이나 되었다. 이에 국방헌금으로 조선군 애국부에 납부하였는데, 이러한 후방 미담으로서 많은 사람들을 감격시켰다. 그래서 그 이야기를 여기에 적어두려고 한다.

　　애국의 열정으로 불타오르는 이들 부인회는 올해도 지난해 못지않은 의지를 불태우면서 지난 3일부터 서대문 십자로의 한 모퉁이에다 블록을 세우고 "애국 군고구마" 가게를 개업했다. 올해는 기관총을 헌납하기로 했는데, 오전 8시부터 회원들이 매일 10명씩 교대하여 애국부인회의 앞치마를 휘날렸고, 밤에는 10시까지 서서 일하면서 길 가는 사람에게 감격을 전해 주었다. 개업 당일부터 매일 80원에서 90원의 매상을 올렸고, '이 정도라면 기관총은 분명히 살 수 있다'라고 생각했는데 부인회의 이러한 근로봉사에는 젖 먹던 힘까지도 모아서 음으로 양으로 혹은 물심양면으로 원조를 아끼지 않겠다는 마음이 담겼다는 사실을 잊어서는 안 된다.

서대문 경찰서 인근의 과자점 신풍당(神風堂)의 주인 오치(越智). 그는 의협(義俠)이자 군국의 아버지로 잘 알려진 사람이었다. 지난 해 이들 부인회의 미담에 감격해서, 자신의 점포 절반을 무상으로 대여했다. 그런데 올해는 점포가 협소하여 점포 제공이 힘들 것을 걱정하고는 대신 자신의 가게 맞은 편에 점포를 만들고 자본을 제공하는 가하면 시장에서 물건매입 등 여러가지 성가신 일을 자처하는 등으로 세간에 회자되었다. 이 이야기를 들은 사람들은 이러한 '애국미담의 이중주'에 크게 감동하였다. "애국 군고구마"는 발 디딜 틈도 없이 성황을 보였고 회원들은 '고구마를 다 구울 틈도 없는' 경사에 기쁨의 비명을 연발하고 있다.

56. 고무신 행상의 헌금

강원도 춘천읍 약사리(藥司里) 539번지의 하라키 도미에(原木とみえ)는 고무신과 손수건 행상을 하며 각지를 돌아다녔다. 고무신 행상을 하면서 남은 이익이 7원이었고, 손수건 행상에 의한 이익은 6원이었는데, 이를 모두 황군위문금으로 헌납하였다. 또한 도미에는 읍내 각지를 돌아다니면서 독지가에게서 모은 위문금 56원 65전도 최근 춘천경찰서를 방문하여 헌납 수속하였다.

57. 3주기에 헌금

서울 봉래정 1가 27번지의 경성전기회사 사원 후지타 모리우미(藤田森生)는 3주기 어머니 제사를 맞이하여 짐짓 시국을 생각하게 되었다. 이에 법요비(法要費)를 아껴서 만든 금일봉을 ≪조선신문사≫를 통해 조선군 애국부에 국방헌금했고, 신문사는 곧바로 헌납 수속을 취했다.

58. 아름다운 기생의 헌금

충북 청주부 본정(本町) 1가 요정 북일루(北一樓)의 홍군팔천대사(紅君八千代事)라는 쿠와무라 시즈에(桑村靜江, 23). 그녀는 자신이 애용하고 있는 금시계를 청주 경찰서에 국방헌납용으로 기탁하여 관계자를 감격시켰다. 쿠와무라는 지난 8월에도 충북 경찰종합전람회 행사 중 「방첩의 게이샤」에 출연하여 받은 사례금을 그대로 헌금한 아가씨였던 바, 마음씀씀이가 참으로 가상하다.

59. 감심(感心)한 소학생

서울 아현정(阿峴町)의 남자(男子)고등소학교 제1학년 제2반의 치바 간이찌(千葉監一)와 카나오카 타카노리(金岡孝憲). 두 사람은 평소 어머니로부터 받은 용돈을 절약해서 국방헌금으로 내고자 했다. 그리하여 지난 6일 오후 학교에서 귀가 도중 ≪조선신문사≫를 방문해 기탁했다. 관계자들도 두 사람의 마음에 감격해서 조속히 헌납 소속이 이뤄지도록 했다.

60. 환갑 축하비를 국방헌금

경북 안동군 북후(北後)면 약품상 아오카 다이호우(靑岡大鳳)는 일찍이 시국인식이 투철하고 지역 부락민에게 모범을 보여 왔다. 올해 11월 11일에 마침 환갑을 맞아 자녀들이 아버지의 환갑축하연을 성대히 차리려고 하였다. 하지만 자신은 현재 국가 비상시에 환갑을 성대하게 할 수 없으며 가까운 친지만 부르고, 다른 사람 초대는 하지 말라고 했다. 그러면서 자녀들과 논의해 환갑축하비용을 나누어 국방의연금(義捐金) 20원, 일선 장병 위로금 20원 등 40원을 헌금하기로 하여 북후면 경찰관주재소를 통해 안동경찰서에 송금하였다. 관계 경찰관들이 무척 감격하였다.

61. 목욕탕 근무를 거듭해서 헌금

서울 남대문통 5가 8번지 소재 대동여관 목욕탕에서 일하는 임태승(林台承)은 얼마 안 되는 급료와 손님들이 주는 봉사료를 절약해서 매월 1회 5원씩 ≪조선신문사≫를 통해서 헌금하였다. 이는 「본편」에도 기록되었던 것인데 지난 5일 다시 제11회째 헌금으로 5원을 내었고 신문사는 정성에 감격해서 곧장 수속했다.

62. 폐품 수집 및 여비 절약의 헌금

강원도 춘천 본정(本町) 소학교의 5학년 학생 일동은 폐품을 수집하여 모은 3원 57전을 지난 4일 춘천 경찰서에 황군위문금으로 헌금했다. 또한 영월탄광 우치모토 쇼우유(內本性遊)는 화약시험을 위해 춘천으로 출장했는데 여비를 절약해서 모은 3원 정도를 춘천경찰서를 방문해 "황군위문비로 보태 주십시오"라면서 헌금했다.

63. 애국 반도인(조선인)

후방 국민의 뜨거운 정성인 헌금은 마치 샘처럼 마르지 않고 감격의 화제가 되어 용솟음치고 있다. 지난 11월 3일에는 또 다시 인천 헌병분견대에 1전 동화(銅貨)만으로 이뤄진 260원을 국방헌금으로 낸 익명의 반도인이 있었다. 거기에는 열렬한 애국심을 토로한 편지도 첨부되어 있었다.

64. 육·해병군에 휼병금

강원도 장전읍 장전국방부인회 주최로 지난 11월 3일 메이지절(明治節)을 맞아서 출정입영 및 상이군인 가족의 위안을 위한 연예대회를 개최하였다. 부인회는 입장료 수입금 가운데 경비를 빼고 남은 500원을 육·해군휼병금으로 내었고, 육·해군출정군인위문금, 비행기 헌납용 자금으로 각각 1백 원씩 갹출하기로 했다.

65. 사가현에 사는 반도 동포의 미담

노동력이 부족한 일본본토의 광산과 농촌으로 건너 온 반도 동포는 사가현에서만 1천여 명 이상이다. 성전(聖戰) 이후 후방의 한부분으로 "우리들은 황국신민이 되어 충성을 임금과 나라에 바칩니다"라는 애국의 열정으로 많은 미담과 아름다운 이야기를 만들고 있다.

특히 사가현에서는 지난 4일 이후 현 소속 협화회(協和會, 반도동포호조회) 간부 강습회를 열어 일본인으로 살아가는 길에 대해서 설명하고 있는데, 여기에 감격한 카라츠(唐津)시 외곽의 이리노무라(入野村)의 후루카와 문달(古川文達, 조선인 추정; 역자) 등 회원들은 협화회호(協和會號) 헌납 기금을 내려고 기부 신청을 하였다. 종래부터 방공훈련 등 각종 국가적인 일에 솔선수범하는 등 '본받을 만한 반도 동포의 의지'는 일본본토 동포를 깊이 감동시키고 있다.

66. 50원을 국방헌금에

강원도 삼척군 삼척개발회사 조도과(調度課)에 근무하는 츠지 이사무(辻勇)는 이번에 큰 딸 미요코(美代子)가 사망했을 때, 제반 장례비용에서 절약한 50원을 국방헌금으로 내고자 지난 2일 면사무소에 기탁했다.

67. 열정에 불타는 인천의 어느 여성

지난 6일 저녁 인천 헌병분견대에 40대 전후의 어떤 여성이 방문했다. 관계자에게 봉투 1개를 내놓으면서 "약소하지만 국방비로 해주세요."라고 하고는 주소와 이름도 남기지 않고 불러도 응답없이 사라져버렸다. 관계자가 봉투를 열어보니 시계측(時計側) 1점, 오비도메(帶止)12) 1점, 하오리히모(羽織紐)13) 1점, 비녀(簪) 1점, 기타 10점 등과 15그램의 금(金)이 들어있었다. 요이무라(善村) 대장을 위시하여 전체 관계자가 크게 감격했다. 이 분대에서는 이처럼 후방의 열성(赤誠)에 불타는 여성의 신원을 찾는데 애쓰고 있다.

---

12) (일본 여자 옷에서) 양끝을 장식으로 물리도록 된, 띠 위를 누르는 끈.
13) 일본옷의 위에 입는 짧은 겉옷을 가슴 언저리에서 매는 끈.

68. 적심의 헌금이 서로 이어서

인천부 화방정 1−5번지 일본제분회사 대표자 오다 사사이찌(小田笹一) 외 34명은 이번 성전이 발발한 이후 환예회(丸제會)를 조직했다. 이들은 장발(長髮)을 금지하고, 스님처럼 빡빡이가 되어 후방의 봉공을 맹세하면서 머리카락을 자를 때마다 10전, 20전을 거출한 돈이 103원 25전이 되었다. 그래서 오다는 정성껏 모은 이 돈을 조선군 애국부에 국방비로 헌납했다.

또한 인천부 빈정(濱町) 천막상인 미쯔이 사찌지로(三衣幸次郎)는 이번 전쟁 이후, 최전선에 있는 황군용사의 용전분투에 감격해 나라에 얼마 정도라도 봉공하기로 결심하였다. 황군의 숙영지원 및 여러 가지 방법으로 돈을 모아 595원 28전이 되자 "국가 비상시의 때에 생활비 이외의 돈은 필요 없다"라는 편지와 함께 국방헌납하였다.

69. 외국인의 헌금

서울 남대문거리 3가 12번지의 양복상인 카렘 살라훗(43세), 황금정(오늘날 을지로) 2가 88번지의 카라프샤 베들센(55세) 등은 '경성 에텔·우랄·터어키·타타르 무하마드 문화교육회'를 대표해서 11월 1일 경성헌병대 본부를 방문하고 다음과 같이 말했다.

> "빛나는 기원 2,600년(1940년)을 축하하며 함께 지내던 터키 사람들이 오늘날같이 편안하게 살 수 있는 것은 오로지 일본인 여러분을 위시하여 황군 용사의 수호(守護) 때문이라고 생각하니 참으로 감격스럽습니다. 부끄럽지만 우리들의 진심을 담은 약소한 것이오나 국방비로 써달라고 하고 싶습니다."

그러면서 국방비로 210원을 기탁했는데 헌병대에서는 직접 돈을 받지 않기 때문에 이들에게 헌금하는 방법을 가르쳤다. 그러자 이들은 직접 군 애국부에 수속을 하였다. 이러한 뜻 깊은 행동에 관계자 일동은 깊이 감격했다.

70. 무인에 뒤지지 않는 애국 미담

군국에 봉사하는 남자가 되지 못한 채 병상에서 유언으로 고사기관총 1정을 헌납한 '애국사과' 과수원 주인의 숨은 미담이 헌납식 덕분으로 세상에 알려졌다.

황해도 황주에서 사과 농장을 경영하는 이마무라 타미죠(今村民藏, 47세)는 이전부터 남자로서 역할을 하지 못하고 있음을 한탄하고 어떻게든 나라를 위해 뭔가 할 수 있기를 염원했다. 하지만 어쩌다 병상의 몸이 되었고, 수명이 얼마 남지 않았다는 사실도 알고 있었다. 그래서 친척들을 불러서 "내가 죽은 후에 기관총 1정이라고 헌납하고 싶다"고 유언한 다음 침대 위에 단좌해서 공손하게 동쪽을 향해 요배한 다음 마음을 담은 시 한수를 읊고는 천황폐하 만세를 삼창하고 숨을 거두었다. 그 유언을 지키려고 사위 히사시(久志)(경성영림서 근무)가 고사기관총을 헌납하였다. 그리하여 지난 1일 황주에서 헌납식이 있었는데 여기에 참석했던 조선군 애국부의 히라이(平井) 대위는 "그의 최후는 무인(武人)에 비해 결코 뒤지지 않으며, 고인이 된 이마무라(今村)의 애국적 지성에 눈물이 났다"고 감격하였다.

71. 2,600년 기념으로 1만 원 헌금

경기도 시흥군 서이면 안양리에 있는 조선직물주식회사 사장 다카이 효사부로(高井兵三郎)는 지난 9일 조선군 애국부를 방문해서 기원 2,600년 기념사업으로 방공기자재비로 사용해달라며 2만 원을 헌금했는데, 그 뜨거운 정성에 군 당국은 크게 감격하고 있다.

72. 동아산소회사의 헌금

서울 공덕정(孔德町) 113번지 소재 동아산소주식회사(東亞酸素株式會社)에서는 조선방공기재비로 써 달라며 1만 원을 조선군에 헌금하고자 8일 아침 사장인 니노미야 쯔네이치(二宮常一)가 조선군 사령부를 방문해서 수속했다.

73. 멧돼지를 팔아서 국방헌금

지난 11월 1일 애국일 오전 10시경, 돌연 33관이나 되는 큰 멧돼지가 강원도 평창군 대화천(大和川) 주변에 나타난 것을 연맹원이 총동원되어 포획하였다. 마침 그날은 홍아봉공일(興亞奉公日)이었고, 멧돼지가 마을에 출몰한 것은 대화(大和)에서 처음 있는 일이라서 관공서장과 지방 유지들이 협의하여 매각한 80원을 국방헌금하였다.

74. 후방에서 빛나는 반도인의 일본도(日本刀)

반도인 선배가 한 입영 청년에게 정성껏 일본도를 증정했다는 아름다운 이야기.

전남 광주보호관찰소의 카네카와 쇼우엔(金川尙演, 37세, 조선인 추정; 역자)은 관찰소의 지도아래에 있던 시국대응전선사상보국연맹[14] 지부원들과 일심동체가 되어 그동안 많은 공적을 쌓아올렸다. 이번에도 카네카와(金川尙演) 수하에서 근무하던 야마구치현(山口縣) 출신 쿠보타 히사시(窪田久)가 올해 징병검사에서 갑종으로 합격되어 오는 ○월 ○일 ○○

---

[14] 시국대응전선사상보국연맹(時局對應全鮮思想報國聯盟)은 1938년에 조직된 사상교양 단체로서 조선인 전향자들을 모아서 일본군 위문, 국방헌금 모금 같은 일상활동과 함께 비전향자 포섭, 반공좌담회 개최 등의 사상통제 활동을 하게 한 조직이다(위키백과).

연대에 입영하게 되었다. 그러자 카네카와는 가보인 일본도(日本刀)를 쿠보타에게 주었다.

쿠보타는 감격하였고, 아울러 마쓰모토(松本) 경찰서장을 비롯한 동료들도 내선일체의 아름다운 이야기라고 칭찬하면서 그 아름다운 행동에 감복하였다.

75. 청음기(聽音機) 헌납

서울 황금정(오늘날 을지로) 1가 애국부인회에서는 기원 2,600년 기념제를 맞아 야스키 나츠(安木ナツ)여사를 대표로 지난 10일 오전 11시 조선군 애국부를 방문하여 기념사업으로 모은 3,643원을 공중청음기재(空中清音機材) 비용으로 써 달라면서 헌납하여 군 당국을 크게 감격시켰다.

76. 부여신사에서 근로봉사

충남 천안의 애국부인회, 국방부인회 공동 주최로 11월 15일 황기 2,600년을 맞아 의미 있는 행사를 기획한 결과 마침내 부여신사에서 근로봉사를 했다.

77. 혈서에 용솟음치는 열성

평북 창성군 창성면 간암동의 이시카와 미나미신(石川南深, 19세). 그는 같은 마을의 간이학교 촉탁으로 열심히 아이들의 지도하고 있던 사람이다. 올해에도 육군특별지원병이 될 작정으로 원서를 내고 시험을 친 결과 불행히도 키가 작아서 불합격되었다. 지난 11월 3일 메이지절(明治節)을 맞아서 맑은 물로 씻고 궁성요배(宮城遙拜)를 하고는 끝까지 지원병이 되겠다는 결의로 왼손 둘째손가락을 잘랐다. 그리고 품어 나온 피로 인쇄용 백지에 일장기를 그렸고 그 옆에 "내선일체(內鮮一體) 인고단련(忍苦鍛鍊)"이라는 글을 쓰고는 다시 "군지원병에 지원합니다"라고 혈서를 쓴 다음 관할 남창(南倉)경찰서 주재소에 가서 제출하였다. 그의 의기(意氣)는 향리 사람들을 감격시키기에 충분하였다.

78. 곡류를 거출해서 헌금

충북 청주군 오창면 국방분회 회장 가와세 이구(川瀨イク), 가정방호 조합장 후지이 이치코(藤井イチヲ) 두 사람은 일찍부터 시국의 중대성을 깨닫고 두루 귀감이 되어 회원, 조합원을 지도하는 등 후방 부인의 책무에 노력해왔다. 이번 신체제(新體制)[15] 이후 제1회 애국일을 맞아 이것을 기념하여 100여 명의 회원과 함께 형편껏 돈이나 곡식을 모아서 만든 15원 70전과 곡류 매각대금 15원 35전 합계 31원을 오창주재소를 통해 청주경찰서에서 국방헌금해 달라며 기탁하였다.

79. 아름다운 부산에 꽃핀 군국의 단팥죽 가게

남편이 흥아(興亞) 건설의 초석이 되어 황국을 위해서 대륙에서 호국(護國)의 꽃으로 산화하자 안타깝게도 6명 자식을 키우면서, 노모에게도 효도를 다하고 생활전선에 나서서 군고구마 가게를 하며 가난과 전쟁을 벌이고 있는 어떤 부인이 있었다. 그녀는 커피, 우유, 단팥죽 가게를 할 수 있는 허가를 부산경찰서에 제출했는데, 서장도 씩씩한 "군국의 아내"에 동정(同情)하는 마음으로 지난 11월 9일 정식으로 허가를 내렸다.

---

15) 1940년부터 유럽 전쟁이 확대되는 등 국제 정세가 긴박해지자 일본도 강력한 지도 체제를 형성할 필요가 있다는 신체제운동이 일어났다. 이에 제3차 고노에 후미마로(近衛文麿) 내각은 기존 정당을 없애고 거국일치의 내각을 구성하는 새로운 신체제로서 국난을 극복하자고 하여 강력히 운동을 전개하였고, 마침내 대정익찬회가 결성되었다. 이른바 거국일치체제에 의한 파쇼적인 정치일원화 운동이다.

군국 미담의 주인공은 부산부 대창정 4가 36번지에 사는 이시자키 시게노(石崎シゲノ, 29세)였다. 남편 이시자키 츠무키(石崎繢) 하사는 전쟁과 동시에 응소하여 많은 무훈을 세우고 1938년 5월 14일 산서성 전투에서 호국의 혼이 되었다. 시게노는 남편이 입대한 사이에도 군사후원회부터 두세 번 보조금이 왔지만 군인의 처이기에 "황국에 면목이 없다"라면서 고사하였다. 하지만 모친과 장녀 미요코(11세)를 위시하여 아이만 6명 모두 8명의 가족이었고, 약한 여자의 몸으로 지금껏 가난과 전쟁을 계속했지만 현재의 수익으로는 아이들 교육은 크게 우려되었다. 그래서 앞에서 언급한 것처럼 부산경찰서의 허가를 받아서 육고암(宍庫庵)이라는 상호를 달고 단팥죽 가게를 열었다.

시게노는 지난 9월 30일 오노(大野) 군인원호회 조선본부장에게서 '남편이 출정하자 노모에게 효도를 다하고 자녀 양육에 전념하고, 남편 사망 후는 돌연 분기하면서 생업에 힘쓰는 그 정성은 진실로 군인 유족의 모범'이라고 하여 조선에서 12명만 받은 표창을 수상하는 등 참으로 씩씩한 군국의 아내상을 보여주었다.

80. 폭풍의 헌금

경성고등공업학교[16] 기계과 학생들은 지난 번 ≪경성일보사≫ 사장 고데아라(御手洗)의 '신체제(新體制)' 관련 연설을 듣고 감격하였다. 거기서 더한층 끓어오른 젊고 순진한 열정은 마침내 폭풍이 되어 2,600년 국민봉축일인 지난 11월 11일의 밤 본정(오늘날 충무로)에서 조선신궁까지 퍼레이드를 했다.

경성부회 의원 키노시타 사카에(木下榮)은 이러한 학생의 의기에 감격

---

16) 경성고등공업학교(京城高等工業學校, 경성고공)는 조선총독부에서 운영하는 관립 전문학교로 1940년대 초반까지 한반도 유일의 고등공업교육기관이었다. 해방 이후 미군정에 의해 경성광산전문학교와 함께 경성제국대학 이공학부를 흡수하여 서울대학교 공과대학으로 재조직되었다(위키백과).

하고 "차라도 마시면서 기운을 내라."라고 하면서 지갑에서 10원을 건네 주었는데 감격한 학생단은 "이 같은 중대한 비상시에 차를 마시면서 원기를 회복한다는 것은 미안한 일이다"라면서 받은 10원에 각자 용돈을 더한 총 18원 32전을 모았다. 학생들은 교가와 봉축가를 크게 부르면서 멋진 대오(隊伍堂堂)를 이루며 어두운 밤거리를 나아갔는데, 밤 10시경에 ≪경성일보사≫를 방문해서 헌금으로 기탁하였다.

81. 외국인의 봉축헌금

서울에 살던 터키, 타타르인 양복상 조합장 마호메트 카자흐 오르그는 지난 11월 11일 오전 조합원 1명을 시켜서 본정(오늘날 충무로) 경찰서에 "기원 2600년 식전(式典)을 축하합니다. 얼마 안 되지만 받아 주십시오"라면서 150원을 헌금했다. 양복상 조합은 회원이 20명이고 헌금한 150원은 올해 3월부터 9월까지 조합비를 절약하여 모은 것이다. 경찰서 관계자들도 몹시 감격하여 신속히 수속을 취했다.

82. 양복상공조합의 국방헌금

조선에서 가장 먼저 종업원단을 만든 경성 양복상공조합에서는 각도별 양복상공조합 결성식 피로연을 하지 않고 조합원 4천 명의 정성을 모은 657원 74전을 지난 11월 12일 스즈키(鈴木) 단장이 ≪경성일보사≫를 방문하고 '기계화국방기금'으로 헌금하였다.

83. 이것도 역시 봉축헌금

서울 합정(蛤町, 오늘날 서대문구 충현동) 33번지 거주하는 하마무라 다마노스케(濱村玉之助)는 지난 11월 11일 아침 서대문 경찰서를 방문해 "기원 2,600년 봉축기념으로 작은 정성이나마 국방비로 더해지기 바랍니다"
라고 하면서 18금 시계측(時計側) 1개(시가 약 30원)을 기탁했다.

84. 농아의 열성

서울 황금정(黃金町, 오늘날 을지로) 4가의 일본농아협회(日本聾啞協會) 조선부회에 소속된 21명의 농아들은 '기계화 국방'을 위해서 38전 30전을 모아, 지난 11월 12일 ≪경성일보사≫를 방문하여 수화로 조선군에 헌금했다.

85. 봉축헌금

서울 홍제외리(弘濟外里, 서대문구 홍제동)에서 기와제조업(製瓦業)을 하는 김상윤(金相允)은 지난 황기 2,600년(1940년) 국민봉축일인 11일 아침 서대문경찰서에 "약소하여 부끄럽게 생각하지만, 봉축드립니다"라고 하면서 15원을 헌납했다.

86. 이방인의 헌금

전 조선이 한결같이 2,600년의 유구함을 축복하고 있을 때인 지난 14일 서울에 사는 한 외국인이 경성헌병대에 경축의 마음을 담은 금일봉을 헌금으로 내어 관계자를 감격시켰다. 주인공은 서울 본정(本町) 2가 19번지에 있는 바이칼 양복점의 압둘 하시쿠스 구만이다.

오랜 세월 서울에서 영업하였는데, 기원 2,600주년인 국가대경축(國家大慶祝)에 감격에 겨워 춤을 추면서 지난 14일 "기원 2,600년을 마음으로부터 축하합니다. 약소하지만 축하의 표시입니다"라면서 유창한 일본어로 축사와 감격한 이야기를 쓰고 100원을 헌금했다. 관계 공무원들도 이러한 아름다운 행동에 감동받아서 곧바로 헌금 수속을 취했다. 그 때 압둘은 이렇게 말했다.

"특별한 소감은 없습니다. 국방헌금은 이번이 처음은 아니고 이미 8년 전부터 매년 20, 30원씩을 계속했습니다. 전쟁 이후 금액을 늘려 100원씩 내기로 했습니다. 이 국방헌금을 낸 것은 9년 전 이곳으로 온 이후 오늘날까지 조금도 어려움 없이 장사를 할 수 있게 된 고마움에 감사하면서 였습니다. 나는 정말 일본인처럼 정회(町會) 사람들과 일체가 되어 신궁참배도 출정군인 등의 영송(迎送)에도 함께 하고 싶지만 아무튼 외국인이기 때문에 '스파이'로 의심받을 위험이 있으므로 마음은 있으나 실제로는 행동하지 못한 것을 대단히 대단히 유감스럽게 생각하던 차에 얼마 안 되지만 이렇게 기부하게 된 것입니다."

15일에도 헌병대에 100원을 국방헌금했다. 저녁에 경기도 외사과장 마쓰우라(松浦)가 퇴근하면서 가게를 들렀는데, 압둘은 이렇게 말했다.

'국경경비로 쓰면 괜찮을 것 같아서 15일에 100원을 또 위문금으로 기탁했습니다. 지금까지 각 방면에서 받은 감사장도 20개 이상이며, 이후에도 계속 헌납 하겠습니다."

87. 노동자에게 이런 정성이 있다니

전남 장성(長城) 구산리(九山里)에 사는 이봉춘(李逢春, 30세)은 지난해 11월 7일경 광부에 응모했다. 전장선에 있는 병사에 뒤지지 않는 노동보국의 각오로 씩씩하게 내지(일본본토)로 출발하여, 후쿠오카현 다가와(田川)의 아카이케(赤池) 탄광에서 열심히 정진하고 있었다. 그런데 돌연 어머니가 병에 걸렸다는 소식을 듣고 지난 11월 5일 귀향했다. 그러면서 이런 말을 남겼다.

"내가 후방에서 안심하고 일하는 것도 일선 용사의 음덕임을 절절히 느끼고 있습니다. 많은 돈은 아니지만 진심을 담았으니 국방비에 보태주십시오."

그러면서 넉넉지 않은 주머니였지만 5원을 내어 관계자에게 기탁하니 공무원들이 무척 감격하였다.

88. 아동의 헌금열기

서울 수송(壽松)공립소학교에서는 1932년 이후 계속해온 아동의 저축심을 북돋기 위한 월별 10전 저금을 1938년 4월부터 '20전의 애국 저축금'으로 바꾸었다. 동시에 복도에 전교 25학급별 국방헌금 상자를 설치하였고, 그 위에다 일장기와 '국방헌금' 다시 윗부분의 벽에 '우리들의 진심을 표함'이라고 적힌 종이를 붙여 아동들이 자발적으로 헌금하여 매월 경성군사후원연맹에 헌금했다. 매월 스스로 국방헌금 상자에 넣은 1전 2전의 헌금이 실시 이후 12개월인 1939년 3월까지 총 187원 37전, 1940년 3월까지가 214원 4전, 4월부터 10월까지 282원 54전 등 총 685원 95전이었다. 이렇듯 점점 커져가는 소학교 아동의 헌금 열기에 조선군 당국은 매우 감격했다.

89. 이번에는 이걸로 하겠습니다

서울 수은정(授恩町, 오늘날 파고다 공원 뒤 묘동) 3−1번지에 사는 과부 김복인(金福仁)은 전쟁 이후 수차례 종로경찰서를 통해서 헌금해 왔던 심지 깊은(感心) 사람이다. 그는 지난 14일 아침 종로 경찰서를 방문해 "이번에는 이걸로 하겠습니다"라며 금비녀 1개(순금량 5돈)를 내어 경찰서 관계자를 감격시켰다.

90. 용사를 도운 익명의 신사

서울의 어느 자동차공업주식회사의 중역인 아무개는 마을에 사는 상이군인이 무척 어렵게 생활하고 있어서 불쌍하다고 여겨서 작은 도움이라도 주고 싶었다. 하지만 누가 도우는지 절대 알리고 싶지 않았다. 그래서 그런 조건으로 지원을 계속하겠다고 하면서 경성부청(오늘날 서울시청)에 신청하였다. 당국은 신중히 조사했고, 부내 원정(元町)에 사는 아무개와 옥인동에 사는 아무개 등 두 사람을 대상자로 선정하였다.

한 사람은 장고봉 사건[17]에 참전하여 병을 얻어 병역 면제가 되었고, 또 한사람은 전쟁이 터지자 응소보충대에서 훈련을 담당했는데, 밤낮 격무에 시달리다 병으로 입원하였다. 큰 수술을 받고 병역 면제가 된 다음 자택에서 요양하고 있었다. 그러면서 반드시 재기하여 봉공하겠다는 의지를 불태우고 있었다. 하지만 두 사람 다 가난했고 알맞은 직업도 없었다. 그러다보니 하루하루 요양하거나 생활하는데 어려움이 적지 않았다. 중역인 그 사람은 위의 두 사람을 흔쾌히 지원하기로 하면서 그해 3월 12일 제1회 위문금으로 15원씩 30원을 기탁하였다. 이후 매월 약속한 날에 지원금을 계속 송금했다.

지원받은 한 사람은 그 후 취직하여 수입은 적었으나, 열심히 일할 수 있었다. 나머지 한 사람은 1940년 8월 환경이 좋은 일본 큐슈에서 요양하려고 후쿠오카의 친척집으로 가게 되었다. 조선을 떠날 때 즈음 그는 지금까지 후원자로부터 받아온 은혜를 생각하면서 편지 한통을 경성부청에 맡겼다. 그리고 후원자는 이 환자가 일본으로 떠나려는 찰나에 친척도 할수없는 자애로운 편지와 함께 50원을 더하며 소식을 전했다. 편지의 내용은 대략 이러하다.

---

17) 1938년 7~8월에, 조선 · 만주 · 소련의 국경 부근에 있는 장고봉에서 일본과 소련 두 나라 군대가 충돌한 사건. 일본군의 패배가 확실하여지자, 일본 측은 정전 교섭에서 장고봉이 소련에 귀속되는 것을 승인하고 사건을 매듭지었다.

"삼가 아룁니다. 오늘 아침 일찍 공장에 갔습니다. 아무개님을 한번이라도 뵙고 위로의 말이라도 올리고 싶었습니다만 혹시 시간이 괜찮을지 알 수 없어서 이렇게 실례를 하게 되었습니다. 약소하기 이를 데 없었습니다만(생략된 듯, 역자)…… 나라를 위해 일한 용사가 병을 얻어 친척의 보살핌을 받아야 하는 신세가 되었으니 실로 안타깝습니다. 거기에 도착하면 급하게 돈이 필요할 것인데 돈이 없으면 움츠러드실 것입니다. 제가 모처럼 도움이 되고 싶다고 생각해서 해 왔던 일인데 이제 이별하게 되니 참으로 눈시울이 아파옵니다.

그저께 이별을 알리는 인사 편지를 받고서 저는 '이 분이 참으로 용사구나' 하면서 생각하니 눈물이 흐르는 것을 막을 수 없었습니다. 동봉한 것은 적은 돈이지만 부디 저의 마음이라고 여기시고 받아주세요. 때마침 아내와 아들도 후쿠오카에 있어서 가까운 거리네요. 아무쪼록 기회가 생기면 방문하고 싶습니다. ○○에게 좋은 일이 많기를 기원하나이다.(원문그대로)

91. 병사의 집안을 도는 가화(佳話) 이중주

한창 일할 나이의 아들이 소집영장을 받아서 전장터로 가버리고 남은 고향집. 이곳을 지키는 노부(老父)는 병마로 앓아눕고 말았다. 기둥을 잃은 용사의 집을 지키려고 분투하는 젊은 반도인 제자의 뜨거운 정성. 나아가 이러한 아름다운 이야기를 듣고 후원을 아까워하지 않은 조합원. 그야말로 용사의 집을 둘러싸고 피어난 아름다운 후방미담 이중주.

부산부 영선읍 출신으로 북중국 파견부대에 소속된 이시이 신고(石井新吾) 육군 일등병. 그는 지난해 5월 용감하게 응소하여 지금도 포연이 자욱한 최전방에서 분투 중이다. 영선읍에 있는 고향집에는 생부인 츠루타로(鶴太郎, 58세)가 누이동생 아야꼬(綾子, 22세)와 의부(義父) 에노키 고타로(榎木光太郎, 75세) 그리고 3년 전 제자로 들어온 이와모토 고시로(岩本浩, 구명 이호일, 19세) 등 네 명이 옹기종기 가업(家業)인 이발소를 운영하면서 고향 집을 지켜오고 있다. 하지만 불행하게도 대들보이자 기둥인 츠루 타로가 3개월 전부터 병마로 누웠고 지난 11일 철도병원에 입원했다. 츠루 타로가 입원하자 이와모토는 자신이 받은 은혜를 갚을 수 있는 기회라고 생각하고 집안을 위해 열심히 일하면서 용사 일가의 생계를 도왔다. 이러한 활약에 이웃도 무척 감동하였다.

감동의 꽃에서 풍기는 향기는 아름다웠다. 미담을 들은 부산 이발업 조합에서는 이와모토가 평소 부지런하고 친절했던 사람이라고 찬양하면서 따듯한 손을 내밀어서 조합원이 한사람씩 교대로 매일 그 용사의 집으로 출장하여 일을 도왔다. 이러한 미담의 이중주로 부산부 군사후원연맹에서도 입원 중인 가족에게 후원의 손을 내밀었고, 최근 보여준 이와모토의 훌륭한 행동에 표창하기로 했다.

92. 봉축 부대가 잡비를 절약하여 헌금

조국(肇國, 나라세우기)의 대축전인 기원 2,600주년 의식 및 봉축회가 열리는데, 조선에서도 명예롭게도 참가를 허락받은 사람이 수 백 명에 달한다. 이들은 총독부 오쿠보(大久保) 사무관을 단장으로 하고 경기, 경남, 강원 각 도에서 온 사람들로 조직을 구성되었다. 그런데 제2반 중에서 경기도 대표인 마스나가 마사카츠(增永正一) 외 274명은 왕복 배와 기차 그리고 이세 및 다테하라(伊勢楯原) 신사 등지에서 사용하려던 잡비를 절약한 891원을 서울에 돌아오자마자 경기도를 통해서 국방헌금하였다.

93. 금시계를 국방헌금에

강원도 춘천 본정(本町) 3가 4번지에 주소를 둔 애선(愛鮮) 자전거 상점주 김봉만(金鳳萬, 29세)은 정부의 금매입 정책에 부응하여 18금 시계 1개를 춘천경찰서에 가지고와서 "진심으로 말씀드리건대, 약소하지만 국방헌금으로 내주세요"라면서 헌납했다. 관계자들도 시국을 제대로 인식하고 있는 청년의 행위에 깊이 감격하여 곧바로 수속을 밟았다.

94. 강도 체포에 감사헌금

서울 경운정(慶雲町) 96번지에 주소를 둔 한규식(韓圭植)은 지난 달 30일 밤 강도를 당해 머리에 상해를 입어 치료 중이었다. 그 후 범인 2명도 체포되었고, 부상도 완쾌되었다. 그러자 지난 20일 관할 종로 경찰서가 발 빠르게 문제를 해결한 데 대해 감사의 의미로 50원을 국방헌금으로 기탁해 관계자들을 감동시켰다.

95. 은사의 천인침

강원도 춘천 서면 신서소학교 교사 마에다 오사무(前田修)는 올해 징병검사에 합격하여 모월 모일 오전 10시 춘천을 출발하여 입대 길에 올랐다. 입대할 때 들은 이야기인데 은사와 제자의 눈물겹고 아름다운 미담이다.

미담의 주인공은 경춘철도주식회사 자동차 승객부 춘천지점 소속 모범 여차장 송기식(宋璣植, 16세)이다. 그녀는 이번에 입대하는 마에다 교사로부터 배웠다. 최근 마에다 교사가 입대한다는 소식을 듣고 큰 은혜를 주신 선생님에게 보답할 때라고 생각하여 천인침을 만들고자 주변 친구부터 한 땀씩 꿰매기 시작하였다.

그리하여 사람마다 돌면서 꿰매고 혹은 자동차 승객 등에 부탁하여 입대일 전날까지 천인침을 훌륭하게 만들었다. 그러면서 야마네(山根) 지점장에게 천인침을 건네면서 이상의 사연을 담아서 은사 마에다 교사에게 선물하였다. 이 이야기를 알렸던 자동차부 사람들은 물론 지점장 등 모든 사람이 그녀의 훌륭한 행동에 감격하고 있다.

96. 애국부인회의 뜨거운 정성

서울 북미창동(北米倉町) 애국부인회는 국방헌금을 위하여 회원에게서 기금을 모집했는데, 이 같은 정성이 담긴 갹출금이 4,130원. 이에 에리구치 도쿠코(江里口トク子) 대표가 지난 22일 조선군 애국부를 방문하여 헌납하였다.

97. 학동의 진심 두 가지

충북 청주군 부용(芙蓉)소학교 부설 간이학교는 현재 신축공사 중이다. 이 학교 교사 및 아동 60명은 나서서 학교건축용 기와를 옮기는 등의 일을 하였다. 그리고 지난 11월 16일 사례금으로 받은 5원을 위문금으로 써 달라며 부강(芙江) 주재소를 통하여 청주 경찰서에 기탁했다. 또한 충주군의 노은(老隱), 사미(沙味), 대소원(大召院), 소대(蘇臺) 등의 심상학교에서는 재학생들이 후방의 의무에 열중해 자신들의 만든 것이라면 무엇이든 나라를 위해 바치겠다고 하면서 폐품회수로 모은 34원을 충주경찰서를 통해서 국방헌금했다.

98. 부의에 대한 답례 대신으로

서울 한강통 15-1번지에 사는 우에노 유우조우(上野勇藏)는 고(故) 우에노 스스무(晉) 의 77일 탈상 때 들어온 부의금에 대한 답례를 대신하여 조선군사연맹사업자금으로 사용하라며 지난 11월 16일 총독부 내 조선군사후원연맹 사무실을 방문하여 금일봉을 기부하여 관계자들을 크게 감동시켰다.

99. 10전짜리 니켈 화폐 100개 헌금

경기도 평택군 송탄면 서정리에 사는 무라타 미노루(村田實)는 17년 전부터 거주하였는데, 송탄 경방단장으로 아직 과도기의 경방단을 위해 크게 힘을 쏟았다. 그런 그가 지난 20일 서정리 주재소를 방문하여 10월 말까지 모은 10전짜리 니켈화폐 100개를 헌금하였다.

100. 기특한 부인

끊임없는 후방의 애국 미담에 군부 당국이 크게 감격하고 있는 지금. 지난 26일 오전 어떤 부인이 군 애국부를 방문하고는 이렇게 말하였다.

> "결혼기념 반지라서 소중히 간직했습니다. 성전(聖戰)을 치르느라 나라에서 돈이 많이 필요할 터이니 이 것이라도 내는 것이 어떨까 하고 가져왔습니다. 나라를 위해 헌납해주세요."

관계자도 부인의 기특한 애국심에 감격하여 바로 헌납 수속에 들어갔다. 부인은 서울 북아현정 162번지에 사는 타카야마 마츠코(高山松子), 지난 12일에도 금시계 한 개를 헌납한 여성이었다.

101. 부인 보국의 실천

국민총력경성연맹 제3구 원정(元町, 오늘날 원효로) 제9반 사토 쿠마(佐藤クマ) 부인은 후방보국을 위한 실천사항을 살피고자 인천에 왔는데(來仁), 같은 구에 있는 야쓰다치 우메코(安達梅子) 부인은 각 반장과 자주 협의하여 오래된 잡지를 이용해 상점에서 쓰는 종이봉투를 만들었고, 또 누더기로 걸레를 만드는 등으로 총 50원 80전을 모아서 국방헌금했다.

이렇게 깊은 정성이 깃든 부인의 보국 실천에 당국은 깊이 감격했다.

그런데 이런 모범을 조선 전역으로 확대하는 일은 무척 중요한 바, 일반 대중의 실천을 기대하고 있다.

102. 중국인의 뜨거운 정성

전쟁인데도 매일 편안하게 생업을 영위할 수 있음을 감사하고 일본과 중국의 융화를 염원하는 마음을 담아서 국방헌금을 했던 어느 중국인의 미담.

주인공은 경남 통영읍 길야정(吉野町)에 있는 중국 요리점 한양루의 주인 간영주(干英洲). 그는 중국 산동성(山東省) 출신 중국인으로 20여 년 전 조선에 와서 밀양, 부산을 거쳐 약 7년 전에 이곳으로 이주한 성실하고 정직한 사람으로 상당한 자산을 모았다. 전쟁 이래 일본의 원호 아래에서 매일 안락한 생활을 할 수 있다는 점에 감격하여 지난 9일 가지고 있던 금시계 1개, 손목시계 2개, 시계 팔찌 1개, 반지 2개, 부인용 비녀 1개 등 모두 7점을 국방헌납하기로 하고 통영경찰서에 기탁하였다. 경찰서에서는 그런 기특한 행위에 감격해서 신속하게 수속을 취했다.

103. 애국심에 불탄 화산교(花山校)

강원도 홍천군 화산소학교 제2학년 아동 타키야마 후미시케(龍山文重)는 지난해 군기념일 맞이 글짓기 대회에서 상금 1원을 받았다. 그는 애국의 열정에 불타서 국방헌금으로 내려고 사사키 교장에 신청하였고 학교는 다시 《조선신문사》 홍천지국에 의뢰하였다. 신문사가 즉시 수속하니 전 교직원과 아동이 크게 감격하였다.

104. 이번 광영에 감격한 헌금

기원 2,600년 주년 기념의식에 참석한 전남의 참열자(參列者)들은 성대한 의식으로 참가하는 광영을 입었으며, 성수(聖壽)의 만세(萬歲) 즉 천황폐하의 만수무강을 축수하고 돌아오는 길에 이세와 순원(伊勢橿原) 등 양 신궁을 참배하여 황국의 융창(隆昌)을 기원하고 무사히 조선을 돌아왔다. 이렇게 더할 바 없는 광영(光榮)에 감격한 참열자들은 조선에 돌아오자마자 270원을 모아서 휼병금으로 헌납했다.

105. 가난한 노점거리에 쌓인 뜨거운 정성

11월도 끝날 무렵인 28일 오전 8시경 초라한 행색의 반도인 남자 4명 이 조선군 애국부를 방문하면서 "이 상자 안에 얼마가 있는지 모릅니다 만 우리 모두가 모은 돈입니다. 아무쪼록 잘 받아 주십시오"라고 했다.

그러면서 이들은 30센티미터 정도의 나무상자를 내밀었는데, 관계 공 무원이 조사하여 보니 50전 은화가 1매, 10전이 894매 그 외 5전, 1전 동 화 등이 뒤섞여 총 110원 22전이 있었다. 관계자가 헌금한 이유를 물으 니 자신들은 임공칠(任公七), 한석동(韓錫東), 김일남(金一男), 한상하(韓 相夏)이며 서울 봉래정의 빈민가에서 노점하는 사람들의 대표라고 했다.

그들은 살기 어려워 노점을 하고 있어도 그날그날 잘 보낼 수 있는 것 이 오로지 군인들의 덕택이라 생각하여 올해 1월부터 40여 노점 점포가 한 덩어리가 되어 애국헌금회를 조직하였다고 한다. 그리고 비가 오나 바 람이 불어도 매상의 일부를 헌금상자에 넣었으며, 약 11개월간 뜨거운 정 성이 쌓이고 쌓여서 마침내 상자 하나 가득히 담아서 28일 헌납을 신청하 게 되었다는 것이다. 이러한 사정을 듣고 관계자들은 크게 감격하였다.

106. 병영의 문에 피어난 군국의 꽃

임종하면서 '기미가요'(일본 군국주의 시대 국가)를 부르고 세상을 떠 난 어느 반도인 지원병의 형이 "아우야 너의 뒤에 내가 있다"고 하면서 동 생의 넋을 끌어안고 훌륭하게 지원병 시험에 도전. 마침내 그 형은 동생

몫까지도 정진할 수 있게 된 그야말로 군국(軍國)의 반도 남자다운 기개를 보여준 어느 지원병의 감격스런 이야기가 있다.

경사스러운 수료식을 앞둔 지난 24일 서울 외공덕리에 있는 지원병훈련소 제5구대 소속 어느 용사가 호주머니에서 사진을 끄집어내 흐느끼고 있던 것을 지나가던 미야자키(宮崎) 교관이 보았다. "왜 울고 있어?"하며 묻자 그는 "우는 것이 아닙니다. 기뻐서 그렇습니다"라고 답하였다. 그러자 그는 이렇게 사연을 이야기하였다.

이 지원병은 충남 강경읍 황금정 출신의 스게오 수우(佐佰收祐, 조선인, 구성 최씨)였다. 그의 동생 최윤식은 명예 지원병으로 지난해 12월 본 훈련소를 수료하고 입영 시기가 가까웠는데 돌연 병을 얻어 입원했다. 15일 아침 병원 부근의 신사에서 소학생이 국가를 부르는 소리를 듣고 느닷없이 침상에서 일어서서 국가를 부르면서 세상을 떠났다.

나는 동생이 어엿하게 죽음을 맞이하는 태도에 충격을 받아, 자! 나도 일본 남자다. 동생의 몫과 함께 나라를 위해서 봉공할 것이라 결심하고 수험을 받았던 바, 음덕이 있어 시험에 통과하여 이번에 무사히 4개월 동안의 훈련을 마치고 나왔습니다. 이 사진은 한시도 몸에서 떨어뜨리지 않고 가슴에 넣어두었던 것인데, 동생이 육신은 아니지만 사진으로나마 말없이 격려하는 듯하니 참으로 기쁘지 않을 수 없습니다. 군대 있는 동안 늘 동생의 혼과 함께 하겠습니다.

그 말을 들은 미야자키 교관은 그 한마디 한마디에 담긴 충만한 형제애에 감동하였다. 그래서 이 이야기를 훈련소 소장인 우미타(海田) 대좌에게 알렸고, 그도 훈련소의 자랑이라며 감격해 하였다.

107. 의무를 완수하고 싶다

강원도 춘천군 사북면 신포리에서 주조업을 하는 최승도(崔承道)는 지난 해 춘천시에 거액의 국방헌금을 하고 육군대신에게서 명예로운 감사장을 받았다. 이번에도 전시(戰時)상황에서 후방 국민다운 의무를 통감하고 "나도 한 사람의 국민의 의무를 다하고 싶다"라면서 이렇게 100원을 국방헌금을 바쳐서 일반에 모범이 되었다.

108. 빛나는 헌금 3가지

부산 영주정(오늘날 영주동) 525번지, 날품팔이 근로자 윤영수(尹氽壽)는 지난 11월 29일 부산부청을 방문해 날품팔이로 매번 5전, 10전씩 모은 2원 50전을 부산부 군사후원연맹의 후원비로 써 달라며 헌납하였다.

서울 황금정(오늘날 을지로) 2가의 기쿠스이(菊水) 가문 여종업원 일동은 매월 애국일에 각자 봉급을 모았는데, 제3회 차로 모은 45원을 대표자 4명이 ≪조선신문사≫를 방문해 기계화를 위한 국방헌금으로 써 달라며 위탁했다. 관계자들도 감격해서 곧바로 수속하였다.

서울 영등포의 신공주(新公主)심상소학교(尋常小學校) 모자(母姉) 국어보급강습회의 올해 제2기 수료생 일동은 지난 11월 28일 강습회 회장 츠카사키 세이메이(塚崎晴明)를 통해 국방기재비로 8원 20전을 모아 헌금 수속을 밟았다.

109. 실습 순익금을 헌금

충북 청주농업학교에서는 실습을 위해 제2학년 일동이 배추 및 무우 종자를 배포했고, 각 가정에서 생산된 것은 교내 품평회를 개최하고 연구재료로 사용하였으며 일부는 즉시 경매했다. 여기서 얻은 순익금 16원 50전은 학생의 요구에 따라 국방헌금하니 각 방면에서 무척 감동하였다.

110. 미용사조합의 선물

경성(京城)미용사조합에서는 기원 2,600년 기념사업으로 최전선에서 활약 중인 황군 용사에게 2,600년 정월 선물로서 위문주머니를 보내고자 회원에게서 기금 500원을 모았다. 조합장 다케모토 토쿠(竹本トク) 등 일행 6명은 지난 11월 30일 오전 조선군 애국부를 방문해 헌금 수속을 밟았는데, 이발로 생긴 것을 충심으로 헌금하니 군 당국은 매우 감격하였다.

111. 예기(藝妓)가 꽃피운 국군미담

충북 청주 본정 1가 요정 북일루(北一樓)의 아름다운 기생 연(蓮)은 시국에 대한 인식이 깊어서 가볍거나 천박하거나 경솔하지 않게끔 입퇴영(入褪營) 용사를 환송하고자 위문주머니를 모아 국방헌금소에 헌금하는 등 아름다운 행동을 거듭하였다. 애국일에는 10명의 게이샤가 모여 각자 5원씩 헌금한 것을 청주경찰서를 통해서 헌납 수속을 하였다.

112. 기생에게도 이런 진실한 마음(赤誠)이

전쟁 이후 후방에서 미담가화(美談佳話)는 찬연하게 수놓아지는데 한 달간 힘써 일해도 겨우 100원. 아무리 벌어도 충분하지 않은 수입 중 60%를 매월 국방비로 헌납한 기생이 있다.

경남 진주예기권번(晉州藝妓券番) 기생인 란주(蘭州)라는 예명의 강남수(姜南秀, 17세)는 권번 학예부(學藝部)에서 수학하고 지난 10월 기생 허가를 받았다. 그리고는 자기 아버지와 상담한 다음 동생의 학자금 이외 가계 일체를 현재 서울의 모 권번에서 일하고 있는 친언니 강남홍에게 맡기고 자기 수입은 화장품 비용을 제외하고 전부 국방헌납하기로 했다. 그리하여 그달부터 50원을 헌납해서 일반을 감격시켰는데 11월에도 수익금 84원 가운데 화장품 비용 34원을 제외한 50원 정도를 진심을 담은 편지와 함께 진주경찰서에 기탁하는 등 일반 사람들을 감격시켰다.

113. 1,000원 기부

남선(南鮮)[18] 광업계의 제1인자 군북(郡北) 광산의 경영자인 경남 마산부 경정 2가의 나카무라 시게오(中村繁夫)는 부인의 기일을 맞아 1,000원을 마산부 군사후원연맹에 기부했다. 그는 이전에도 마산중학교 도서관 설립비 1만 5,000원을 혼자 떠맡아 선심있게 내놓는 의협심 넘치는 사람이었다. 그 외 각 방면으로도 수만금을 기부한 향토애에 불타는 신사였다. 여러 번의 기특한 행위에 당국도 매우 감격하고 있다.

114. 국방헌금

지난 12월 10일 서울 의주통 140번지에 사는 나카보 토시카즈(中坊敏一)는 제4회 보국채권 추첨에서 5,000원에 당첨되었다. 그 중 200원을 국방헌금하고자 서대문 경찰서에 기탁하였다. 더불어 신촌정 42번지에 거주하던 옛 러시아인 헤시트라도 100원, 같은 서소문정 15번지 중국인 구태길(苟太吉)도 100원을 기탁했다.

115. 마음으로 느낀 청년

서울 남대문통 5가 대동(大東)여관의 고용인 임태승(林台承, 23세)은 지난해 9월부터 국방헌금을 하기 시작하여 매달 빠지지 않고 3원, 5원, 많을 때에는 10원을 몇 번이나 ≪조선신문사≫를 통해서 헌납해왔다. 이번

---

18) 일제 강점기에는 한반도를 남선 중선 북선으로 나누었는데, 남선은 지금의 경상, 전라, 충청 그리고 중선은 경기, 황해 그리고 북선은 평안, 함경, 강원도를 대체적으로 지적하였다. 해방후 남조선은 역시 3·8선 이남을 가리키는 말이었다.

달에도 역시 제12회분으로 5원을 가지고 왔다. 기특한 행동에 감격하여 왜 그렇게 했느냐고 물으니 저의 부탁을 잘 들어달라면서 겸손하게 다음과 같이 말했다.

"국방헌금을 시작한 것은 황군의 위력에 감격했기 때문이었습니다. 저는 현재 정해진 급료도 없고 단지 오시는 손님의 마음에 의지하여 생활하고 있었습니다만, 월수입 70원 가운데서 고향에 있는 가족에게 매월 50원을 보내고 나머지에서 국방헌금한 후 용돈으로 쓰기로 했습니다."

116. 황군에게 목화를 헌납

강원도 양구군 북면 하무룡리(下舞龍里)에 사는 야스모토 용구(康本瑢九, 80, 야쓰모토는 신천 강씨의 창씨명; 역자) 할아버지는 그동안 농촌 진흥에 크게 이바지해왔다. 올해 특히 봄부터 목화를 황군 장병에게 헌납하고자 열심히 재배하였다. 이에 북면 면장은 다음과 같은 편지를 덧붙여서 대신 헌납 수속을 취했다.

헌납원

올해는 전쟁 4주년으로 일선 황군장병을 생각하면 실로 용감하면서도 무척 노고가 크리라 여겨집니다. 특별히 근래 갑작스러운 한파에도 불구하고 추위를 견디면서 연전연승하고 있다는 쾌거를 들을 때마다 실로 통쾌하기도 하고 기쁘기도 합니다. 그런데도 아직 일선 장병의 노고는 마음의 동정만으로는 감당할 수 없는 일입니다. 올해 목화가 불황이어서 5반(反)의 면적에서 상등품 목화가 50근 밖에 생산되지 않았기에 현품을 헌납하려 했지만 직접 사용할 수 없을 만큼 불량품질이기에 대신 매각 대금을 위에 기록한 대로 헌납합니다. 그런 사정이 있는 목화라는 점을 참작하시어 국방헌금으로 해주시기 바랍니다.

1940년 12월 3일 양구군 북면 하무룡리 야스모토 용구

117. 사례금을 국방헌금

서울 용강정 158번지소재 신흥제면소 남주용(南周用)은 국세조사위원으로 활약했다. 그 일을 하면서 받았던 금일봉에다 10원을 더 넣어 국방헌금으로 용산경찰서에 신청했다.

118. 애국 군고구마 가게에서 고사기관총을 헌납

일선의 용사에게도 지지 않을 열정과 의기를 품고서 국방국가 건설을 위해 우뚝 서고자 보라색 앞치마 차림으로 지난 11월 3일부터 가두에 나아가 지난해처럼 애국군고구마 가게를 연 서울 죽첨정(竹添町, 오늘날 충정로) 2가의 애국 부인회. 이들의 후방 노동봉사와 관련된 미담은 앞서서도 기술한 대로이다.

기관총 헌납을 목표로 330여 명의 회원이 8개 반으로 나누어 매일 틈나는 사람을 중심으로 교대로 열맷 명씩 오전 9시부터 오후 10시 넘어서까지 애국의 열정을 담는 봉사였다. 지나가는 사람들에게 시국인식을 깊게 해주는 동시에 쌀 절약 운동에도 도움을 주는 그야말로 일석이조(一石二鳥)의 뛰어난 계책(名案)으로 널리 감격을 전해 주고 있다.

대중에게서 피어나는 이해와 호응하려는 마음은 자연스레 그들을 이곳으로 모은다. 그리하여 개업 이후 '애국 군고구마 가게'는 큰 성황을 보였고, 회원들은 '군고구마를 구울 틈조차도 없다'라고 할 정도로 기쁨의 비명을 지르는 상황이다. 그런 날이 계속되어 매일 90원에서 100원 이상의 매상을 올렸다. 개점한 후 만 1개월인 지난 3일 문을 닫았는데 그간 구운 고구마가 3천관이나 되었고, 결산해보니 순이익이 1,001원 90전이었다. 회원일동은 "근로봉사의 보람으로 기관총 1기를 헌납 할 수 있게 되었다"고 하면서 크게 기뻐하며 눈물을 흘렸다.

이런 이야기를 들은 죽첨정 2가 친화기업(親和) 사장 나카무라 코로(中

村五郎)는 감동해서 1,000원을 또 육군공제회(陸軍共濟會)가 500원을 각기 자발적으로 기증하기로 했다. 회원들은 생각지도 못한 호의(好意)에 눈물흘리며 더한층 멸사봉공하겠다는 각오를 다졌다. 아울러 이것을 합하니 총 2,101원 90전이었다. 이 정도라면 고사기관총도 헌납할 수 있을 것이라면서 본래 헌납하기로 계획한 기관총을 고사기관총으로 변경하기로 했다.

미담이 감격을 만들고 감격이 다시 미담을 만든 이러한 '고사기관총 헌납의 진군보'가 널리 알려지면서 부인회의 활동(人擧, 회원들이 수행한 보람된 일)은 전주민의 칭송 대상이 되었다. 이에 지난 11일 오전 10시 반, 부인회를 대표해서 분회장 고데라 이치넨(小寺一念) 부인 및 간부 시노타 토리(紫田ト リ) 부인이 앞서의 금액을 가지고 ≪조선신문사≫를 찾아가 헌금으로 기탁하였다. 신문사에서도 크게 감격해서 곧바로 조선군애국부에 부인회의 명의로 고사기관총 1기의 헌납 수속을 마쳤다. 군 애국부 관계자들도 그러한 부인회의 정신에 감격하여 조속히 현품을 주문하기로 하였다.

119. 복서(福西)의 뜨거운 정성

평양부 행정 16번지 후쿠니시 마사오는 아버지의 탈상시기에 답례로 12월 12일 조선총독부 안에 있는 조선군사후원연맹을 방문해서 연맹원호사업자금으로 써 달라며 금일봉을 기탁하여 관계자들을 감격시켰다.

120. 외국인 헌금 두 가지

흥아(興亞)의 성업(盛業)을 위하여 전진하는 일본에 감격과 감사를 보인 두 외국인의 헌금 미담.

첫 번째는 서울 신촌에 살면서 서대문 2번지에 있는 유한양행의 사원인 러시아인 베츠로프이다. 그는 오랫동안 일본의 보호를 받아 오늘날의 생활과 지위를 얻고 있음에 감사하고 현재와 같은 비상 상황에서 국방비로 써 달라면서 100원을 서대문 경찰서에 기탁했다.

두 번째는 이것도 서울 서대문정 15번지의 중국인 구태길(苟太吉)이다. '이제 몸 늙어서 귀국하려하니 지난 10년의 생활을 마치고 기쁜 마음으로 떠나게 해 준 일본의 국은(國恩)에 깊이 감사한다'면서 국방비로 써 달라고 100원을 서대문 경찰서에 기탁했다.

121. 주조조합에서 군용비행기를 헌납

고도국방국가 건설은 고도기계화 부대의 장비가 얼마나 충실한지에 달려있다는데 통감하여 전 조선의 동종업계를 선도한 어떤 주조조합연합회가 군용 비행기 한 대를 헌납하기로 했다는 듣기에도 기쁜 소식이 여기 있다.

바로 광주세무감독관 관할 아래에 있는 주조조합장 17명은 12월 9일 감독국 회의에 참석해서 올해 주류생산 석수(石數)를 나누는 사안을 결정했는데 회의가 중간에 이르자 시미즈(淸水) 조합장은 긴급동의를 제출해 다음과 같은 의견을 내었다.

"우리들은 국민총력운동에 흔쾌히 참가해 멸사봉공의 정신으로 주조 사무의 완수에 노력해 오고 있다. 그래서 이 깊은 뜻을 표현하기 위해 각 주조업자가 일정한 부담금을 지고 비행기 한 대를 군부에 헌납하고 싶다."

그러면서 하가시(東) 주조조합연합회장은 이 사항을 의안으로 올렸고, 의결 결과 만장일치의 박수로 가결되었다. 오이케(小池) 감독국장도 "주조업자의 비행기 헌납은 전 조선을 선도하는 고도국방국가 건설과 신체제운동의 근간을 이루는 것이고 이것을 위해서는 기계화 부대의 확충이 최우선

이므로 진실로 훌륭한 기획이다"라면서 관계 공무원을 시켜 비행기 헌납에 관한 경비거출 방법과 구체안의 작성을 긴급히 지시하였다.

122. 천일관(天一館) 직원의 헌금

개성부 서(西)본정 조선요리점 천일관 직원 일동은 일선의 황군 장병이 처한 어려움을 염려하여 미력하나마 50원을 모았다. 요리집 주인 가네야마 하중(金山夏重, 조선인 추정; 역자)은 직원이 위문금을 모았다는 것에 감격해 자신도 50원을 더해 합계 100원으로 개성경찰서 보안계 주임에게 간곡한 편지와 함께 헌금을 의뢰했다.

123. 아버지의 기일에 맞추어서한 기부

서울 통인정 119번지의 히라지마 요조(平嶋洋三)는 돌아가신 아버지의 탈상일에 부의(賻儀)에 대한 답례 형식으로 12월 17일 조선총독부 안에 있는 조선군사후원연맹을 방문하여 연맹의 군사원호사업자금으로 써 달라며 금일봉을 기부하였다.

124. 아들 소위의 상여금을 헌금

서울 대도정 4번지 기타가와 시게요시(北川重吉)는 지난 12월17일 국방헌금으로 금일봉을 용산서에 신청했는데 이 헌금은 기타가와의 셋째 아들 시게요시가 일년 전 ○○사단에 입영해 최근 소위로 임관하여 받았던 봉급과 상여금인데, 자신은 쓸 수없다고 하면서 아버지한테로 보내 온 것이다. 아버지는 용도를 생각하던 중 그 일부를 먼저 국방헌금으로 내었다.

125. 게이샤의 헌금

서울 이생정(町) 송월루(松月樓)의 게이코(慶子, 18세)는 본래 고향 쿠루메시(久留米市)에서 토지회사 사무원으로 근무했다. 가정 형편이 어려워 올해 서울의 송월루에 들어가 게이샤가 되었다. 그녀는 여성도 비상시국 아래에 있기에 봉공을 해야 한다고 하고 아침저녁 모은 머리카락을 팔아 "철포탄 한 개라도"라고 하면서 12월 17일 아침 송월루 주인에게 3원을 내놓았다. 그러자 주인은 바로 헌납 수속을 취해 주었다. 이전부터 송월루에는 게이코의 제안으로 각 방에 헌금상자를 놓아두고 손님들의 애국심을 호소하고 있었다.

126. 헌금에 나타나는 후방의 자태

성전(聖戰) 아래 조선 전역에서 국방에 혹은 휼병에 기여하고 있는 헌금과 위문품은 실로 막대하다. 1940년 1월부터 11월 현재까지 조선군에 기탁된 헌금은 1,389,015원 78전. 전쟁 이후 누계는 실로 6,969,619원 6전에 이른다. 또 금제품의 헌납은 1,738점이고, 전쟁 이후 누계는 3,568점이었다. 이들 중 금색 찬연한 대소의 금반지, 금시계, 결혼반지 이외 돈으로 살 수 없는 귀중한 기념품도 있었는데 아까워하지 않고 헌금하였다. 위문주머니는 올해 중에 군 애국부에 기탁된 것이 207,525개이고, 전쟁 이후 누계는 1,157,298개라는 엄청난 숫자이다. 이 외에 특이한 헌납으로는 권총 192정, 도검 31자루, 모피 1,239매, 채권 86건이었다.

다시 이것을 헌금과 관련해서 보면 전 조선 인구에 비교해서 산촌의 오지, 외딴섬, 갓 태어난 어린아이에서 고희(古稀)에 이른 노인까지 1인당 34전을 헌금한 것과 마찬가지였다. 또한 이들 헌금을 보면, 동기가 무엇보다도 열렬한 애국심에서 비롯되었고, 거기에는 감격할 만한 미담이 가득하였다. 놀기에도 시간이 모자란 소학교 학생들이 여가 시간에 산에 들어가 땔나무를 채집하고, 불타는 여름에는 말먹이인 건초를 채집해 온 경우도 있었다. 또 극빈한 가정의 남편이 이슬을 밟고 별을 머리에 얹는 귀한 노동으로 얻은 것, 혹은 빈한한 가운데에서도 매일 한 숟가락의 좁쌀을 절약하여 얻은 것 등 수를 헤아릴 수 없을 정도로 많다.

127. 가난한 사람이 낸 빛나는 등(燈) 하나

경기도 안성군 일죽면 가리(佳里)에 사는 구여조(具與祚)는 쇠갈퀴 행상으로 부인과 아이 8명을 부양하고 있는데, 이번 봄 면사무소에서 수수 3말을 배급받아 춘궁기를 벗어나게 되자 어떻게라도 은혜에 보답하려고 하였다. 이후 행상에서 번 돈을 1전, 2전씩 저축해서 10원이 되자 며칠 전 일죽면장을 방문해서 "약소합니다만 나라를 위해 내려고 합니다"라며 내놓았다. 이에 면장도 매우 감격해 재빨리 국방기재비로 헌금 수속을 취했다.

128. 동생이 보내온 돈을 헌금하다.

지난 12월 19일 노동자 행색의 어떤 조선인 청년이 전남 사회과를 방문해서는 이렇게 말했다.

"내 동생이 지금 일선에서 군속으로 봉공 중인데 아버지의 생일을 축하하려고 20원을 보내왔습니다. 동생의 효심에 감격한 아버지가 얼마나 기뻐하시는 지 그 마음이 저한테까지 전해졌습니다. 이 돈은 미미하지만 상이군인을 위문하는데 사용해주세요."

그는 금일봉을 놓고 주소와 이름도 알려주지 않고서 가버렸다. 나중에 조사해보니 광주시 본정에 있는 대입식당(大入食堂) 주인이었다. 지난번에도 광주경방단에 100원을 기부한 적이 있었다. 이러한 이야기에 전남

도청 사회과 안에 있는 일본상이군인회[19] 전남 연합분회 사람들도 크게
감격했다.

129. 은화 58매를 헌금

경기도 고양시 뚝섬면(纛島面) 송정리(松亭里)의 마사키 요시오(正木吉
雄, 51, 구명 백재현, 창씨와 개병을 동시에 한 사람; 역자)는 뚝섬에서 빵
가게를 운영하며 생활하였다. 평소 빵을 팔아 은화를 벌 때마다 50전을
저축했고 58매에 달했다. 지난 12월 1일 애국일. 마을 회의에서 동경(東
京)공립심상소학교에서 출장 온 직원의 시국강연을 들었다. 이 자리서 그
는 '황군이 천황의 명을 받들어 몸을 무기 사이에 드러내고 한번 죽어 나
라와 임금을 받들고 있다'고 했는데, 그는 우리 황군 장병이 큰 괴로움을
이기고, 혹한을 견디며 더운 여름을 극복하면서 용전분투하는 상황을 알
고서 깊이 감격하였다.

그리하여 자기 지갑에 꼬깃꼬깃 들어있던 은화 58매를 몽땅 황군위문
금으로 써 달라며 헌납신청하자 교직원들은 깊이 감격했다. 학교에서는
바로 조선군 애국부로 헌금 수속을 취했다.

130. 연말 위문금을 기탁해

1940년도 저물어가고 섣달의 바람도 춥고 배고픈 데 입영 응소 유가족
의 상황이 어떠하겠는가? 하면서 경북 성주의 청년 유지인 하치모토 광치
(八本光治, 조선인 추정; 역자), 오세이 구봉(大成九鳳, 조선인 추정; 역자)
두 사람은 깊이 고민했다. 그리고 아래에 적힌 내역으로 총 138원을 모았
다. 그리하여 지난 24일 성주군 특별지원병 후원회장인 아라이(薪井) 군
수에게 헌납할 방법을 의뢰하였다.

---

[19] 전직 군인들의 단체로 만주사변과 중일전쟁에서 다치거나 병을 얻은 전직 군인들
로 구성되었다.

내역을 보면, 이완석(李完錫) 34원, 서칠봉(徐七鳳) 10원, 신태격(申泰激) 5원, 도재림(都在琳) 10원, 서준(徐俊) 20원, 배내성(裵乃成) 25원, 도재기(都在琪) 30원 등이었다.

131. 상회의 국방헌금

경남 통영의 한 구석에 있는 히로시마무라(廣島村) 상회는 수산(水産)보국에 매진하고자 미야자키 기도지(宮崎義登治), 시오타 쿄이치(鹽田京一) 등 회원들이 열심히 노력하여 지금 순조롭게 진행되고 있다.

지난 19일 히로시마무라상회의 키요이에요카(淸家洋光)를 대표로 일동은 50원을 모았고, 이어서 22일에는 미야모토구니타로(宮本國太郎)를 대표로 하여 30원을 모아서 국방헌금으로 내고자 통영경찰서 태각굴(太閤堀)파출소에 수속을 의뢰하였다.

앞으로도 돈이 모아지면 국방헌금하기로 했다. 이러한 미담에는 이러한 일로써 후방국민다운 열정을 북돋으려는 강력한 의기가 담겨 있다.

132. 격무의 여가에 만든 빨간 조끼

전장의 황군 용사를 위하여 군국 소녀의 진심을 담은 붉은 비단으로 만든 11벌의 방한 조끼, 거기에 위문문도 동봉했다. 이것을 가지고 12월 24일 저녁 서울 헌병 분대를 방문한 반도인 소녀들이 있었다.

경성중앙전화국 시외교환과 200여 명 중 반도인은 111명인데 이들을 대표하여 시라카와 정자(白川貞子, 18)와 아오키 숙자(靑木淑子, 17) 이현계(李現桂, 17) 다케하라 수자(竹原秀子, 17) 등 4명이 왔다. 이들은 추운 겨울 밤 힘든 일을 마치고 모처럼 쉬는 시간임에도 '추운 전쟁터에서 고생하는 용사에 감사의 마음을 금할 수 없다'고 하면서 누가 뭐랄 것 없이 시작하여 이렇게 결실을 맺었다. 중앙전화국의 다케하라 수자를 찾아갔더니 그녀는 이런 말을 하였다.

"다른 사람들이 이야기할 정도로 그리 대단한 일을 한 것이 아닙니다. 12월 초부터 딱히 누구라고 말하지 않았는데 방한 조끼를 전쟁터로 보내자는 이야기가 있었습니다. 그래서 휴식 시간에 짬을 내어서 한 땀, 두 땀 모두가 힘을 합쳐서 만들었는데, 마치 천인침을 꿰맨다는 기분으로 진심을 다해 만들었습니다. 위문문도 각자 쓸 것이라고 하더군요. 하지만, 아무튼 격무에 시달렸기 때문에 마음먹은 대로 잘 쓸 수는 없었습니다. 편지는 조끼의 등쪽 한가운데에다 넣었습니다. 앞으로도 뭔가 계속해서 위문하고 싶은 생각입니다."

서울 헌병분대에서는 감사하면서 휼병품으로 헌납 수속을 밟았다. 이러한 후방 반도소녀의 열정으로 전장터에 있는 용사들의 마음이 얼마나 따뜻해질까 생각하니 감격하지 않은 수 없다.

133. 후방 애국의 아버지

충남 서산군 고북면 신공리의 권재삼(權載三, 71세)은 지난 12월 11일 주인집에서 급여로 받은 벼 2말 5되를 팔아 그 중 3원을 방위성금으로 내고자 해당 주재소에 헌금 방법을 문의하였다. 그는 지난해에도 급료로 받은 벼 5되의 대금을 헌금한 열렬한 애국의 아버지이다.

134. 방공비로 2만원 헌금

빛나는 기원 2,600년(1940년)의 연말, 서울 태평통 1가 40번지에 있는 오이(多井) 공무점(工務店) 주인 오타 쥰사부로(多田順三郎)는 지난 12월 28일 오전 조선군 애국부를 방문해서 조선방공설비비로 써 달라며 2만원을 헌납했다. 군부는 뜨거운 정성에 깊이 감사하고 있다.

135. 대벽 간이학교 아동의 헌금

경기도 김포군 대곶면(大串面)) 대벽(大碧) 간이학교에서는 전쟁 이후 아동들의 시국인식을 두터이 하고자 자주 국방헌금을 내었다. 이번은 료카(梁家) 선생님의 지도로 밤벌레를 채집해서 매각한 3원 82전을 국방헌금으로 내려고 지난 23일 수속을 밟았다. 이에 애국심을 불타는 아동의 열성에 일반인들이 크게 감격하였다.

136. 일전 저금 헌금

시고쿠(西國) 소재 켄야마(劍山)의 영봉(靈峰)에 자리한 이시즈치산 장왕 대권현(石鎚山藏王大權現)[20]을 믿는 부천군 소사면 온정리에 있는 이 단체는 타지마 나미코(田嶋浪子)와 히로우치 겐유(廣內源入)가 대표자로 있다. 이 단체는 1938년 7월 이래 각 신자의 가정마다 국방헌금 상자를 준비해서 매일 1전 저금하여 헌금해 왔다. 지난 12월 29일은 제5회 째 헌금이었는데, 총 191원 92전을 대표자가 ≪조선신문사≫에 내고는 즉시 헌납 수속을 취했는데, 이러한 '1전 저금'은 이후에도 계속 될 모양이다.

137. 차중에서 무명 신사의 독지

적십자사 임시 제24 구호반이 북중국 육군병원에서 서울에 귀환하기 직전 순직한 구호간호부 고(故) 타무라 란기(田村蘭技). 그녀의 영령은 급행인 '타이리쿠(大陸)'의 1등석에 있는 제단에 안치되었고, 정차할 때마다 각역에서 참배를 받을 수 있도록 했다. 서흥(瑞興)역을 발차할 무렵 승객

---

20) 해발 1982m의 이시즈치산은 서일본 최고봉인 영산이다. 산악신앙의 메카이기도 해서 지금도 7월1일에서 10일사이의 야마히라키 의식에서는 시로쇼조쿠라 전통의 상을 입은 신자들이 고신타이를 입고 산정을 오른다. http://search.daum.net/search 에서 인용함.

중 한 신사가 영전에서 엎드려 절하며 익명으로 금일봉(30원)을 영전에 바치고 떠났다. 옆에 있던 2명의 간호부가 그 신사를 찾았지만 찾지 못했고, 그 상황은 구호서기(救護書記)에게 보고되었다. 1등차에서 겨우 그 신사를 찾았다. 호의에 감사하고 유족에게도 알리고자 하여 이름을 알려달라고 했지만, 자기 뜻(本意)과 맞지 않는다고 사양하고 그대로 헤어졌다. 이 존귀한 행동에 진심으로 경의를 표한다.

138. 야학생의 헌금

강원도 홍천군 두촌(斗村) 소학교 주최로 지난해 11월부터 국어보급을 위하여 지역주민 야학생 60명을 모집, 매일 밤 2시간 동안 사키모토(崎本) 교장 이하 전체 직원이 교대로 수업을 한 결과 12월 27일 종업식을 거행했다. 수강생들은 수고한 교원을 위해 답례하려고 6원을 모았지만 사키모토 교장은 굳게 거절하였다. 이에 야학생들은 자은(自隱) 경찰관주재소를 통하여 국방헌금 수속을 밟았다. 사키모토 교장 외 전 직원 그리고 야학생들이 함께 한 미담으로 사람들이 무척 감격해 하고 있다.

139. 폐품을 수집 헌금

경기도 수원공립심상고등소학교 6학년 미야나가 카즈키(宮永和技), 카누마 카즈코(賀沼和子), 혼마 에스코(本間悅子) 등 세 명은 지난해 여름부터 일요일마다 시내를 돌며 폐품을 수집하고 고물상에 팔아 5원 77전이나 되었다. 세 명은 지난 12월 25일 수원읍사무소에 가서 국방헌금으로 내었는데, 읍에서는 소녀들이 시국을 깊이 인식하여 오랜 기간 노력하여 이렇게 헌금한 것에 감격하고 즉시 수속을 취했다.

140. 산사(山寺)의 뜨거운 정성

경북 김천군 대항면의 명찰인 직지사(直指寺) 주지 가네야마 봉률(金山奉律, 조선인 추정; 역자)은 승려 14명을 동원해서 탁발보국을 결심하고, 대항면 인근 각 부락에 탁발하여 이를 통해 얻은 현금 340여 원 중 2백 원을 지난 12월 29일 국방헌금으로 헌납하여 일반의 칭송을 받았다.

141. 기독교도의 헌금

함남 장진읍 장자(長者)교회에서는 전쟁 이후 모든 성도들이 애국열에 불타서 매월 첫째 주 일요일 아침 6시 교회당에 모여서 황군의 무운장구를 축원하고, 충심으로 국운의 진전을 기원하였다. 이 교회는 해마다 1원씩 애국헌금을 연중행사처럼 해오는데, 지난 12월 25일 크리스마스에는 애국헌금으로 20원을 모아 관할 장진경찰서로 헌납을 의뢰하였다.

142. 동화(銅貨) 천매(千枚)를 헌금

비상시국 아래 황국신민다운 자각을 바탕으로 매일 1전씩 저금하여 국방헌금을 한 미담.

황해도 신천읍 사직리의 히카야마 영구(光山永久, 28세, 조선인 광산 김씨로 추정; 역자)는 전쟁 이후 일선에서 용약(勇躍)하고 있는 장병의 노고를 생각해 매일 1전씩 저금하고, 12월 20일 마침내 동화가 1,000매(10원)에 이르자 신천경찰서를 방문해서 국방헌금으로 내겠다고 하였다. 관계관도 그의 갸륵한 마음에 감격해서 즉시 수속을 취했다.

143. 후방소녀의 꿈

서울 한강통 15번지 철도관사 43-4호에 사는 소학교 5학년 학생인 사키다 미치코(崎田三技子)는 입영병사 깃발이 서 있는 집을 볼 때마다 자기 집에는 이러한 용사를 낸 적이 없기 때문에 천인침이라도 해야겠다고 생각하였다. 그래서 지난해 12월 중순부터 밤낮 없이 길거리에 나와서 천인침을 새긴 복권(腹券, 배를 두르는 띠)을 완성해서 부근에 사는 출정 유가족을 찾아 증정하자 유가족도 깊이 감격하였다. 지난 1월 6일 정월의 세뱃돈에서 2원을 내어 용산경찰서를 통해 국방헌금 수속을 했다.

144. 아름다운 헌금

충북 보은군 보은면 월송리 경방단원 일동은 1939년 경방단 결성 이후 전원이 일치단결해 매월 애국일에는 노동봉사와 함께 공동 작업을 하고 여기서 받은 임금을 모아 40여 원의 기금을 적립했다. 이에 성전 제5년의 빛나는 신춘 그리고 경방단 결성 후 첫 정월을 맞이하는 것을 기념하며 지난 6일 국방헌금으로 15원을 보은경찰서에 헌납하였다.

145. 부산 이케다(池田)의 선행

부산 축항(築港)주식회사 사장 이케다 스에타다(池田佐忠)의 상속자 코구시(國司)가 지난 1월 9일 결혼을 했다. 이케다는 시국 상황에서 혼례 경비를 절약해서 얻은 1천 원을 국방자재 구입에 써 달라며 지난 1월 10일 부산 헌병분대를 통해 헌납했다. 이케다는 이전에 남항수축사업에서 순난(殉難)한 희생자의 위령을 위해 부내 각 사회사업 단체에 5,000원을 각각 기증하는 바가 있다. 이에 이케다는 다음과 같이 말하였다.

"저는 오늘까지 '국방헌금에 앞서 국방헌신이 있다'고 믿었는데 이번에 아들의 혼례도 잘 마쳤다는 점에 대해서 하나는 조상님들에 대한 감격(感激) 그리고 하나는 국가 사회의 은혜에 만분의 일이라도……라는 생각에서 비용을 절약해서 얻은 돈을 헌납했습니다. 약소하지만 마음에서 우러나온 작은 뜻입니다. 그러나 이것으로 제가 해야 할 일을 마쳤다고 생각지는 않습니다. 지금부터 더욱더 정성을 다할 것입니다."

146. 군사 원호자금의 헌금

서울 삼판통(오늘날 후암동) 41-1번지 사는 다키구치 겐(瀧口嚴)은 이전 셋째 딸 사치코(幸子)가 죽자 슬픈 나날을 보내고 있었다. 1월 14일 탈상을 맞아 오후 총독부 사회과에 있는 조선군사후원연맹을 방문하여 부의(賻儀)를 되돌린다는 의미에서 군사원호사업 자금으로 써 달라며 금일봉을 헌납하여 담당관을 감격시켰다.

147. 이익금을 헌납

지난 1월 15일 오후 조선군 애국부에 어떤 노신사가 방문해 "약소하지만 나라에 도움이 될 수 있게 해 주십시오……"라고 공손하게 조선은행권 10원짜리 1천 장을 꺼내어 히라이(平井) 대위에게 주고 떠났다. 히라이 대위는 노신사의 행동을 만류하여 헌금을 왜 하는지 물었다.

노신사는 서울 원정(오늘날 원효로) 1가 11번지 철물제조업을 하는 구로마츠 마타시치(黑松又七)였다. 그는 성전(聖戰) 발발 이후 헌금을 생각하던 중 지난 3개 년 동안 생긴 이익 모두인 10,029원 50전을 오는 2월 15일 자신의 환갑을 기념해서 헌납하고자 했다. 군 애국부에서는 노신사의 열성에 감격하고 이 돈으로 고사기관총 3정, 공중청음기 1기를 제작해 25일 그의 회갑일에 헌납식을 거행하기로 하였다.

이에 구로마츠는 다음과 같이 말했다.

"아무 것도 아닙니다. 국민으로서 당연한 일을 했을 뿐입니다. 단지

전할 말은 청컨대 헌납으로 받아 주신다면 감사할 따름이고, 자손을 위해서 옥답을 사고 싶은 마음은 없습니다. 할 수 있다면 헌금을 계속 할 것입니다."

148. 결혼비용을 절약해서 100원을 헌금

함북 장진군 북면 인산리에 사는 야스카와 요시미츠(安川義光)는 비상시국 아래서 황국신민다운 자각을 한 사람인데, 딸의 결혼식을 맞아 성대한 결혼식 대신 비용을 절약하여 만든 100원을 관할 장진경찰서에 가져와서 국방기재비로 써달라며 헌납 방법을 의뢰하여 담당관을 감격시켰다.

149. 가락지를 헌납

충남 홍성군 홍주면 오관리에 사는 김흥수(金興洙)의 부인 김인환(金仁煥)은 시국에 감사하면서 자신이 끼고 있던 18금의 반지 1개를 국방헌금으로 홍성경찰서에 기탁했다.

150. 출정하지 못함을 대신해서 익명으로 헌금

지난 달 황해도 금천군(金川郡) 금천경찰서장 앞으로 익명의 봉투 1통이 배달되었는데 안에는 30원의 우편권과 조선군 사령부 앞으로 보내는 편지가 있었다.

편지를 요약하면, '제국 신민으로 삶을 누리고 있는 것에 감사하며, 자신은 군대 교육을 받았는데 지금까지도 한 번도 전장에서 봉공신상하지 못한 것이 참으로 답답할 노릇이며, 아무것도 변명의 여지가 없이 유감스럽다. 적은 돈이지만 헌납하여 진심을 보여주고 싶다'라고 하였다. 금천 경찰서에서는 바로 헌금 수속하고, 안으로 조사해보니 경의선 치정역전의 니시와키 세이쇼(西脇誓助)로 판명되어 일반은 그의 기품있는 모습을 칭찬했다.

151. 아름다운 헌금

지난 1월 18일 아침 10시경 서울 남대문통 ≪대판매일신보(大阪每日)≫ 경성지국을 방문한 34~35세가량의 사람이 접수창구에서 국방헌금을 기록하고 봉투를 내었다. 거기에는 "약소하지만 나라에 도움이 되고 싶습니다"라고 썼는데, 이름도 묻기 전에 가버렸다. 관계 공무원이 뒤따라가서 이름을 물어도 "알릴 정도는 아닙니다"라고 했다. 관계 공무원과 묻고 답하던 사람은 서울 완남동 28번지 아에다 쯔루타로(前田鶴太郞)로 종이점포 영업을 하는 중인데 10원짜리 2매가 봉입되어 있었다. 지국에서는 깊이 감격해 곧장 헌금 수속했다.

152. 전별금을 헌금

전북 전주공업전수학교 교장 하네지쇼에몽(羽根地勝衛門)은 이번에 아들 카즈오(和雄)가 입영할 때 각 방면에서 전별금으로 받은 50원을 국방헌금으로 하고자 해군에 30원, 육군에 20원을 지정하여 전달 방법을 의뢰했다.

153. 상여금을 모아서 헌금

서울의 실업가 타카마츠 시게마스(高松重培)가 경영하는 강화조양방직회사 여공들은 지난번 연말 상여금 가운데에서 10전, 20전씩 모아서 모두 41원을 만들었다. 이에 여공대표 카네모토 남석(金本男石, 조선인 여성; 역자), 히쿠야마 봉운(延山峰雲, 조선인 여성; 역자) 두 명이 돈을 가지고 강화경찰서에 출두해서 "작은 금액이지만 우리들의 진심에서"라면서 국방헌금을 위하여 송금을 의뢰하고는 돌아갔다. 강화 경찰서에서는 즉시 군부로 이 돈을 송금했다.

154. 깊은 마음으로 헌금

충북 청주읍 영운정에 사는 지원병 아버지 김상운(金相雲)은 지난해 말 지원병 가족이 되어 오오코우치(大河內) 청주읍장, 읍군사후원연맹, 정회 등에서 위문금 11원을 받았다. 그래서 이 돈을 황군위문금으로 내고자 청주경찰서에 가지고 가서 헌납 신청하여 관계 공무원을 감격시켰다.

155. 황은에 감읍한 전과자의 헌금

서울 아현정 85의 1번지 조선구호회 김학준(金學俊, 34세)은 지난 1월 20일 아침 용산경찰서를 방문하여 국방헌금 수속을 해달라며 현금 5원을 내었다. 관계 공무원이 헌금 동기에 대해 묻자 이렇게 말하면서 슬퍼하였다.

"나는 7년 전에 뜻밖의 동기로 살인죄를 범해 10년 징역에 처해져 경성(서울)형무소에 복무하고 있던 중 사면의 은혜를 입어 어제 19일 출옥한 바, 황은에 특별히 감읍하여 복무 중 임금의 일부를 내었습니다."

여기에 감격한 관계 공무원은 곧바로 현금 수속을 취하였다.

156. 후방에 핀 한 송이 꽃

출정군인이 있어서 군사후원연맹으로부터 후원을 받는 사람이 군사후원연맹에 기부를 신청하여 감격스런 풍문을 낳았다.

주인공은 제주 본정 1가에 있는 여관의 여급 시미즈 치요노(淸水千代野, 30세)이다. 그녀의 하나뿐인 남동생 노보루(登)가 193○년 ○월에 입대하여 전장을 전전하던 중 불행히도 병에 걸려 1939년 12월 30일 26세의 젊은 나이로 타계했다. 이보다 먼저 부친 스에요시(末吉)도 사망하여 이제 치요노는 기댈 곳이 없는 몸이 되어 여관에서 일하고 있었다. 동생 노보루가 죽었을 때 군사후원연맹을 비롯하여 각지에서 조의금이 답지하였는데, 그녀는 조의금 70원은 자신이 쓸 수 없는 것이라고 하면서 군사후원연맹에 기부하겠다고 신청하였다. 시미즈 집안의 이야기를 알고 있는 관계 공무원은 '기부하겠다는 고운 마음은 충분히 이해하지만 그런 형편에 꼭 후원하지 않아도 된다'고 하면서 되돌려 주었는데, 다시 후원연맹을 방문해서는 "아무리 생각해 보아도 제국 군인으로 세상을 떠난 동생을 대신해서 신청해야 할 것 같다"고 하면서 관계 공무원의 책상 위에 70원을 놓고 떠났다.

그야말로 후방에 꽃 핀 한 송이 일본 여성의 아름다움이다. 고상한 마음과 기운이 있어 듣는 사람 누구라도 치요노의 단심(丹心)을 칭찬하고 있다.

157. 상금을 국방헌금

≪조선신문사≫가 공모한 신년문예가 독자의 절찬 속에 진행되었고 많은 작품이 지원하였다. 심사위원들의 평가를 거쳐서 당선자가 발표되었는데 선정된 작품은 자유시 2편, 당선의 영광을 거머쥔 서울 창신정 236번지 하라다 다케오(原田武男) 집에 사는 고죠 시로(五條史朗)는 받은 상금을 그대로 국방헌금하겠다고 하면서 ≪조선신문사≫에 의뢰했다. 아름다운 리듬을 만들어 내는 고운 마음에도 역시 열렬히 나라를 사랑하는 뜻을 간직되었다. 이 사람의 아름다움은 정말로 당선의 영광에 어울리는 훌륭한 결심이라고 칭찬할 수 있다.

158. 장례비를 절약해서 헌금

황해도 신천군 남부면 봉황리에서 농업을 하는 고바야시 노부오(小林信男)는 1939년 12월 부친이 죽자 장의비를 절약해서 생긴 13원 60전을 지난 15일 국방헌금으로 해달라며 신천경찰서에 의뢰했다. 그러한 선행에 일반 부민들도 깊이 감격하고 있다.

159. 수당을 헌금

1939년부터 출정가족 상담 일로 봉사하던 군산의 다카바야시 야스(高林ヤス)여사는 친절하고 공손하여 평판이 좋은 사람이다. 그녀는 이번 군사후원연맹 전북지사로부터 받은 수당 30원을 모두 군사연맹에 기증하여 그 독실함에 많은 칭송이 쏟아지고 있다.

160. 이 애국소년

지난 1월 27일 오후 4시경 청주군청을 방문한 야무지게 보이는 14세나 15세 정도의 소년이 있었다. 그는 관계 공무원 앞에서 "진심에서 나온 것입니다. 아무쪼록 최전선의 장병에게 기증하고 싶습니다."라며 봉투 하나를 놓고 갔다. 관계자가 살펴보니 자신의 피로 물들인 일장기와 헌금 4원 50전 그리고 편지지 5장에 쓴 열성의 위문편지가 있었다. 그 편지의 내용은 다음과 같다.

> "우리들 후방 국민은 일선 장병의 노고 덕택으로 생활하고 있습니다. 저도 일선으로 날아가 국가를 위해 힘쓰고 싶은 사람인데, 아직 소학생이기에 나갈 수 없어서 아쉽습니다. 장래 늠름한 군인이 되어 전선에 나가서 동양평화를 위해 한 목숨을 바친다는 각오를 새기고 있습니다. 최전선에서 근무하실 때 원기를 회복하시옵고, 열심히 국가를 위해 일해 주십시오."

이 열혈소년은 청주 대성소학교 6학년생 오오무라 에이키치(大村英吉)로 석교 125번지에서 살고 있는데 주변에서도 평판이 좋은 소년이다.

161. 가보(家寶)를 팔아 국방헌금

강원도 김화군 암정리에 사는 에모토 도쿠쇼(江本德祥)는 가보를 팔아서 만든 453원을 국방헌금으로 내려고 김화경찰서에서 수속을 밟았다. 당시 야마다(山田) 서장은 감격에 겨워서 다음과 같이 말했다.

> "금 매각 운동은 후방국민의 인식정도를 보여주는 시금석인데 다행스럽게도 김화군에서는 모두가 솔선해서 매각 및 신고를 하고 있음에 항상 감격하고 있습니다. 에모토는 국방헌금을 내는 일이 이번 한 번이 아니고 항상 물심양면으로 후방 국민답게 열성적으로 봉공해왔다는 점에서 모두를 감격시키고도 남음이 있습니다."

162. 황군을 위한 감사의 10년 저금

이 이야기는 신세를 진 군인에 대한 감사하는 마음으로 어떻게든 도움이 되었으면 하여 매월 2원씩 10년을 모은 250원을 군용기 구입자금으로 써 달라며 국방헌금한 미담이다.

이 강건한 부인은 평양부 수정에 있는 상공회의소 전회장 마츠이 타미지로(松井民治郎)의 부인 마츠이 사요코이다. 지난 1931년 7월 5일 평양 부내에서 있었던 중국사건[21] 당시 군인들의 보호를 받은 일이 있었던 사요코 부인은 그 때부터 황군용사에게 감사하여 황군을 위해 무슨 도움이라도 하고 싶어 1931년 8월 5일 처음 2원을 우편저금에 들어 그 후 계속 매달 2원씩 10년간 저금한 돈이 250원에 달하였다. 때마침 애국부인회가 창립40주년 기념사업으로 군용기 헌금운동을 벌이고 있는 것을 듣고 이것을 헌금하였다.

---

21) 조선배화사건으로 1931년 7월 3일부터 발생한 국내에서의 조선인에 의한 중화가 습격 사건과 거기에 관계되는 중국인 핍박 사건. 평양에서는 7월 5일 오후 9시부터 다음날인 6일까지 3차에 걸쳐 수천인의 조선인이 중화가를 습격해 중국인 88명 사망, 102명이 부상당했다.

사요코 부인은 이렇게 말했다.

"그 사건 때 군인들에게 많은 신세를 졌어요. 우리 가족의 주변에는 중국인이 많이 있어서 무척 위험하였는데 군인들의 보호로 걱정이 없었습니다. 그때부터 군인들을 위해 뭐라도 하고 싶다는 생각으로 지금 하였는데 10년 후인 오늘 국방헌금으로 내게 되어 실로 기쁩니다."

163. 위문금으로 양계한 달걀을 황군에

전남 완도군 노화면 도청리 타케시마 고우쬬(武島衡璋)의 3남 히로시(武島洪)는 1938년 제1회 특별지원병으로 입영하여 최전선에서 분투하고 있다. 이번에 가족들이 위문금으로 8원을 받았다. 그러자 아버지는 감격해서 "이것은 내가 쓸 돈이 아니다"라며 위문금을 몽땅 닭을 사서 길렀고 여기서 생긴 계란 52개를 판매하여 2원을 남겼다. 그는 이 돈을 노화면 경찰관주재소에 가지고 와서 황군 위문금으로 송금해 달라고 부탁하였다. 이후에도 생긴 달걀은 전부 판매하여 거기서 생긴 돈은 모두 황군위문금으로 보내겠다고 했다. 그 뜨거운 마음에 직원 일동은 감격하였다.

164. 분전 이야기에 감격한 동민의 성금 거출

조선군 애국부의 히라이(平井) 대위는 지난해 11월 28일 황해도 수안군 수안읍에서 있었던 국방병기 헌납식에 참가했다. 당시 와카야마현 다나베쬬 출신의 토다 하루오(戸田晴夫) 상등병은 만주사변 당시 동변도(東邊道) 토벌전에서 자기 부하로 참전했다가 장렬히 전사했다는 용전(勇戰)의 미담을 면민들에게 강연하였다. 여기에 감격한 부락민은 토다 상등병의 유족을 위문하고자 49원을 히라이 대위를 통하여 보냈다. 히라이 대위는 고인의 부친인 토다 산고(戸田三綱)에게 면민들의 마음을 전하고 송금하였다. 조선인의 따뜻한 마음에 감격한 토다는 이렇게 히라이 대위편으로 호의에 감사한다는 답장을 전해왔다. 이같은 미담은 다나베죠 주민에게 내선일체의 미담 사례로 큰 감명을 주었다.

165. 보국대를 조직한 소학교 학생의 헌금

강원도 강릉군 망상(望祥)공립소학교에서는 겨울방학 중 통학생들이 부락별로 보국대를 조직하였다. 아동 보국대는 최전선에서 애쓰는 장병의 노고에 감사하고자 근로 작업 및 폐품수집 등 정성을 다했다. 지난해 아동들의 보국예금은 160원에 달했는데, 그 중 87원은 국방헌금과 부대 위문금으로 보냈고 남은 73원은 학급비로 사용하였다.

166. 통영 용사 아버지의 헌금

북중국 전선에서 명예롭게 전사한 경남 통영읍 강산촌 출신 고(故) 세키노 야스히코(關靖彦) 상사의 아버지 세키노 마타오(又雄)는 이번에 국방헌금으로 200원, 재향군인회 통영분회에 50원, 국방부인회 통영지부에 50원을 각각 헌금했다.

167. 종업원으로 근무하여 유아를 교육

남편을 시베리아 전쟁에서 잃고서 오고갈 데 없는 불쌍한 여성 3명과 함께 완산역 앞 수월여관(水月旅館)에서 종업원으로 근무하면서 고등여학교와 소학교에 다니는 아이들 키우고 있는 나무라 야에코(苗村八重子, 26세). 그녀는 늘 응소자 위문에 관심이 많다. 한 밤중이라도 환송연을 거르지 않았고 얼마 안 되는 급료지만 매번 국방헌금을 하였는데, 이번에 또 100원을 완산헌병대를 통해 헌납했다. 이 같은 후방의 열성은 군국 미망인의 미덕으로 지역 마다 칭찬을 아끼지 않고 있다.

168. 부모를 잃은 아이들에게 쏟아진 학동들의 감격어린 진심

일찍이 신문에 발표되었던 은사재단 군인원호회(軍人援護會) 주최 제3회 전쟁 고아의 야스쿠니신사 참관 전국대회가 열렸다. 조선에서도 12명의 부모 잃은 아동이 참가하게 되었다. 그래서 함남 정평군 귀림(歸林)공립심상소학교에서는 후지사키(藤崎) 교장이 조회 시간에 훈화를 통하여 이 사실을 학생들에게 알렸다. 그랬더니 학생들이 깊이 감동해 자발적으로 푼돈을 모았다. 이에 아동 350여 명을 대표하여 6학년 아라이 쯔루호(新井鶴甫)가 "부모 잃은 아이들이 상경하는 도중에 도시락 값이라도"하라며 13원을 모았다. 그래서 10일 교장 및 직원이 다음의 편지를 첨부해 총독부 사회과장 편으로 보내왔다. 총독부도 위 아동들의 정성에 감동해서 무언가 오래도록 기념할만한 기념품을 구입하여 아이들에게 나누어 주려고 했으며 후지사키 교장 앞으로도 감사장을 보냈다.

－배계(拜啓)－ 갑자기 꽃샘추위가 엄습한 계절이지만 그보다 몇 배의 좋은 일이 귀하께 있으시길 기대합니다.

지난 2월 1일 ≪경성일보≫에서 발표한 은사재단 군인원호회 주최의 제3회 이번 중일전쟁에서 호국의 신이 되신 영령의 자녀들.

고(故) 마츠무라(松村) 대위의 자녀 마츠무라 유우시(松村雄司) 외 12명의 아이들이 돌아가신 아버지와 기분 좋게 야스쿠니 신사에서 마주한 사실을 지난 3월 3일 조회시간에 전 아동에게 훈화하였습니다.

이에 크게 감격한 아동들이 스스로 푼돈을 모아 355명을 대표해서 6학년 아라이 쯔루호(新井鶴甫)가 12명의 아이들이 상경할 때 도시락이라도 사서 먹게 해달라고 교장인 저한테 부탁하며 부디 우리의 뜻을 그 아이들에게 전해달라고 말했습니다. 모든 교직원이 감격하였는데, 여기 적은 돈이지만 별지 소액 우편환 13원을 송부하오니 모금한 아동들의 마음을 잘 헤아려 처결해 주십시오.

부디 무사히 상경해 야스쿠니에 합사된 아버지들을 잘 만나고 조선으로 돌아올 수 있도록 저희 교직원, 아동 일동은 한 마음으로 기도하겠다는 기원(祈願)의 말씀을 올립니다.

2월 7일 함남 정평군 귀림공립심상소학교 교장
후지사키 규구지(藤崎規矩司)
조선총독부 내무국 사회과장 귀하)

169. 위문 헌금

서울 입정정(笠井町)의 마츠지마 요시코(松島淑子), 타니구치 하마코(谷口濱子), 조순이(趙舜伊) 등 3명은 2월 11일 기원절에 1전 저금을 완료하였다. 이것을 가치있는 국경위문금(國境慰問金)[22]으로 써달라며 각기 10원씩 ≪조선신문사≫에 기탁하고 헌납 방법을 의뢰했다.

170. 기특한 학생

서울 앵정(櫻町)공립심상소학교(오늘날 중구 인현동 2가 3번지 소재) 제4학년생인 츠쿠미 도이와(忠組土井和)는 스케이트를 사기 위해 엄마한테 7원을 받아서는 스케이트는 안 사고 "나라를 위해 사용하여 주세요"라면서 국방헌금했다.

171. 병상에서 국방헌금

전장에 있는 황군 장병의 노고에 보답하고자 진심으로 피어오른 군국부인의 미담.

미담의 주인공은 부산부 초량정 3가 이나가키 오사토(稻垣お里)이다. 그녀는 전쟁 이후 여러 해 동안 장병 환송은 물론 출정 병사의 무운장구

---

22) 아마도 국경지역에 근무하는 장병을 위한 위문금이라는 의미로 보임.

(武運長久) 등 아픈 몸을 무릅쓰고 노력했다. 방공훈련도 거르지 않고 출석하고 여유가 있는 날에는 군인 위문에 힘썼다. 전장에는 위문주머니를 보내는 등 '군인의 어머니'라고 알려졌다. 하지만 점차 병이 깊어서 11일 우치야마(內山) 애국반장을 방문하여 "최근 국가비상시인데도 병상에 있기에 후방 국민으로서 참으로 면목이 없습니다. 여기 50원은 애국반의 방공 비품비용으로 사용해 주십시오."라며 내밀었다. 오사토의 애국심에 회원 일동이 감격했는데, 우치야마 반장은 신속하게 감사장을 증정하였다.

172. 2월 11일 기원절에 10원을 헌금하다.

반도인(조선인) 부인의 그윽한 후방 봉공의 결실이 기원절에 널리 알려져서 당국자를 감격시키고 있다.

화제의 주인공은 신의주부 미륵동 127번지에서 주류판매업을 하면서 궁핍한 생활을 하고 있는 이병엽(李炳燁)이다. 그녀는 황기 2600년 기원절을 맞이하여 휼병상자를 만들어 매일 3전원씩 넣었다. 만 1년인 그저께 10일 그동안 10원 75전이 모아 2월 11일 기원절 날 신의주경찰서에 가서 국방헌금으로 내었다. 그러자 담당자가 감격하여 곧바로 수속에 들어갔는데, 그녀가 조선글(한글)로 적은 내용을 번역하면 "비상시국 아래에 있는 여성이라 전장에도 나아가지 못하여 나라에 대해 면목이 없었기 때문에 그나마 봉공으로서 매일 1전 저축을 시작했습니다. 작은 금액입니다만 아무쪼록 국가에 쓸모가 있기를"이라는 뜻이 들어있었다.

173. 내선일체 후방의 결속

애국부인회 중학동(中學町), 수송동(壽松町) 및 광화문 분회는 지난해 12월 21일 결성되어 현재 회원이 400여 명 이상이다. 분회원의 태반은 조선인 부인이다. 가네코 추강(金子秋江, 조선인)이 분회장이며 '내선일체

(內鮮一體)는 우선 부인부터'라고 하면서 똘똘 뭉쳐 후방에서 큰 활약을 하고 있다. 특히 응소유가족에 대한 봉사 활동은 참으로 눈물겨운 것이어서 사람들을 감동시켰다.

지난 번 그 지역에서 히라시타(平下)라는 사람이 응소했던 때였다. 히라시타 부인은 오랫동안 병상에 있었고, 더구나 슬하에는 첫째가 19살이고 둘째가 12살, 이어서 9살, 7살, 5살, 2살 등 자식이 일곱이나 있었다. 그럼에도 나라를 위해 용감하게 전쟁터로 향했다. 이 사정을 알았던 동회(町會)에서는 임원과 상의하여, 위문금을 모집해서 부인에게 보내는 것과 동시에 분회원이 간병도 맡기로 했다. 일선(日鮮)의 부인이 하나되어 극진하게 간병하여 마침내 완쾌되었다. 이 지역에는 전쟁 이후 18명이 응소하여 출정하였는데, 분회에서는 매월 1회 이들 출정병사의 무운장구(武運長久)와 더불어 전상병(戰傷兵)의 쾌유를 기원하고 더욱이 전사자의 명복을 빌기 위해 경성신사에서 기원(祈願際)를 치르고 있다.

174. 토막민에게 이런 뜨거운 정성(赤誠)이 있다니

얼어붙은 한강 강변, 바람막이에 의지해 모여 사는 토막민 200호 500여 세대. 이들을 대표해서 이석순(李石順), 정영섭(鄭榮燮) 두 사람이 17일 군(軍) 애국부를 방문하였다.

> "최전선에 있는 장병의 노고를 생각하면 그 만분의 일이라도 위로
> 가 된다면 참으로 다행입니다"

그러면서 토막민들의 마음을 담은 모금액 27원을 휼병금으로 써달라고 담당 공무원에게 의뢰하여 감격시켰다.

175. 노인이 조리(草履)를 만들어서 뜨거운 정성(赤誠)을 표하다

2월 20일 총독부 사회과에 대구부 신동(新町) 162번지의 카네야마 창학(金山昌學, 조선인 추정; 역자)에게서 값이 표시된 우편물 하나가 왔다. 열어 보니 한글로 된 감사 편지와 현금 10원이 있었다.

편지에 따르면 '세계가 모두 분란소요(紛亂騷擾)하는 이 때, 우리들 후방 국민이 베개를 높이고 편안하게 누워서 가업에 매진하고 있는 것은 전부 황군이 분전한 선물입니다'라고 하면서 매우 감격해 하였고, 78세의 고령임에도 '야간에 새끼를 꼬고 짚신을 만들어 저축한 돈이 10원이나 되었으며, 이것을 황군에게 바치겠다'고 보낸 온 것이다. 관계자들은 노인의 뜨거운 성의에 감격하였고, 신속히 조선군사후원연맹에 수납하여 군사원호의 도움이 되도록 했으며, 감사장도 즉시 발송하였다.

176. 오쿠보씨가 보인 아름다운 행동

서울 황금정(黃金町, 오늘날 을지로) 3가, 오쿠보 마사토시(大久保眞敏, 49세)는 지난번 경성부 사회과를 방문해 조선군 국방비 방면 사업조성금 및 국민총력연맹 사업비로서 써달라며 4천 원을 담당자에게 기부 신청하였다. 오쿠보는 1928년 이후 13년간 매년 기원절 즈음의 길일을 택하여 활력미(活力米) 및 활력 수건을 기부하여 서울의 길거리 영세민 2,600세대에 나누어 그들이 회생할 수 있다는 희망을 주었다. 올해는 쌀이나 수건 등은 구하기 어려워 앞에 말한 기부금을 현금으로 내었는데, 이러한 오쿠보의 행위는 특별히 감사할 만하다.

177. 귀여운 애국심(赤心)

순천 남(南)공립심상소학교 5학년 청조(靑組) 일동은 황기 2,600년 2월

11일에 편지와 함께 경성사단 휼병부에 현금 3원 50전을 보냈다. 취지는 부상당한 병사의 휼병금으로 써 달라는 것인데, 이들 조원 50명이 일요일에 폐품을 모으거나 땔나무를 채취하여 만든 돈이었다.

'빈자의 등 하나'라는 말도 있는데 진실로 감격스럽다. 아이들의 정성 어린 마음은 부상병의 눈물을 자아내고 발분하게 하였다. 더욱이 이들 어린이들이 머지않아 황국을 양 어깨에 짊어질 사람들이라 생각한다면 정말이지 마음 든든하다.

178. 일전 저금으로 휼병헌금

서울 한강통 15-1번지 소재 용산소학교 5학년생 쇼지(正治, 12세)는 지난 해 백중부터 올해 백중까지 매일 1전씩 모은 총 3원 56전을 모기향 담는 상자로 만든 저금통에 가득 채웠다. 1전 동전으로 가득한 무거운 저금통을 보자기에 싸서 "전쟁터에 일하는 군마에게 무언가 주세요"라고 하면서 경성사단 휼병부에 가지고 왔다.

179. 아름다운 후방의 일석(一石), 조씨 영사기를 기부

서울 경운정(慶雲町) 91번지의 조익선(趙益善)은 진작부터 봉공(奉公) 하려는 정신이 두터워 무언가 국가를 위해 공헌하고자 하였다. 그런데 제국 재향군인회 경성(京城)지부가 국방사상 보급을 위해 활동사진 영사기가 필요하다는 이야기를 듣고 6천 원을 제국재향군인회 경성지부에 기부하려고 신청했다.

180. 익명의 인사가 한 감격적인 헌금

육군기념일 전후에 있었던 군대의 영내 견학에 참가해 무적 황군의 생활을 직접 접하고, 군기가 엄정한 것에 감격하고 돌아갔던 강원도의 어떤 도민으로부터 감사의 편지와 현금 35원이 ○○부대에 답지하였다. ○○부대 장병들은 이 익명의 강원도민에 감격해 헌금은 사단 휼병부에 송부했다.

역문(譯文)

기원 2,600년 3월 10일 오늘은 우리들에게 잊을 수 없는 육군기념일입니다. 우리들은 그때를 회고하며 육군기념일 행사를 하고 있습니다. 당시 봉천전투[23)의 상황과 이번 전쟁에서도 일본 군대의 굳건한 단결과 관련한 미담은 잘 듣고 있습니다. 그러므로 세계 제일이라는 러시아 대군을 물리칠 수 있었던 것도 바로 그런 이유 때문이라고 우리들은 확신하고 있습니다.

이것은 첫째, 천황폐하의 은덕 때문이며, 우리 군인이 일사봉공(一死奉公)의 신념 아래 힘써 싸우신 덕분입니다. 우리들 후방의 국민이라면 누구라도 감사해 마지않은 바입니다. 또 이번 전쟁에 일치단결해서 국난을 극복하고 동아(東亞)건설에 노력하겠습니다. 최전선의 병사를 생각해서라도 후방은 더욱 굳건하게 지키겠습니다. 오늘날 우리 국민은 맡은 바 임무에 임하여 사회를 위하고 국가를 위한다는 정신을 확고히 하고자 강연을 듣고 각오를 다지며 일하고 있습니다. 비록 약소합니다만 우리들 도민이 마음이 담긴 것으로 국방을 위하여 사용해주시기 바라는 바입니다.

강원도 어떤 도민
용산 ○○○대장 귀하

181. 재료비까지도 상이병 위문에

서울 욱정(旭町, 오늘날 회현동) 3가의 소우헤이 시로(宋平四郎)는 지난

---

23) 봉천 전투(1905. 2. 20~3. 10)는 러일 전쟁 당시 가장 치열했던 전투다. 3월 10일 일본이 봉천을 점령함으로써 만주에 대한 주도권을 가지게 되었다.
   (http://ko.wikipedia.org/)

번 ○○부대 연병장에서 행해졌던 위령제에 제장(祭場)시설을 인수했는데, 보수를 받는 것은 영령에 대해 면목이 없는 것이라며 받지 않았다.세번이나 권유하니 재료비로 50원만 받고 나머지는 용산 육군병원에 입원해 있는 부상 장병의 위문금으로 써 달라며 사단 휼병부에 제출했다.

182. 군마 위문비에

동아 신질서 건설을 위해 군인들과 밤낮 고락을 함께하면서도 무훈을 자랑할 수 없는 말없는 용사 군마를 위로하고 싶다고 전남 나주의 와카오 시게사부로(若尾茂三郎)는 애마의 날에 다음의 편지와 함께 10원을 덧붙여 사단 휼병부에 헌금했다.

　－전략(前略)－ 모름지기 이번 '애마의 날'행사가 본래 만든 취지대로 잘 이뤄졌다는 기사를 신문에서 보았습니다. 작은 금액입니다. 편지와 함께 부권(副券)을 기증하오니 말이 먹는 인삼(人參) 비용이라도 되었으면 다행스럽다고 생각합니다. －이하 생략－

183. 폐품을 모아서 얻은 돈

수원심상고등소학교 아동 카토 조지(加藤常治), 스기모토 이치로(杉本一良), 후지오 미쯔나리(藤尾三成) 세 학생은 방학 중에 폐품수집하고 신학기가 되기 전에 판매해서 얻은 돈을 휼병금으로 해주십시오 라며 휼병부에 제출했다.

역시 같은 학교의 나카무라 스기코(中村須技子), 와타나베 키미코(渡邊キミ工)도 위 세 학생에게 지지 않고자 폐품을 수집해서 얻은 돈을 휼병금으로 기부했다. 또한 경기도 이천 공립소학교에서는 직원과 아동 73명이 폐품에 의해 모은 돈 7원 35전을 장병들을 위해 써달라며 사단 휼병부에 제출했다.

184. 다가오는 여름에 옛 애마를 그리워하는 후방 청년의 적적함

지난 전쟁터의 여름날 애마를 타던 대장을 떠올리며 후방의 결심을 보이고자 편지와 함께 애마 "영성(領城)"호에게 "인삼이라도 사 주십시오"라고 하면서 돈 2원을 보낸 어느 무인(武人)의 대단하고도 심우(心優)한 이야기가 있다. 미담 당사자는 대장 타도코로(田所) 대위, 병사 오카모토(岡本) 하사(伍長) 그리고 애마 "영성(領城)"이다.

오카모토 마사오(岡本正夫) 하사는 지난해 말 전장에서 귀환해 지금 ○○○○○○○에 근무하고 있는데, 지난해 이맘 때 하시모토(橋本) 부대의 타도코로(田所) 소부에서 근무하며 원곡현(垣曲縣, 중국 산서성)지역을 누볐다.

그는 1년이 지난 지금 적탄에 상처입고도 최후까지 분투했던 애마 "영성"호를 생각하면서 지금쯤은 어떻게 지내고 있을까 라고 전 부대장이던 하시모토 부대 부관 타도코로 대위 앞으로 편지와 환어음이 덧붙인 봉투하나를 보냈다. 그 것으로 후방 국민의 의기와 나라를 위한 심려를 전달함으로써 부대 사람들을 무척 감동시켰다.

> 삼가 아룁니다(拜啓). 요즘같은 양춘의 절기, 이후 더더욱 건투하실 것이라고 생각합니다. 오늘은 또한 정중하게 서면으로나마 삼가 품으신 뜻을 칭송하고자 하옵니다. 요즘 심문을 보고 있노라니 원곡(垣曲)현에 있던 적들은 아직 항전의 꿈을 꾸면서 단시 무의식적으로 항일을 부르짖고 있는 상황이며, 중국 신정부의 수립도 나날이 진척되고 있는 현재의 신생 중국에 대하여 여러분들은 얼마나 위압을 떨치고 있는지요. 지난 전투를 생각하니 후방의 국민들은 일치단결해서 미증유의 국난에 적극 대처할 필요가 크다는 사실을 통감합니다. 한번 천황을 받들어 모신 이 몸 다시 태어나서도 고국의 흙을 밟는다는 것은 꿈에서라도 바라는 바입니다.
> 우리의 애마 "영성"호는 적탄에 부상을 입어서도 최후까지 분투해 주었습니다.

후마(候馬), 질상(桎上), 백점(白店) 혹은 마가장(馬家庄)²⁴⁾의 적 포병 등과 밤낮 가리지 않고 전개된 격전을 생각할 때마다 매번 많은 배려를 주시던 부관님의 후의(厚意)가 아직도 느껴져 지금도 감사 말씀 드리고 싶네요. 또한 애마의 모습을 떠올리면 참 그립습니다. 당시의 일들을 떠올리며 부모님과도 이야기를 하곤 합니다. 부관님께서도 부디 무리하지 마시고 자중자애 하셔서 다시 폐하를 위해 일하기를 기원드립니다. 동봉한 2원은 약소합니다만 애마 "영성"호에게 인삼(人參)이라도 사주십시오. 일간 또 소식을 전하겠습니다. 언제라도 모든 사람들에게 널리 알려주십시오.

오카모토 오장(伍長)의 대장(隊長)이었던 하시모토 부대의 타도코로 대위는 그에 대해 이렇게 말하고 있습니다.

오카모토는 진실로 용감한 병사였다. 용감하다는 말보다는 오히려 모험적으로 진격해 전우의 간담을 서늘하게 하였던 것도 여러 차례였다. 또 풍류의 도를 이해하는 나에게 애마를 노래한 이런 가요(和歌)를 보낸 적도 있다.
"불꽃 이는 화통의 그림자에서 너도 또한 말없이 온갖 힘 다 쓰는 것을 보니 참으로 사랑스럽구나."

185. 동생에게 특별 지원병을 가라고 독려하는 열성적인 형

특별지원병의 열성으로 전장과 병영에서 많은 성과가 나고 있다. 그런 한편 지원병의 좋은 부모나 좋은 형들이 "우리 아들" "우리 동생"에 대한 이해와 지원을 다할 경우, 지원병의 성장에도 큰 동기부여가 될 것이라는 사실도 놓쳐서는 안 된다. 미담은 어느 훌륭한 형이 "좋은 지원병이 되어라"라고 사랑하는 동생을 격려하는 이야기이다.

전남 담성(潭城)군 금성면 석현 173번지의 박삼만(朴三萬)은 명예로운

---

24) 현재 중국 산서성 지역, 候馬市는 산서성 남부에 있다.

특별지원병으로서 1월 마나키(馬奈木) 부대의 타니(谷隊) 분대에 입대하여 부지런히 교련을 받았다. 1사분기 검열에서 성적도 우수하여 저격수로서 선발되어 초년병 가운데 우수병사로 중대의 신망을 받고 있었다. 그 뒤에는 만주에 있는 친형 박기만(朴基萬)의 이해와 아낌없는 지원이 있었다.

"반도 출신으로 최고의 영광인 제국 군인으로서 입영하게된 것은 한 집안의 영광을 얻은 것이라고 생각하오니 아무쪼록 마지막까지 노력을 다하여 충의가 있는 훌륭한 군인이 되어주길 바라고 있겠다. 보건에서는 규율 바르게, 일상에서는 말할 것도 없지만 정신으로부터 건전일투(健全一透)로 군 복무를 다할 것을 바라는 바이다. 일단 나라를 위한 군인으로 있는 이상 집안일은 조금도 걱정할 필요가 없고 형도 고향에서 떠나있지만 집에 있는 것처럼 집을 돌보려고 하고 있다. 너는 일심(一心)으로 임무에 힘쓰면서 안심하고 충용한 군인이 되도록 하여라. 다만 한 가지 원하는 것은 (이하 생략)"

원문 그대로 금성면의 고향 집에는 양친과 여동생 2명이 농업에 힘쓰고 있다.

186. 전쟁기념 육군병원의 위문

전쟁 3주년 기념일을 맞아 용산 육군병원을 위문했던 동포의 뜨거운 정성(赤誠)이 다음과 같이 빛나고 있다.

7월 6일 접수 내역
○ 방석 257매, 부채(團扇) 100본 : 애국부인회 경성분회
○ 위문문, 생화, 화분(花鉢)　　　 : 경성사범부속소학교
○ 위문연예　　　　　　　　　　 : 경성군사후원연맹

7월 7일 접수분
○ 금 500원　　　　　　　　　　 : 경성철도주식회사 사원

```
○ 총독, 총감 휘호의 부채(扇子) 410대 생화 1200본 : 애국부인회 조선본부
                                          애국기예강습소 직원 · 생도 일동
○ 금일봉                            : 경성 욱구 공립 중학교 교우회
○ 연초 "미도리(みどり)" 200개        : 경성 숙명고등여학교 생도
○ 금50원                           : 경성 제2공립고녀 애국부
○ 위문주머니 1포                     : 혜화전문학교 학생
○ 금20원 영락정 2가                 : 애국 · 국부일동
○ 금일봉                            : 경성 효제정 58 키바 히무코
○ 과일 4상자                        : 경성입판 · 소격국부 분회
○ 금 20원                          : 경성 수하, 장교(長橋)
                                    국방부인회 분회

○ 나무화분(植木鉢) 24발             : 대일본 상이군인회 경성분회
○ 연초 1권포(權包) 통조림 1상자      : 경성방직주식회사
○ 금 20원                          : 국방부인회 영정분회
○ 금 20원                          : 강기정 애부 · 국부분회
○ 위문연예                          : 경성중앙방송국
```

187. 혈서로 지원한 군국의 새색시, 지금은 귀환용사와 후방의 굳은 맹세

철도국 경성공장에 근무하는 영동(榮町) 40번지의 오하마 사야보(大濱佐八方), 오노 테루오(小野輝雄, 30세)는 전쟁 당초에는 소네(曾根) 부대에서 소속되어 북중국 전선에서 용감하게 활약했는데 과로로 병이 나서 ○○병원에 입원 치료 중이었다. 1937년 8월 병상에서 건네받았던 위문주머니에는 "종군간호부가 되어 전선의 병사들을 간호하고 싶습니다. 부디 이 편지를 당신의 상사에게 부탁하여 주십시오."라는 혈서가 들어 있었다.

편지 주인은 이바라기현 히가시이바리기군 시노나카촌 마츠히사(松久)에 사는 야스다 스히코(保田壽彦)의 둘째딸 키요코(喜代子, 24)였다. 오노(小野)는 그 보국의 열정에 감격했지만 "후방에서 일하는 것도 나라를 위한 것"이라고 써 보냈다. 오노는 여기저기 병원 생활을 하고 있었는데,

그 사이 미요코(美代子)[25]는 항상 감동적인 편지를 보내 병상의 테루오(輝雄)에게 큰 힘이 되어 주었다.

올해 1월 오노는 "나는 탄환에 맞아서 아픈 것이 아니다."라는 이야기를 했고, 그 순정에 감동한 스히코(壽彦)는 궤짝(行李)[26] 3개에 신부 의상을 담아 키요코(喜代子)를 데리고 멀리 서울에 와서 "딸을 잘 부탁"하며 28일 식을 올리고 3일을 머물다 돌아갔다. 지금 테루오(輝雄)는 건강도 회복하고 군국 신부의 내조도 힘차서 후방의 분투가 계속되고 있다.

188. 보충병이 감격의 헌금

지난 8월 2일 제22부대 8공병대(鍬隊)에 입대했던 보충병 아무개는 마지막 날 연대 중화기(中火器)를 견학하고 그것에 감동하여 부디 이런 화기를 제작할 때 조금이라도 도움이 되었으면 한다며 50원을 헌금했다.

또한 지난 9월 3일부터 5일간 조선 제22부대에서 입영 군사교련을 받고 있던 미입영(未入營) 보충병은 '단기'이지만 열심히 교련을 받고 7일 퇴영했다. 그런데 용산분회 니시다 다케이치(西田武一) 외 30명은 교관의 시국강화에 매우 감격해서 23원 27전을 거두어 헌납을 신청했다.

이런 미교육(未教育) 보충병을 보라!

보충병 나미타노 토쿠타로(波多野德太郎)에게는 불치병에 걸려서 죽어가는 아이가 있었다. 죽어가는 아이는 아버지의 이름을 연신 부르고 있는 상태였다. 그렇지만 그는 평소 군인의 고충을 체험하지 못한 것을 슬퍼하고 있었다. 때마침 소집을 받아 봉공할 기회는 이때라고 생각하고 단호하게 부자의 애정(恩愛)의 끈을 끊고 결연하게 군대에 입대했다.

하지만 집에서 계속 비보가 당도하여 귀가를 재촉하였다. 또 교관 나가

---

25) 키요코(喜代子)의 오기로 보임.
26) 군대에서, 전투·숙영(宿營)에 필요한 물품을 운반하는 상자.

오카(長岡) 준위도 간절하게 귀가를 권하였지만 그의 결심은 바뀌지 않았다. 비장한 결심도 덧없이 사랑하는 아들이 위독하다는 소식을 듣자 자동차를 달리게 만들었다. "돌아가자" "아니 돌아가지 말자" 하면서 갈등한 끝에 그도 마침내 주위의 조언을 따랐다. 그러면서 교관에게는 "잠시 돌아갔다 오겠습니다. 또 곧바로 돌아와 참여할 것이기 때문에 잘 보관해주시면 감사하겠습니다."라며 개인 사물도 그대로 남겨두고 집으로 돌아갔다.

불행하게도 그의 아이는 전염병으로 다시는 집에 돌아오지 못했다. 그의 열렬한 애국심과 바른 인식, 그리고 사랑하는 아이를 그리는 애절한 정에 눈물 흘리면서도 총력전의 방패가 되고자 열심히 훈련을 받고 있는 그의 멸사봉공(滅私奉公)한 정성은 만곡(萬斛, 엄청난 양)의 눈물을 자아내게 했다.

189. 애국부인회의 군마, 군견, 군 비둘기를 위문

애국부인회 금정 1구에서는 지난번부터 폐품을 모집하여, 최근 모인 돈이 45원. 그래서 무언의 용사 군마, 군견, 군비둘기를 위문하고 싶다며 휼병부에 가지고 왔다.

190. 학용품을 절약해서 모은 돈을

서울 하왕십리 오쿠라(大昌)학술강습회 학원장 최창현(崔昌鉉)은 지난 21일 남녀생도 다수를 인솔해서 경성(京城)사단을 방문해서 궐련초 50개에 현금 4원을 더해 휼병부에 제출하였다. 이 연초는 생도의 학용품을 절약한 것과 양말 등 수예를 하여 모은 돈으로 구입하였다.

191. 반도 노동자의 땀으로 헌금

충남 풍기면 암리 제2구의 60세 이상 조선인 노인 32명은 지난 20일 토목인부로 일해서 급료를 받았다. 그 중에서 10원을 갹출하여 곧바로 온양의 육군병원으로 상이병 위문에 써 달라며 헌납하였다. 노인들의 열성에 스미야(角谷) 병원 분원장과 직원들이 무척 감격하였다.

192. 직공이 땀의 결정을 헌금

일본 오사카시 스미요시구 마을 우에마치 5-3번지의 카와베(河部) 은(銀)공장에서 일하고 있는 본적 경북 상주군 외남면 흔평(欣坪)리의 윤수석(尹水石)은 멀리서나마 군대 위문을 위한다며 5원을 보내왔다. 관계자들이 매우 감격하였다.

193. 응소 유가족이 보여준 미담

충남 공주군 수성면 문방리 응소군인 하라 테츠오(原鐵男)의 어머니 미노는 최근 도청에서 응소유가족에게 주는 가뭄위로금(旱害見舞金) 4원을 받았다. 그러자 어머니는 "최전선 장병의 노고를 생각할 때 후방 국민이 한때의 가뭄조차 스스로 이기지 못하는 것은 수치"라고 하면서 사단휼병부에 휼병금으로 헌납했다.

194. 폐품회수로 얻은 돈을

녹기연맹[27] 부인회는 폐품회수로 얻은 이익금 148원 40전을 가지고

---

[27] 1925년 2월 11일(기원절)에 창립된 경성천업청년단(京城天業青年團)에서 연원이 되는데, 당시 경성제국대학 예과(豫科) 교수로 학생감을 겸했던 쓰다 사카에(津田榮)가 경성제대 안의 극우파 학생을 중심으로 조직했던 천황주의 사상단체였다. 기관지 겸 사상교양지 『묘관 妙觀』을 발행하였고, 1930년 5월에 녹기동인회(綠旗

'무더운 전쟁터에서 힘겹게 싸우는 군인들을 위해서'라고 하며 '사과사탕' 53개를 사서 휼병부에 보내주었다.

195. 교내 이발로 얻은 돈을

"…아직 큰 일은 할 수 없지만 다음 세대 황국(皇國)의 홍망을 양어깨에 짊어지고서 심신을 단련하고 있습니다. 신설된 지 얼마 안 되어 학생은 얼마 없지만 애국일에 학교 농투(農鬪)로 생산한 것을 마을에 내다 팔고 또한 교내 이발로 모은 작은 돈입니다만……"이라며 청주 제2공립중학교 생도일동이 5원을 사단 휼병부에 헌금하였다.

196. 점심밥을 절약해서 휼병위문

"황군 장병에게 감사를 드리고 싶습니다."라면서 청진(淸津)철도학원 부형회에서는 점심을 절약한 180원, 그리고 직원과, 생도들은 일용품을 절약한 49원 35전을 각각 사단 휼병부에 헌금했다.

197. 아들로부터 처음으로 받은 돈을 국방헌금

제주 세무서장 나카하라 젠스케(中原善助)의 아들 토요아키라(豊明)는 올 봄 후쿠오카 고등상업학교를 졸업하고 오사카십오은행에 취직했다. 첫 월급을 받아 아버지한테 용돈으로 5원을 보냈는데, 아버지는 이것을

同人會)로, 1933년 2월 11일에 녹기연맹으로 개칭되면서 사회단체로 조직을 확대하였다. 1936년 1월부터 『녹기 밑에서』(1929년 11월 창간), 『학생녹기』(1931년 11월 창간), 『녹인(綠人)』(1935년 2월 창간) 등의 기관 인쇄물을 통합해서 월간 『녹기』를 발행하였다. 본부를 서울에, 지부를 13도 각처에 두었고, 창설 당시에는 일본인들만의 조직이었다. 그러나 중일전쟁 이후부터는 한국인에게도 조직을 개방하였다. "일본 국체의 정신에 즉하여 건국의 이상 실현에 공헌"함을 강령으로 했으며 실행방책으로 ① 일반 사회교화, ② 일본사상 연구, ③ 중견인물 양성, ④ 사회 후생시설 등을 들었다(한국민족문화대백과에서).

광주 병사부에 들고 와서 "약소한 돈입니다. 박봉(薄俸)이지만 송금한 아들의 뜻이오니 의미있게 써주세요"라면서 국방헌금했다.

198. 한 집에 5전씩 거둔 돈에서 얻은 돈을

황해도 도회 의원들이 "160만 도민 한 사람 한 사람의 본심을 담아 전선의 병사들에게 감사를 드리고 싶다"며, 집집마다 5전씩 총 11,800원을 거두어 위문 담배를 담은 23곤포(梱包)[28]를 000사단 휼병부에 보냈다.

199. 시국의 즈음에 환예회(丸刈會)

인천부 화방동(花房町) 1-5번지 일본제분주식회사 대표자 오다 사사이치(小田笹一)는 1938년 7월 이후 자신과 더불어 34명과 함께 머리깎기 모임(丸刈會)을 조직하였다. 후방국민으로 자숙자계(自肅自戒)하여 후방 강화에 노력하기로 서약하고 짧게 머리를 깎고 그 때마다 1인 1회 10전 이상을 갹출한 다음 1개월마다 국방비로 헌금해왔다. 현재 이미 25회를 반복했고 금액이 103원 25전에 달하여 이것을 휼병금으로 헌납했다.

200. 익명으로 헌금

인천부 본정(本町) 3가에 있는 키타지마 약국(北島藥店) 점원인 카네히라 충웅(金平忠雄, 옛 이름 金平忠)은 제국군인이 될 수 없었다. 그래서 매월 자기 수입 가운데 3원에서 5원정도를 떼어 국방헌금하고 후방 국민다운 보국의 정성을 다할 것을 맹세하면서 1940년 3월부터 매월 익명으로도 헌금을 했다.

또한 그는 화목정(花木町) 출신의 출정군인 가족이 급히 수혈이 필요하

---

28) 거적이나 새끼 따위로 짐을 꾸려 포장함. 또는 그 짐.

다는 소식을 듣고 "군인의 가족을 지키는 것은 후방 국민의 당연한 책무"라고 하면서 자진해서 수혈했다. 이러한 미담은 가족들에 의해서 널리 알려져 사람들을 감동시켰다.

201. 믿음직한 애국심

인천부 빈동(濱町) 7번지에서 텐트가게를 경영하는 미야케 유키지로(三宅幸次郎)는 전쟁 이후 수십 차례 총액 595원 28전을 헌금했다. 본래 황군이 중국의 주요도시를 점령할 때 혹은 출정 연습할 때에는 항상 저렴한 숙박비(宿舍料)나마 집주인에게 지불해주었다. 그런데 미야케는 "황군 장병을 숙박시키고 환대하는 것은 후방 국민의 당연한 책무이며 요금을 개인적으로 사용하는 것도 적절하지 않다"면서 받은 돈을 그대로 헌금했다. 그 사람은 국가 관념이 왕성해서 "자기 재산은 자기 것이지만 자기의 것이 아니고 모두 국가의 물건이며 생활상 필요한 것 이외는 모두 국가를 위해 헌금하는 것은 국민의 의무"라면서 이러한 멋진 행동을 했다.

202. 가난한 자의 등불

인천부 만석정에 있는 조선기계제작소(오늘날의 대우중공업, 1937년 설립) 견습직공 히라누마 타이세이(平沼大成, 18세)는 매월 수당 15원으로 빈곤한 가정을 돕고 있는데, 자기 용돈은 헌금하기로 했다. 수당을 받는 올 4월부터 매월 50전을 헌금하고 있는데, 이는 본인이 평소 염원하던 육군특별지원병에 지원하려는 마음을 담은 것이었다. 하지만 집이 가난하기 때문에 부모의 반대로 인해 단념할 수밖에 없음을 안타까워하면서 후방봉공에 정성을 다하는 것으로 대신하려고 하였다.

203. 우아한 반도소녀의 마음씨

지난 6일 경성사단 병사부 후쿠다(福田) 소령(少佐)이 강원도 외금강에 가서 "후방의 국민다운 마음의 각오"라는 주제로 강연을 했다. 강연을 들은 한 소녀가 감동을 받았던지 다음날 아침 편지에 현금 10원을 더하여 헌금 신청을 의뢰했다.

> "후쿠다 소좌님께. 소좌님! 힘들고 피곤하시지요. 저는 소좌님의 이야기에 완전히 감복했습니다. 우리들 후방의 국민은 최전선에서 싸우고 있는 군인 여러분의 덕택으로 안심하고 지내고 있습니다. 군인들을 위한 일이라면 우리들은 어떠한 일이라도 즐겁게 하겠습니다. 이 돈은 제가 심부름 해서 모은 돈입니다. 적지만 무언가 도움이 되도록 해 주십시오."(원문 그대로)

자칫하면 후방 국민의 민심이 느슨해 질 수 있는 이 때, 벽지의 순박하고 가련한 동심이 불러낸 야마토 시마네(大和島根; 일본의 별칭)의 기개라서 참으로 따끔한 교훈이 되는 미담이었다. 이 기특한 소녀는 조사 결과 강원도 외금강 온정리에 사는 후미모토 마스히로(文本益啓)의 딸 후미모토 시즈코(文本靜子, 12세)로 외금강 심상소학교 6학년 학생이었다.

204. 군대로 갹금(醵金)

황해도 연백군 애국부인회 분회 대표자 하네다 미요사키(羽田美大)는 지난 29일 사단 휼병부에 와서 육군병원 환자를 위문하고 30원을 내었는데, 이 부인회는 또한 지난 3월 말에도 23부대, 25부대, 30부대에 군마(軍馬) 각 한필씩을 헌납했다. 3필의 군마와 거듭되는 봉사를 통하여 아름다운 마음을 엿볼 수 있다. 더욱이 이 여성은 지원병훈련소에도 위문하러 갔다.

또한 서울 동사헌정(東西軒町; 오늘날의 장충동) 100번지 박기효(朴基

孝)는 입원 중인 상이병 환자를 위문하고 500원을 총력연맹을 통해 휼병부에 헌납하였다.

205. 강연 다니던 중의 아름다운 이야기

경성사단 보도부장 타가미(田上) 소장은 국방사상 보급을 위한 강연을 다니던 중 다음과 같은 탄복할 만한 이야기를 들었다고 한다.

첫 번째 이야기는 강원도 장전(長箭)에 갔을 때였다. 타카미는 당시 최전선에 보내는 고등어 상자 제작 작업을 하는 데 감사를 전하면서 견학을 하고 있었는데, 나이 20세 전후이려나, 병으로 쇠약한 어느 걸인이 고등어 6마리를 내밀며 뭔가의 표정을 지으면서 중얼거리고 있었다. 장전 경찰서장이 전하는 말에 의하면 "이 고등어를 군인들에게 올립니다."라고 말했다는 것이다. 타카미는 마음만 받겠다고 했는데, 그러자 그 걸인은 몹시 우울해 하였다. 사연을 들어보니 방금 그 반도인 걸인은 평생 누더기로 살았으며, 돈을 모으면 반드시 군대를 위해서 헌금하던 기특한 사람이라고 한다. 주위에서도 '헌금 걸인'이라고 한다는 것이다. 애국일을 잘 지키지 않거나 암거래가 만연하고 있는 이 때 참으로 감동적인 이야기가 아닐 수 없다.

또 하나는 온주(溫州)에서 강연했던 때였다. 강연을 끝마치고 돌아왔는데, "후방이 가일층 노력하지 않으면 안 된다"고 하면서 오는 길 그대로 금강 주재소에 찾아가서 헌금을 신청했던 남자가 있었다. 바로 강천여관 주인 에가와 달부(江川達夫, 30세, 조선인)라는 사람인데 반도 동포로서 참으로 기특한 사람이라고 한다.

206. 애국일에 흐뭇한 헌금

애국일인 지난 1일 낮 경성사단 사령부 현관에 국민복을 입은 한 신사가 나타나 "약소합니다만 휼병금으로 써 주세요"라면서 손이 베일 듯한 10원 지폐 100매 합계 1,000원을 넣은 봉투를 내밀고는 나가려고 했다. 관계 공무원이 이름을 물었지만 "그럴 필요는 없습니다"라면서 이름조차 말하지 않고 겸손한 모습으로 돌아갔다. 이러한 기특한 행위에 사령부원들은 무척 감격하였다.

207. 입대 중 절연(節煙)하고 그 외에 얻은 돈을

지난 ○일 무로타니(室谷) 부대에 입대하여 보충병 교육을 받고 있던 미교육 보충병(未敎育補充兵)들은 6일까지 훈련을 마치고 제대하였다. 이들은 비상시국을 깊이 인식하였음에도 (인멸) 입대 당초부터 시종일관 힘차게 '단기' 입영기간에 절약하고 절연(節煙)하여 모은 64원 80전을 귀향하는 도중 휼병금으로 기부하는 등 참으로 지금 꼭 필요한 정무(情務; 국민다운 책무)를 수행하였다.

208. 생활비를 절약해서 국방헌금

경기도 수원군 수원읍 본정 4가의 김종환(金鐘煥)은 최근 100원을 휼병금으로 내었다. 그녀는 평소부터 생활비를 절약해 작은 돈이라도 매일 저축했는데, 이번에 100원이 되자 수원군사후원연맹에 헌금 수속을 의뢰하였다.

209. 근로 봉사로 얻은 돈으로

국방부인회 종로 중부분회에서는 회원들이 손수 만든 손가방을 팔아서 번 50원을 휼병금으로 써 달라며 대표자 아사하라 히사요시(淺原久美)가

사단 휼병부에 가지고 갔다. 또한 서울 태평로(太平通) 2가 280번지의 다나카 키요시(田中淸)는 헌옷을 판 돈 30원으로 모피를 구입하여 헌납하였다.

210. 숙박료를 위문 헌금

충남 안양면에서는 지난번 안양면 근처에서 했던 경성(京城)사단의 가을 군사연습에서 장병들의 모습을 똑똑히 보고는 감격해서 당시 군대에서 지급받은 숙박료의 반액을 마을의 출정유가족 위문금으로 기부하였다. 나머지 돈은 환어음으로 바꿔 대표자 가츠가네 건열(月金健烈, 조선인 추정)이 사단 휼병부로 송부하였다.

211. 일석이조를 노리고 차 부산물(茶殼)을 헌납

가정에서 사용한 차찌개미는 종래라면 폐기물로 즉시 쓰레기통에 버려졌는데, 자원이 부족한 요즘 그것이 대륙의 전쟁터에서 활약하는 군마(軍馬)의 식량으로 영양가 있는 것이라 알려졌다. 이에 재룡(在龍) 부대에서도 부대에서 사용한 차찌개미를 모아서 군마 사육에 사용하였다. 지난 18일 주식회사 조선운송 본사 사무원들은 모아두었던 차찌개미를 대표자 무네토 요시키(宗藤芳技)가 가지고 가서 조선군 제26부대에 헌납했다. 계속해서 미사카 거리 25번지 요시노 미키(芳野ミキ)도 3kg의 차찌개미를 헌납하였다.

212. 토막민의 열성(熱誠)

한강다리 아래에 사는 토막민은 애국반을 조직하여 나름 질서있는 생활을 하고 있는데, 애국반장인 황용성(黃龍成)은 부락민 200명이 적립한 24원 12전을, 토막민 마을인 이촌(二村) 마을의 애국반장 정영섭(鄭英燮)

은 반원 40명을 대표해서 10원을 각각 경성부 용산출장소에 국방헌금으로 신청하였다.

213. 안양소학교 학생의 정성(赤誠)

경기도 시흥군 안양소학교는 평소에 후방 소국민으로서 시국을 제대로 인식하고 매월 애국일에는 폐품을 모아서 국방헌금했는데, 이번에도 최전선에서 온갖 고난과 어려움을 참고 나라를 위해 고투하고 있는 황국장병을 생각하면서 그 은혜의 만분의 일이라도 감사하는 마음을 표하고자 지난 3월 2일 시흥군 군사후원연맹을 통해서 뜨거운 정성(赤誠)을 담아 위문주머니(慰問袋) 10개를 기증했다.

214. 이런 뜨거운 정성(赤誠)을 보라

강원도 배양면 화일리 김은환(金殷環)의 아내 김영국(金英菊, 59세)은 여인숙을 경영하며 살고 있었다. 전쟁 이후 여러 차례 배양경찰서에서 실시한 시국좌담회 등을 보면서 노인이라도 후방국민으로 황국을 위해 진력하겠노라고 하면서 지난 해 2월 20일을 기하여 숙박하는 사람이 있을 때마다 이익금 중에서 10전, 20전을 저축해 올해 2월 20일 만 1년만에 개봉해보니 18원 70전이나 되었다. 또른 방법으로 소비절약하여 저축한 1원 30전을 더하여 총 20원을 국방헌금으로 내고자 같은 날 배양경찰서에 가져와서 수속을 의뢰했다. 경찰당국은 물론 일반 사람들도 후방 국민의 모범이라며 감격하였다.

215. 사이좋은 내선공학(內鮮共學) 2명의 헌금

지난 3월 1일 애국일에 서울 무학고등여학교 1학년생 가와토 리지(河

東利枝, 조선인, 본관이 하동인 듯; 역자)와 타카모토 카즈코(高本和子)가 종로경찰서를 방문해 3원 22전의 국방헌금을 냈었다. 두 여학생은 내선공학(內鮮共學)인 이 학교에서 특히 마음으로 엮인 내선학우조의 조원이었다. 헌금 동기를 보면, 학교에서 인위적으로 생일이 같은 학생을 같은 조로 한 것이 아닌데 공교롭게도 생일이 2월 26일로 같았다. 우연이라고 하기에는 참으로 불가사의한 것이었다. 두 사람은 사이가 유난히 좋았고 가정적으로도 아름답게 연결되어 있었다. 이에 헌금을 한 동기를 물었더니 조선인인 가와토 리지는 이렇게 말했다.

> "애국일에 두 사람이 조선 신궁에 참배하고 생일에 받은 용돈을 절약해서 국방헌금을 했습니다. 나는 2원 정도 가지고 있었는데, 타카모토(高本)가 1원 61전을 가지고 있었기에 각각 1원 61전씩 헌금하기로 했습니다."

216. 표창금을 헌납

경기도 이천군 장호원 국방부인회에서는 지난 2월 11일 뜻 깊은 기원절을 맞이하여 도지사로부터 후방지원 선행자로 선정되어 표창과 상금 50원을 받았다. 그런데 부인회는 후방 국민으로서 당연한 의무를 한 것이라서 받으면 안 된다며 상금 중 30원은 15원씩 각각 육군과 해군의 방공기재비로, 나머지 20원은 장호원 부인회의 기(旗) 구입비로 사용하였다. 그리고 부인회 회원인 코이즈카 사키코(肥塚咲子) 여사도 상금으로 받은 20원 모두를 육군방공기재비로 사용해달라면서 직접 군부에 국방헌납했기 때문에 일반 사람들이 무척 감동하였다.

217. 나라를 생각하는 1,000원

후방 국민의 애국열은 성전의 진행과 동시에 애국열의 불길이 이르는 곳마다 수많은 미담을 만들고 있다. 특히 비상시국 상황에서 보여준 후방 반도에 핀 어느 노인의 열성(赤誠)이 여기 있다.

경기도 장단군 장남면 고랑포리 고바야시 마츠타로(小林松太郎)는 최전선에서 활약하고 있는 황군의 노고를 떠올리며 마쓰오카(松岡) 경찰서장을 통해 편지와 함께 현금 1,000원을 국방헌금으로 보내왔다. 노인의 정성(赤誠)을 보면서 마쓰오카 서장을 비롯한 관계자 일동은 몹시 감격하였다.

　　(전략) 대단히 송구스럽습니다만 저는 아들 하나 없는 사람이라서 비상시국 아래서도 국가를 위해 아무런 봉공도 하지 못하고 오히려 폐를 끼치고 있는 것을 생각하니 면목 없습니다. 하지만 이번에 딸에게서 첫 외손자가 태어나는 축복이 있었는데, 이를 기화로 약소하나마 국방헌금으로 1,000원 정도를 바치려 하오니 아무쪼록 필요한 수속을 부탁드립니다.

218. 애국 기생이 또다시 헌금

경남 진주부의 '애국 기생'으로 칭찬받고 있는 진주예기권번[29] 소속의

---

29) 진주는 예로부터 교방청이 있었는데, 1905년 '진주교방'이 을사조약으로 문을 닫자 기생들이 조합을 만들었고, 진주 권번은 1915년 당시 진주경찰서 경무부장인 마에타(前田勝)가 경부 최지환(崔志煥)을 통해 조직할 것을 명령하면서 만들어졌다. 당시 진주기생조합은 여성들에 의해 운영되다가 서진욱, 심창윤 등 남성이 경영권을 잡았고, 이익금을 둘러싼 부정부패가 만연했다. 그러자 일제는 1938년 12월 27일 최지환 전두옥 박규석 김동식 정태범 허억 강주수씨 등 8명을 지명하여 권번 경영의 허가를 주어 주식회사 형태로 재결성하도록 했다. 이에 약 1년간 준비를 거쳐서 1939년 11월 2일 드디어 주식회사 '진주 예기권번'이 창립하였다. 자본금 5만원은 최지환 등 8명이 평등하게 출자하였고, 대표는 최지환, 전무는 전두옥이 선임되었다. 6 · 25때까지 건물이 전해오다가 전란 때 불타 흔적을 찾을 수 없다(출처 : 강동욱의 문화유산 이야기 (17) http://blog.daum.net/kd1115/103).

기생 강남수(姜南秀, 18세)는 또 다시 지난 2월 번 돈 중에서 60원을 국방 헌금으로 진주경찰서에 기탁했다. 이미 보도한 바와 같이 그녀는 지난해 9월 기생 허가를 받은 이후 10월, 11월의 두달 동안 각각 50원씩, 12월, 1월의 두달은 각 60원씩 헌납했다. 이번 회까지 5개월간 헌납한 금액만도 280원. 화류계에 자신을 내던지는 것은 어쩌면 좋아서 하는 도락(道樂)이 아니고 생활의 보장을 얻기 위한 것일지도 모르지만, 수입금 대부분을 매월 헌납한 것은 애국적 열성(赤誠)의 증표라 할 수 있다. 이 헌금에는 정말 진심어린 정성이 담긴 것으로 진주사람들이 한결같이 감동하였다.

219. 씩씩한 군국 어머니의 편지

부대장을 울게 한 군국 어머니의 편지. 서울 청엽정(靑葉町; 오늘날 청파동) 3가 1-18번지 히로타니 스미(廣谷すみ)의 장남 히로타니 타이지(廣谷泰治) 상등병은 지난해 4월 22일 진남(晉南) 작전에 참가해 심수행욕(沁水杏峪)[30] 부근 전투에서 적의 수류탄 파편에 가슴 부위, 그 외에 입은 부상으로 ○○병원에서 치료 중 같은 해 5월 15일 사망했다. 이번에 그 상등병의 어머니 쓰미(すみ)가 타나베(田邊) 부대장에게 간절한 군국 어머니의 각오를 담은 편지를 보내왔다.

부대장님 나는 히로타니 타이지(廣谷泰治)의 어머니입니다.
부대장님을 비롯하여 여러분들은 변함없이 이번에도 북중국에서 신년을 맞이한 것으로 압니다. 오랫동안 소식을 전하지 못해서 면목 없네요. 아들이 살았을 적에는 적지 않은 도움을 주셨는데 참으로 감사 말씀을 올립니다. 아들의 전사(戰死)는 진작부터 각오하고 있었습니다. 그저 날이 얼마 되지 않아서 천황폐하를 위해, 나라를 위해 온 힘을 다하지 못하게 된 것이 참으로 어미로서 안타깝게 여겨지네요.

---

30) 중국 산서성(山西省) 진성시(晉城市) 심수현(沁水縣) 용항진(龍港鎭) 행욕촌(杏峪村)

적어도 1년이라도 더 복무할 수 있었다면 면목이 섰을 것입니다만 반 년 만에 전사하니 참으로 유감입니다. 아들도 유감스럽게 생각하면서 죽었으리라 생각합니다.

　　여러분의 동정에도 불구하고 아들이 일찍 전사한 것은 참으로 원통한 일입니다. 부대장님! 저에게는 아직 남아있는 아이가 넷 있습니다. 남자 3명, 여자 1명입니다. 첫째, 둘째가 각각 19살, 16살입니다. 두 아들이 "어머니 안심하십시오. 우리들은 형의 몫까지 군인이 되어 천황 폐하를 위해 나라를 위해 일할 것입니다"라고 말할 때면 상당히 위로를 받게 됩니다. 아무쪼록 부대장을 위시한 여러분들 몸을 소중히 간직해주십시오. 천황을 위해 그리고 나라를 위해 모든 것을 바칠 수 있도록 아무쪼록 우리들도 조선에서 신불(神佛)에 기원 드리겠습니다.

히로타니 타이치 엄마 쓰미로부터

타나베 부대장님께

　　이것을 읽자 타나베 부대장을 위시하여 장병들은 "이런 부모로 해서 이런 아들이 있었다"라며 감격해 마지 않았다.

220. 진귀한 물품을 헌금

　　서울 원정(元町; 원효로) 1가의 토목청부업자 우에다 이노스케(上田伊之助)의 딸 원정소학교의 6학년 우에다 마치코(町子)는 지난 10일 육군기념일에 용돈 1원과 아버지가 러일전쟁 시절부터 모아두었던 반 푼 동전 104개 및 1전 및 2전짜리 동전, 50전 동전, 5전 백동화 그리고 만주국의 1각 은화, 상평통보, 관영통보 등 진귀한 옛날 화폐를 모아서 8일 오후 5시경 용산경찰서에 가지고 와서 국방헌금하였다. 메이지 시대의 화폐가 산을 이룬 모습에 관계자들은 육군기념일에 어울리는 헌금이라며 크게 감격하였다.

221. 딸의 헌금

지난 12일 오전 10시경 용산경찰서 창구에 무거운 보따리를 내밀면서 이것을 국방헌금해달라고 부탁한 한 소녀가 있었다. 원정 2가에 있던 조선마그네사이트주식회사에 근무하는 누마가미 스에마츠(沼上末松)의 차녀 키미코(18세). 지난해 3월 12일 생일 기념으로 1전 동전만 모으기로 했는데, 1년이 되니 1,111매나 되었다. 그래서 그날 가지고 왔던 것이다.

222. 맹인의 헌금 미담

강원도 삼척군 원덕면 임원리에 사는 맹인 박우동(朴宇東, 30세)은 일가 친척 하나없는 외로운 사람이지만 평소부터 성실하게 신발, 새끼 등을 만들고 잡역 등으로 그럭저럭 살아가는 영세민이었다. 그런데 올해 3월 4일 임원주재소에 출두해서 매일 10전씩 저축한 것이 5원이나 되었다고 하면서 백동화 10전짜리 50매를 헌금했다. 이야기를 들은 지역민은 이 맹인의 애국심에 깊이 감동받았다.

223. 소년의 헌금

경기도 이천군 청미면 장호원 전 면장 오하라 토미요시(大原富吉)의 장남 오하라 마사오(政雄, 12세)는 장호원 제1공립심상소학교 4학년이다. 지난해 12월 하순 ≪조선신문사≫ 이천지국이 주관한 기원 2,600년 봉축 식전에서 영화를 보고 매일 학용품비를 절약해 1전 동전을 저금했다. 이에 지난 3월 10일 육군기념일을 맞아 그동안 모은 3원 1전을 국방헌금으로 청미면 사무소에 신청했다. 이와키 면장을 위시하여 면민들은 이 소년의 애국심에 무척 감동하였다. 면사무소에서는 곧바로 헌금 수속을 했다.

224. 제2의 고향에 선물한 정성스러운 마음

운수가 사나워 떠돌이 운명으로 지내온 망명 20년. 타향에서 아이도 없이 쓸쓸하게 죽은 한 터키인이 무국적의 몸으로 따뜻했던 제2의 고향 일본을 위해 도움이 된다면 수 만원의 재산을 쾌척하겠다는 유언을 했다는 참으로 아름다운 이야기가 있다.

서울 본정(本町, 오늘날 충무로) 2가에서 양복점을 운영하고 있던 고(故) 압드 할크 스구만(アブド ハルク スグマン, 42세)은 서울에서만 15년 전쟁 전부터 지금 사는 곳에서 생활하면서 일군 자산을 여러 번 주변에 베푼 그야말로 친일가로서 두루 존경을 받는 사람이었다. 그런데 지난 1월 하순경 귀화 수속 중 어이없이 사망하고 말았다. 그는 죽기 전에 유산 중 2만 원을 조선군과 자선 단체에 각 1만원씩 기부해 달라는 유언을 아내 야무 시눌 누그만(ヤームシヌル ヌグマン)에게 남겼다. 아내는 집주인인 쇼와거리(昭和通)에 사는 미타 마사오(三田昌夫)를 데리고 조선군 애국부를 방문하여 죽은 남편의 유지를 알렸다. 애국부로서도 매우 감격했다. 외국인이라서 병기 헌납은 어렵기 때문에 병원 자동차라도 헌납했으면 한다는 부인의 마음을 받아들여서 곧장 헌납의 수속을 했다. 죽은 남편에게도 뒤처지지 않는 친일가(親日家)이자 현재 애국부인회 및 국방부인회 회원인 누그만 부인은 다소곳하게 다음과 같이 말했다.

"터키인도 아세아 민족입니다. 전 세계를 둘러보았던 남편은 예전부터 일본이 제일 살기 좋다. 그저 끝없는 천황의 은덕에 어떻게든 마음을 표하고 싶다고 말했습니다. 마음가짐은 일본인이 되어 있었던 우리들은 하루라도 빨리 귀화하고 싶다는 생각에 지난번 코베(神戸)에 집을 사서 영주(永住) 결심을 굳히고……"

그 후 부인은 아무런 말을 하지 않았고, 지금 되돌아보니 하나하나가 슬픈 생각이 든다.

225. 아름다운 자매와 아버지의 헌금

아버지와 딸의 미담 이중주

지난 30일 왜성대(倭城臺)[31]의 미츠바시(三橋) 경무국장 관사에 어떤 조선인 부인이 방문하였다. 서울 신설정(新設町) 314번지 가츠죠 윤창(月城尤昌, 조선인, 월성 이씨로 보임; 역자)의 아내와 딸 이순전(淳全, 18세) 등 이었다. 가타가나로 "경찰관의 활동으로 편안한 일상을 보낼 수 있는 것에 감사합니다. 얼마 안 되지만 경찰관의 위문에 사용하여 주세요."라면서 편지와 함께 100원을 헌납했다. 이 돈은 평소 생활비를 절약하고 여기에 아빠의 일본 출장경비를 절약한 것이었다.

그 후 언니인 송현정(松峴町) 5번지의 이영숙(李英瀟)과 성북정(城北町) 217-26번지의 히가시 토시코(東俊子), 명륜정(明倫町) 1-53번지 이영자(李英子), 같은 마을 3-136번지 도쿠야마 요시에(德山佳江)가 평소 알고 지내던 이순전과 상의하여 각자 저축한 돈에서 갹출해 1,000원을 모아 국방헌금하기로했다. 이리하여 이영숙이 지난 4월 4일 경무국을 방문해서 기탁했다.

이것을 전해들은 순전(淳全)의 할아버지 전북 금산군 추부면 가츠죠 종구(月城鐘九, 77세)는 자기 손녀의 미담에 감격해서 일부러 경무국을 방문해 200원을 경관 위문금으로 100원을 국방헌금으로 해달라는 의향을 비추었다. 그래서 경무국에서는 국방헌금은 군 당국에 헌금 수속하였고, 한 경관위문금은 답례 방안을 검토 중이다. 이들 조선인들의 미담에 대해서 미츠바시(三橋) 경무국장은 다음과 같이 말했다.

---

31) 왜성대(倭城臺)는 서울 중구 예장동·회현동1가에 걸쳐 있던 지역으로, 임진왜란 때 왜군들이 주둔한 데서 마을 이름이 유래되었다. 임오군란으로 일본공사관이 불타자 1885년 1월 12일부터 일본공사관은 남산 왜성대로 옮겼는데, 이후 을사늑약 이후 잠시 통감부로 사용되었고 강제합병 이후 1926년 경복궁 내에 신청사를 건설할 때까지 총독부 청사로 사용되었다.

"지난 2년간 절약해서 저축했던 돈을 경관 위문금으로 혹은 국방헌금으로 낸 열성(赤誠)에 지극히 감사하고 감동을 받았습니다. 성의에 보답하는 방안에 관해선 연구를 하고 있습니다."

226. 귀환병의 아름다운 일

서울 본정(오늘날 충무로) 1가의 마루(丸)화장품점 점원 츠보타 나가오(坪田長雄)는 앞서 육군 상등병으로 산서성의 전선에 참가해 많은 무공을 세우고 이번에 명예롭게 상이병으로 귀환한 사람이다. 연금 500원을 받았는데, "전쟁터에서 아직도 고투를 하고 있는 전우를 생각하니 이 돈은 내가 받을 것이 아니라는 생각이 드네요"라면서 그대로 군사후원연맹 자금으로 헌금해 관계자들을 감동시켰다.

227. 국방헌금으로 몰래 모았던 500원

원적 서울 입정정(笠井町) 167번지, 현주소 서울 서사헌정(西四軒町; 오늘날 장충동) 180번지의 이성녀(李姓女, 66세)는 전쟁 발발하던 해부터 가족에게도 알리지 않고 매일 저축해 왔다. 그럭저럭 저축금이 600원에 달했다. 그녀는 지난해 초에 구한국시대 군직을 역임했던 남편을 잃었다. 게다가 평소 병치레를 자주하였고 이제 언제 죽을지 모르는 상황에서 저금한 돈도 어쩌면 의미가 없을 질 것이라고 생각하면서 500원을 경기도 군사후원연맹을 통해 국방헌금을 함으로써 오직 국책 완수를 기원하였다.

원래 그녀는 임대 객실업을 운영하면서 19명의 가족을 거느렸고 알뜰살뜰하게 가정을 영위하는 것도 쉬운 일은 아니었지만 지난 5년간에 아무도 모르게 저금해서 모은 돈 모두를 헌금하는 것은 진정한 애국심의 발로라고 할 수 있고, 일반의 귀감이라 여겨진다. 그럼에도 본인은 당일에도 자기 마을회의(町會)와 국방부인회에 각 50원씩 기증한다고 했다. 그러면서 이러한 사실이 세간에 알려지는 것을 극히 꺼려하였다.

228. 1전 동전을 헌납

경기도 김포군 김포면 북변리에서 약종상(藥種商)을 하는 타니산 모토 야스(谷産元康)는 1전동전 모으기에 취미를 가지고 약 1년간 모았다. 그 결과 동전 490매를 이번에 김포경찰서에 가지고 가서 기증을 부탁했다. '이것은 지난 3월 10일 육군기념일에 헌납했던 것만큼 크지는 않지만 ○○○의 수요에 기여하게끔 드리고 싶다'고 하면서 헌납하는 모습을 볼때 참으로 보기드문 독지가라 할 수 있다.

229. 사례를 헌금

서울 원정(元町, 오늘날 원효로) 1가에 있는 후쿠다 이발관 직원 히라오 카 타다오(平岡忠夫, 22세)는 지난 17일 공휴일 바리캉을 가지고 가서 육 군병원에서 이발 봉사를 했다. 이에 원정부인회에서는 답례로 10원을 주 었다. 하지만 타다오는 이것은 자신의 진심을 반하는 것이라고 하면서 그 돈을 이튿날인 18일 용산경찰서에 가서 국방헌금하였다. 이처럼 거듭 이 어지는 미담에 관계자들이 감격해 마지 않았다.

230. 특별지원병과 의사부인

강원도 춘천에서 이번 차수의 지원병 훈련소 입소생인 히라우미(平海), 하세가와(長谷川), 야마모토(山本), 오노(大野) 등 4명은 공중 보건의(公醫)가 없어서 이노우에(井上) 의원에서 신체검사를 받았다. 그런데 이노우에 부 인은 입소생들에게 "나라를 위해 지원하신다고 하니 참으로 우리들 후방 여인들은 감사해 마지않습니다. 약소하지만"이라고 하면서 전별금으로 5 원을 주었다. 이처럼 후방에서 피어난 내선일체의 미담이 지난 13일 춘천 본정 2가에서도 일어나 뭇 사람들을 감격시켰다.

그런데 이 4명의 지원병 지원자들은 자신들은 나라를 위해 당연히 할 일을 했을 뿐이기에 전별로 준 돈을 그대로 춘천경찰서에 가지고 갔다. 그러면서 이노우에 부인이 전별금을 준 사연을 말하고는 국방헌금을 의뢰하며 병사계(兵事係)에 내놓았다. 그러자 관계자도 크게 감격해 군부에 발송 수속을 집행했다. 이 아름다운 두개의 미담은 춘천 본정거리의 자랑이 되고 있다.

231. 여공의 국방헌금

경기도 강화조양방직주식회사의 70명 여공들은 전쟁 직후 공장 내에 저축조합을 설치하고 매월 수입에서 10% 이상 50%까지 저축하였다. 진정한 저축보국의 열매를 맺을 수 있도록 전력을 다하니 이윽고 상당한 금액이 되었다. 조선금융조합 경기도지부에서 그 공로를 높이 평가하여 강화금융조합대표회의(江華金組總代會)를 열고 금일봉을 더한 표창을 했다. 여공들은 기쁜 나머지 이것을 헌금하려고 하여 강화경찰서에 헌금 방법을 의뢰했기에 당국은 크게 감격했다. 더욱이 이들 여공들은 지난해 말 얼마 안 되는 상여금(賞與)을 받았았는데도 쪼개어 헌금하는 등으로 사람들의 칭송을 받은 적이 있었다. 그런데 이번에 보인 미담은 두 번째 헌금미담으로 10만 군민을 감동시키고 남음이 있다.

232. 영령의 명복을 기원하고 감사의 헌금

서울 서사헌동(西四軒町; 오늘날 장충동) 26번지의 온다 아이노스케(恩田愛之助)는 1938년 11월 중중국(中中國) 무호(蕪湖)[32] 전투에서 장남

---

32) 중국 안후이 성[安徽省] 남동부에 있는 도시이자 하항(河港). 양쯔 강[揚子江]과 양쯔 강의 지류인 북쪽의 위시 강[裕溪河], 남쪽의 칭이 강[青弋江]과 수이양 강[水陽江]이 합류하는 지점에 있어, 예부터 매우 중요한 교통 중심지이자 전략적 요

미노루(實)를 잃었다. 지난해 11월에는 중국 호북성 부근의 전쟁터에서 차남을 각각 잃었는데, 지난 4월 21일 두 아들의 명복을 기원하고 국방헌금으로서 100원을 경성부 군사후원연맹에 헌납해서 관계자를 감격시켰다.

지였다. 장쑤 성[江蘇省] 난징[南京]에서 상류쪽으로 160㎞ 정도 떨어져 있으며, 양쯔 강 남동안에 있다. 우후에서 동쪽으로 펼쳐져 있는 양쯔 강 삼각주는 개펄·호수·운하들로 이루어져 있다.

찾아보기

－역자－
김인호(동의대학교 사학과 교수)

－초역 및 교열－
최종길(고려대학교 일본학 연구센터)
이준영(동의대학교 사학과 강사)
선우성혜(경남대학교 사학과 외래교수)
조봉휘(동명대학교 군사학과 교수)
하훈(구미 혜당학교 교사)
성강현(부산 동천고등학교 교사)

반도의 총후진(半島の 銃後陣)

초판 1쇄 인쇄일	2015년 10월 10일
초판 1쇄 발행일	2015년 10월 11일

엮은이	김인호
펴낸이	정진이
편집장	김효은
편집/디자인	김진솔 우정민 박재원
마케팅	정찬용 정구형
영업관리	한선희 이선건 최재영
책임편집	김진솔
인쇄처	월드문화사
펴낸곳	국학자료원 새미(주)
	등록일 2005 03 15 제25100-2005-000008호
	서울특별시 강동구 성안로 13 (성내동, 현영빌딩 2층)
	Tel 442-4623 Fax 6499-3082
	www.kookhak.co.kr
	kookhak2001@hanmail.net

ISBN	979-11-86478-46-2 *93900
가격	21,000원

* 저자와의 협의하에 인지는 생략합니다.
  잘못된 책은 구입하신 곳에서 교환하여 드립니다.
  국학자료원 · 새미 · 북치는마을 · LIE는 국학자료원 새미(주)의 브랜드입니다.